Erna Berger
Auf Flügeln des Ges[

Erna Berger
Auf Flügeln des Gesanges

Erinnerungen einer Sängerin

Atlantis Musikbuch-Verlag

2. Auflage 1989
© 1988
Atlantis Musikbuch-Verlag AG, Zürich
Dr. Daniel Bodmer
Schutzumschlag: Heinz Unternährer, Zürich
Herstellung: Wilhelm Röck, Weinsberg
Printed in Germany
ISBN 3-254-00144-3

INHALT

VORWORT
7

AUFTAKT
8

KAPITEL I
11

Kindheit – Erste Schulzeit in Berlin – Vater in Afrika – Bei den Tanten in Dresden – Der Erste Weltkrieg – Banklehre in Zittau – 1919 wieder in Dresden mit den Eltern – Erstes Vorsingen – Südamerika – Im Urwald von Paraguay – Als Erzieherin bei Navilles – Oktober 1924 wieder in Europa

KAPITEL II
26

Das entscheidende Vorsingen – Die Staatsoper Dresden unter Fritz Busch – Erste Rollen als Page in «Wie es euch gefällt», 1. Knabe in der «Zauberflöte» und Hirt in «Tannhäuser» – Großer Erfolg als Olympia – Titelrolle in der Uraufführung von Paul Graeners «Hanneles Himmelfahrt» – Sverre Wiull, der Student aus Norwegen – 1928 Uraufführung von Richard Strauss' «Ägyptischer Helena» – Kleinere Strauss- und Wagner-Partien – 1930 in Bayreuth unter Toscanini – 1932 als Blondchen in Salzburg – Koloraturen – Königin der Nacht, Rosine, Gilda – Abschied von Dresden als Zerbinetta

KAPITEL III
44

Städtische Oper Berlin-Charlottenburg – Als Oscar in Verdis «Maskenball» unter Busch/Ebert/Neher – 1933 wird Fritz Busch in Dresden ausgepfiffen und abgesetzt – Erste Konstanze – Verbot der «Schweigsamen Frau» – Wohnung und Heirat – Ferien in Norwegen – Staatsoper Unter den Linden – Leïla in Bizets «Die Perlenfischer» – Leo Blech – 1934 in Covent Garden – «Zauberflöte» mit Thomas Beecham – Berlin unter der Hitlerherrschaft – Furtwängler – Erste Susanna in Barcelona – Gigli als Partner – Endlich Traviata – Uraufführung von Wolf-Ferraris «La Dama Boba» – Clemens Krauss und Viorica Ursuleac – Freundschaft mit Werner Egk – Butterfly

Kapitel IV
73

Krieg – Gastspiele in Wien, Paris, Rom – Ausgebombt – Trennung von Sverre – Konzerte bis Kriegsschluß – Die Russen sind da – Nachkriegszeit – Im Admiralspalast an der Friedrichstraße – Als Wolchowa in Rimsky-Korssakows «Sadko» – 1947 erste Auslandreise nach London

Kapitel V
83

1949 an die «Met» – Als Sophie im «Rosenkavalier» unter Fritz Reiner – Fernsehen – Erste italienische Gilda – Carnegie-Hall-Konzert – Vier Winter an der «Met» – Tourneen in aller Welt – Reise-Schwierigkeiten – Anstrengendes, aber herrliches Japan – 1952 wieder an der Wiener Staatsoper – Fahrprüfung in Berlin – «Don Giovanni» unter Furtwängler in Salzburg 1953 und 1954 – Letzte Bühnenauftritte in «Die Hochzeit des Figaro»

Kapitel VI
103

Lieder- und Arienabende – «Königin des Liedes» – Michael Raucheisen und andere Begleiter – Schallplatten-Aufnahmen – «Bohème» mit Dietrich Fischer-Dieskau und Hermann Prey – Einladung zur Wiedereröffnung der Dresdner Oper – Die Dahlie «Professor Erna Berger» – Ehrenmitglied der Staatsoper Unter den Linden

Kapitel VII
114

Lehrtätigkeit – Meisterklasse für Gesang an der Hamburger Musikhochschule – Die fleißigen Japaner – Stimmtechnik – Letzte Liederabende 1968 – Mancherlei Schülerinnen – Gesangswettbewerbe – Ruhestand in Essen

Ausklang
124

Anhang
125

Persönliche Aufzeichnungen von Erna Bergers Tätigkeit in den Jahren 1951–1955 (S. 127) – Erna Berger in Covent Garden (S. 148) – Pressestimmen (S. 149) – Schallplatten- und Rundfunkaufnahmen (S. 155) – Opern- und Konzertprogramme (S. 162) – Abbildungs-Verzeichnis (S. 191)

VORWORT

Wann schreiben Sie endlich Ihre Memoiren? Ja, wenn man die singen könnte, hätte ich's längst getan.
 Geschichten und Gefühle in Tönen auszudrücken, fiel mir immer leicht, in Worten aber ist mir's peinlich.
 «Mit Singen kann er lachen und selig weinen machen...» – hören Sie meine Schallplatten an, einige gibt es ja noch, dann lernen Sie mich kennen und auch mein Leben, das der Musik gehörte.
 Gerade ein Vierteljahr war ich an der Oper und hatte meine erste größere Partie gesungen, als in einer Kritik etwas vom «Wunder Erna Berger» zu lesen stand, und das letztemal erklärte ein Physikprofessor meine Stimmstärke und den Stimmumfang im Jahre 1983 für ein unglaubliches Wunder, von dem er in einer Fachzeitung berichten müsse. In den fast sechzig Jahren dazwischen las und hörte ich immer wieder, daß ich ein Wunder sei – und wunderte mich. Daß die Leute schätzten, wie ich sang und spielte, fand ich gewiß wunderschön, aber ich dachte doch auch, daß mir meine Kunst bei aller Freude recht viel reale Mühe und Arbeit machte.
 Habe ich überhaupt gelebt? Bin ich nicht nur eine gut funktionierende Gesangsmaschine gewesen? Ich habe nur gesungen, das war mein Leben.
 Heute erst denke ich darüber nach. Wie merkwürdig ist das alles! Merk-würdig? Vielleicht.
 Ich versuche, mich zu erinnern.

AUFTAKT

Musik ist heilige Kunst, zu versammeln alle Arten von Mut
Hugo von Hofmannsthal/Richard Strauss
«Ariadne auf Naxos»

Der Zweite Weltkrieg war noch nicht lange vorüber, als während einer *«Sadko»*-Aufführung ein Herr in meine Berliner Theatergarderobe kam und mich fragte: «Would you like to come to Australia?» «Ja», antwortete ich spontan und sagte, als er weg war, zu meiner Garderobiere: «Wenn der mich jetzt gefragt hätte: Willste auf'n Mond kommen, hätte ich auch ja gesagt», so groß war nach den schrecklichen Kriegs- und Nachkriegsjahren die Sehnsucht, wieder hinauszukommen.

Der australische Rundfunk bot mir eine Tournee an, aber ich konnte nicht dran glauben. Wenn mich die Engländer nicht aus Berlin ausgeflogen hätten, wäre ich 1947 nicht mal bis Hamburg oder London zum Singen gekommen, und nun gar bis Australien! Doch der Vertrag kam wirklich zustande, und 1948, als im besiegten Deutschland noch niemand an Weltreisen denken konnte, flog ich allein ins ferne Traumland. Einem guten Freund aus Berlin gelang es, alle politischen und bürokratischen Hindernisse zu überwinden und mir als mein «Manager» nachzureisen.

Die Australian Broadcasting Commission organisierte die Tournee und übertrug jedes Konzert zur Hälfte live, so daß man mich im ganzen Kontinent kannte und überall freudig begrüßte.

Alles wäre wunderschön gewesen, wenn mir nicht meine Stimme Kummer bereitet hätte. Schon in den Jahren vorher hatte ich ab und zu mit den höchsten Tönen Schwierigkeiten gehabt; die verflixten hohen D und F wollten nicht mehr so, wie ich's gewöhnt war. Aber ich mußte sie doch singen, wegen der Koloraturen hatten sie mich ja geholt! Daß auch ich älter wurde und fast die Fünfzig erreicht hatte, glaubte mir einfach niemand. Doch ich befand mich nun mal in den kritischen Jahren; mein Körper stellte sich um und die Stimme auch, das war ganz normal. Die Höhe wird abgebaut, die Spitzentöne verlieren ihren Glanz, werden schärfer oder verschwinden ganz. Aber ich wehrte mich dagegen. Ich wollte nicht aufgeben und schlechter singen erst recht nicht.

Da trafen wir in Brisbane den berühmten italienischen Tenor Tito Schipa, der dort ein Konzert gab. Er war schon ein älterer Herr und sang sehr kultiviert und schön, wenn auch nicht so strahlend wie Gigli. Am Ende bekam er einen fürchterlichen Schleim auf die Stimme, überspielte das jedoch mit unglaublicher Technik. Ohne Panik und ohne zu forcieren, holte er den Ton geschickt von oben, daß er, ohne zu unterbrechen, weitersingen konnte. Das imponierte mir sehr, und mein Freund, von Beruf Arzt, flüsterte mir zu: «Genauso mußt Du's auch machen, von oben durch den Körper herunterziehen!»

Zunächst glaubte ich nicht, daß es mir gelingen könnte, denn ich mußte völlig umdenken und mir eine neue Art zu singen aneignen. Als ich damit nach Europa zurückkehrte, schwärmten die Rezensenten: «Erna Berger scheint das Geheimnis der ewigen Jugend gefunden zu haben. Ihrer Stimme ist kein Altern anzumerken. Sie klingt herrlicher denn je, es ist ein Wunder.»

Unter wieviel Mühe und Tränen ich das geschafft hatte, wußte niemand. Was habe ich alles angestellt! Flach auf dem Boden gelegen beim Singen oder die Stirn gegen die Wand gepreßt, wie's Caruso gemacht haben soll, und versucht, die guten Ratschläge zu befolgen, an denen es nicht fehlte. «Du mußt den Körper ganz weit öffnen und unten durchsingen, das hohe C muß quasi durch die Beine kommen», erklärte mein Doktor – aber was meinte er damit? Ich übte und probierte unermüdlich, während ich nebenher die Tournee mit ihren Strapazen absolvierte, und allmählich stellte sich der Erfolg ein, und ich wußte, worauf es ankam. Ich sang nicht mehr einfach raus wie ein Vogel, sondern konzentrierte mich schon beim Einatmen auf dieses entspannte Durch-den-Körper-Singen und konnte bald einen Ton wieder genauso verstärken und halten wie als junger Mensch.

Meine Stimme war von Natur aus schmal und schlank, trug aber sehr gut, weshalb ich hohe Opernhäuser, Kirchen oder Riesenhallen nie zu fürchten brauchte. Das kam mir in Australien zugute, wo die Säle enorme Ausmaße hatten und mehrere tausend Leute faßten, ähnlich wie heutige Hallen für Popkonzerte, nur daß ich ohne Mikrophon auf dem Podium stand. Dazu kam, daß ich dank der neuen Technik das Gefühl hatte, ohne Ermüdung ewig weitersingen zu können, was mein Freund zum Entzücken der australischen Presse so formulierte: «The longer she sings, the better it becomes.» Dieser schöne Satz stand anderntags prompt in der Zeitung.

Ich war froh und erlöst, daß mein Instrument mir wieder gehorchte, noch dazu besser als vorher, und ich wieder ohne Angst auf dem Podium stehen konnte. Wieviel wohler wäre mir oft gewesen, hätte ich diese Technik schon eher beherrscht! Ein *Wunder* jedoch war das nicht, nur das Ergebnis einer Mischung aus Fleiß, Energie und Phantasie, beflügelt von etwas Verzweiflung und viel Hoffnung.

Ich bin überzeugt, daß mein Rezept auch andern helfen könnte, wenn sich das Altern meldet. Dann brauchte keine Sängerin und auch kein Sänger mehr wie mein lieber Kollege Peter Anders zu klagen: «Ach Erna, erst hast du die Stimme und keine Technik, und wenn du endlich weißt, wie man singen muß, hast du keine Stimme mehr. Es ist schon ein schwerer Beruf!»

Aber ich meine, es ist vor allem eine Berufung und darum so schön.

Kapitel I

Kindheit – Erste Schulzeit in Berlin – Vater in Afrika – Bei den Tanten in Dresden – Der Erste Weltkrieg – Banklehre in Zittau – 1919 wieder in Dresden mit den Eltern – Erstes Vorsingen – Südamerika – Im Urwald von Paraguay – Als Erzieherin bei Navilles – Oktober 1924 wieder in Europa

Wir wohnten in Tempelhof bei Berlin, und ich war gerade zur Schule gekommen, als mich meine Mutter zu einer Kaffeegesellschaft mitnahm. «Die Kleine soll doch so hübsch singen», hieß es da, und sie sahen mich Knirps mit den dünnen Rattenschwänzchen etwas ungläubig an. Ich genierte mich und wollte nichts vortragen, bis meine Mutter vorschlug: «Wir stellen uns hinter die offene Tür, da sieht uns niemand, und ich singe mit.» Sie stimmte mit ihrer hohen, hellen Stimme an: «Sah ein Knab' ein Röslein stehn...», und ich sang und sang, alle drei Strophen, und nach der letzten klatschten alle plötzlich laut. Ich erschrak und merkte nun erst, daß ich allein gesungen hatte, weil meine Mutter schon nach den ersten Takten verstummt war. Darauf weinte ich untröstlich, es war mir furchtbar.

Das ist meine erste Erinnerung ans Vorsingen und an Musik überhaupt, was vorher war, weiß ich nur vom Erzählen. Daß ich, schon ehe ich gehen und sprechen konnte, die Tonfolgen der Kinderlieder richtig nachgesungen hatte, was ich aber für eine liebevolle Übertreibung der Familie hielt, bis ich einmal auf dem Londoner Flughafen ein Baby beobachtete, das auch richtige kleine Melodien vor sich hinsang. So etwas gab's also tatsächlich. Vielleicht ist es später auch eine Sängerin geworden.

Als ich am 19. Oktober 1900 in Cossebaude bei Dresden zur Welt kam, natürlich zu Hause in der elterlichen Wohnung, wie's damals üblich war, mußte ein Arzt zu Hilfe geholt werden. Der sah mich winziges Wesen mitleidig an und sagte: «Ach nein, dieses Kind, also die Nacht wird's wohl nicht überleben», denn ich wog nur drei und ein halbes Pfund und war so lang wie eine Sechserzeile, drei aneinandergereihte Doppelbrötchen, wie sie in Sachsen üblich waren. Aber meine Großmutter entschied: «Ach woher! Gucken Sie sich doch mal die Augen der Kleinen an, wie lebendig die in die Welt sehen. Die stirbt nicht.»

Mein Vater war Ingenieur bei einer Firma, die in aller Welt Eisenbahnen baute, Holtzmann und Compagnie, und wir zogen deshalb häufig um. Manchmal blieb ich bei den Großeltern, so als meine Mutter den Winter im nördlichen Ostpreußen für ein Baby viel zu kalt fand, sich aber nicht von ihrem Mann trennen wollte. Später zog ich mit den Eltern – zuerst in die Eifel, wo ich die ersten Zweifel an der Güte der Menschen bekam. Ein Postbote schnitt einfach meinen wunderschönen roten Luftballon vom Haken neben unserm Häuschen ab, und ich war fassungslos unglücklich. Wie konnte ein Mensch so gemein sein?

Und wieso waren Tiere klug? Unser Foxel fand doch tatsächlich ganz allein den Weg an den Gleisen entlang zur Baustelle, um meinen Vater abzuholen, das fand ich toll. Ich bewunderte sowieso alle Tiere und wollte gar zu gern mit ihnen sprechen und sie zu Freunden haben.

Von der Eifel aus ging mein Vater zum ersten Mal für seine Firma nach Afrika, und Mutter und ich kehrten nach Dresden zurück. Dort löste ich gleich große Heiterkeit aus, als ich in Großmutters Küche meine Bonbons verstecken wollte und dazu erklärte, ich müsse meine Klümpchen verwahren. Für sächsische Ohren klang das höchst fremdländisch und geschwollen, für mich war's vielleicht der Anfang meiner Freude an sprachlicher Vielfalt.

Bei den Großeltern Berger lebten noch drei Schwestern meines Vaters, eine schon verwitwet mit zwei halbwüchsigen Kindern, so daß es recht lebhaft zuging. Alle liebten Musik und sangen zur Zither oder Gitarre, und ich lauschte aufmerksam. Die Tanten erzählten später gern die Geschichte von der «Sandkuchenarie». Nach einem Freischützabend in der Oper trällerten sie immerzu Agathes große Arie vor sich hin, und ich bettelte: «Bitte, Tante Käthe, nochmal: ‹Leise, leise,...›», und nochmal, bis ich's konnte. Dann spielte ich im Garten im Sandkasten und trug eine besonders gelungene Form, die ich auf meiner Hand ausgekippt hatte, vorsichtig die Treppe hinauf und sang dabei. «Leise, leise, fromm-e Wei-eise, schwing dich auf zum Sternenkrei-eise. Lied er-ersch-alle...» von Anfang bis Ende ohne Fehler und rührte damit die Großeltern und Tanten, die oben lauschten, zu Tränen. Hoffentlich haben sie auch meinen Sandkuchen gebührend bewundert.

Meine erste Schulzeit erlebte ich mit den Eltern in Berlin und blieb dort nach zwei Jahren mit der Mutter unter dem Schutz eines Onkels zurück. Nur noch im Urlaub kam mein Vater aus Afrika zu uns und brachte mir ein Osterei mit kandierten Veilchen mit, fabelhaft, und ein andermal einen lebendigen Graupapagei. Der sollte sprechen, dachte aber nicht dran, sondern hackte meine Mutter, die sich vor ihm fürchtete. Ich vermißte den Vater sehr und schlich mich nachts aus dem Bett auf den Balkon und schaute zum Sternenhimmel auf. Dort suchte ich mir einen besonders schön glänzenden Stern aus, dem ich alles erzählte, was ich meinem Vater sagen wollte. Ich war fest überzeugt, daß er in Afrika denselben Stern sähe, der ihm meine Worte berichtete. Als meine Mutter mich erwischte, schalt sie: «Dummes Ding, was machst du denn da im Nachthemd auf dem Balkon, willst dir wohl den Tod holen?» Ich sagte kein Wort, durfte aber zur Strafe am nächsten Tag nicht zu einem Kinderfest gehen, und mit der Sternenpost war's aus. Doch mein Geheimnis gab ich nicht preis.

Fast fünfzig Jahre später brach ich im Jahre 1954 zu einer Südafrikatournee auf. Nach einer Zwischenlandung in Nairobi drehte der Pilot zwei Runden über dem verschneiten Kibogipfel, dann flog er nach Südosten und folgte der Küstenlinie. Der Himmel leuchtete afrikanisch blau, und die Erde lag deutlich wie auf einer Landkarte unter uns. Ich blickte aufmerksam nach unten und wahrhaftig, dort war sie, die Eisenbahnlinie, die sich von der Stadt Daressalam löste und als dunkle Schneise ins Landesinnere zog. Bewegt schaute ich hinab und freute mich. Ein Kindertraum hatte sich mir erfüllt, ich sah die Eisenbahntrasse, die mein Vater gebaut hatte. Von 1908 bis 1914 hatte er an dem kühnen Projekt mitgearbeitet. Eine direkte Strecke sollte die Küstenstadt mit dem fernen Udjiji am Tanganjikasee verbinden und über tausend Kilometer afrikanisches Buschland erschließen. Nach zwei Jahren hatte er das Leben ohne seine Familie satt und wollte uns nachholen. Wir würden mit ihm im Zelt leben, fern von jeder Zivilisation, und ich würde einen Privatlehrer bekommen... Ich war Feuer und Flamme.

Da griffen die Tanten ein. «Das ist doch Unsinn», schrieben sie nach Berlin, «laßt das Kind hier bei uns in Dresden, da kann es in eine richtige Schule gehen und hat geordnete Verhältnisse.» Ich wurde natürlich nicht gefragt, und der Traum vom Leben zwischen Affen und Löwen zerrann, aber ich glaube, es machte mir nichts aus. Viel wichtiger, als daß meine Mutter nun auch noch fortging, war mir, daß meine Dresdner Klasse in allem schon viel weiter war als wir in Berlin. Die lasen im Französischen schon «Chaperon rouge» und schrieben kleine Aufsätze darüber, da mußte ich mich sehr anstrengen. Sachsen war nicht umsonst bekannt für seine guten Schulen.

Die Großeltern waren inzwischen gestorben, und meines Vaters drei Schwestern, die mich unter ihre Fittiche nahmen, bewohnten eine geräumige Wohnung am Sedanplatz. Dort konnten sie zwei Zimmer vermieten und auch eine kleine Schneiderwerkstatt einrichten, in der Tante Dora herrschte und mit zwei Gehilfinnen Abend- und Brautkleider nähte, mit der Hand gesäumt und zart bestickt, ach, fand ich die herrlich! Manchmal mußte ich die fertigen Gewänder zu den Kunden bringen und fuhr mit meinen Paketen in der Straßenbahn durch die ganze Stadt. Einmal bekam ich als «Trinkgeld» einen Apfel und aß ihn bei der langen Rückfahrt genüßlich auf. Zu Hause meinte Tante Hannel vorwurfsvoll: «Hättest du uns den schönen Apfel doch wenigstens erst gezeigt», und ich kam mir sehr schäbig vor, daß ich die Kostbarkeit einfach so aufgefuttert hatte.

Beim Nähen und Sticken half Tante Käthe fleißig mit. Sie war nur dreizehn Jahre älter als ich und meine erklärte Lieblingstante. Die Sympathie war gegenseitig, und das immer lebhafte, lustige junge Mädchen wurde mir eine liebevolle und gewissenhafte junge Ersatz-Mama. Zwischen den Tanten löste das kleine Eifersüchteleien aus, denn alle fühlten sich berufen, mich zu erziehen. Käthe paßte auf, daß ich meine Schularbeiten machte, auch im Rechnen, das ich nicht so gern mochte, und daß ich beim Indianerspielen nicht gar so übermütig herumtobte und meine Kleider zerriß. Aber sie drückte doch mal ein Auge zu, wenn ich auf einen Baum kletterte oder irgendwo einen Umschwung machte, was sich nicht gehörte, man hätte ja die Höschen sehen können. Ihretwegen mühte ich mich, ein braves Kind zu sein und nicht immer mit plötzlichem «Huuuh!» aus einer Tornische zu springen, um die Leute zu erschrecken.

Wir lebten sparsam, aber mein Vater schickte jeden Monat mein

Kostgeld, das sogar für Klavierstunden reichte. Die waren damals für jede «höhere Tochter» ein Muß und für mich eine große Freude. Ich lernte schnell, alles gleich auswendig, wie auch später beim Singen, und ich konnte nach zwei Jahren immerhin Schuberts Impromptus spielen. An Mozart wagte ich mich nicht heran, der schien mir zu schwer.

Wenn an der Elbe oder im Großen Garten eine Kapelle spielte, entwischte ich den Tanten, wie ich's schon als Kleinkind getan hatte, und setzte mich möglichst nah neben die Musiker und beobachtete den Kapellmeister. Zu gern hätte ich selbst dirigiert. Bei sonntäglichen Ausflügen in die Wälder der Umgebung mußte ich beim Heimweg in der Dämmerung die Familie beschützen: «Los Ernel, pfeif mal recht laut, bis wir an der Straßenbahn sind, dann denken die Leute, wir haben einen Kerl bei uns!»

In der Schule bei unserem ausgezeichneten Musikunterricht war diese männliche Kunst weniger gefragt, aber ich mußte natürlich immer vorsingen. Und je älter ich wurde, desto öfter hörte ich: «Haach, du hast eine soo schöne Stimme, du gehst doch sicher mal zur Bühne!» Jedesmal sagte ich: «Nein, ich bin doch viel zu klein, und meine Stimme ist auch zu klein», und ging am Nachmittag wieder in den verwunschenen Garten einer Freundin zu unseren Indianerspielen, die ich schon während der Schulstunden auf kleinen Zetteln sorgfältig vorbereitet hatte, inszeniert wie ein richtiges Theaterstück. Jahrelang war denn auch ein Indianeranzug mein sehnlichster, aber unerfüllter Wunsch.

Meine beste Freundin hieß Änne Schanz und war bei solchen wilden Spielen nicht dabei. Ihr Vater, der Herr Sanitätsrat, war ein bekannter Augenarzt, und sie hatten ein Kindermädchen und eine Köchin, und wenn ich bei ihr war, plauderten und stickten wir auf dem Balkon als wohlerzogene Töchter.

Gesungen habe ich in jeder Lebenslage, nicht nur in der Schule. Es gab ja noch kein Radio, keinen Plattenspieler, keinen Fernseher. Wer zu Hause Musik hören wollte, mußte sie selber machen. Mit der Cousine Hanni sang ich beim Geschirrabwaschen Duette oder vielmehr Lieder zweistimmig. Sie hatte auch einen hohen Sopran, und weil ich besser die zweite Stimme halten konnte, sang ich den tieferen Part. «Heilge Nacht, o gieße du Himmelsfrieden in dies Herz...», solche getragenen Sachen liebte ich besonders. Daß es eine sangbar gemachte Melodie aus Beethovens «Appassionata»-Klaviersonate war, wußte ich nicht, spürte aber wohl die Qualität, wie ich auch in der Schule schon als Kind Lieder von Wolf und Strauss besonders gern sang.

In der Adventszeit machten wir unsere Wohnungstür im dritten Stock auf, unten taten alle Dienstmädchen dasselbe, und unser Gesang schallte durchs ganze Treppenhaus bis in die Wohnungen. Das waren meine ersten Weihnachtskonzerte und die einzigen, bei denen ich die zweite Stimme gesungen habe. Später gab ich regelmäßig ein Konzert im Advent: «Erna Berger singt Weihnachtslieder.» Leider ist aus dieser Berliner Tradition nie eine Platte entstanden, schade, aber ich hatte immer so viel zu tun und kam gar nicht auf den Gedanken, von mir aus zu sagen: «Das möchte ich gern einsingen.» Ich tat's nur, wenn die Firmen an mich herantraten. Die «Deutsche Grammophon-Gesellschaft» hat die Cornelius-Weihnachtslieder herausgebracht, aber von den schönen alten Weisen existiert nur beim RIAS ein Band, sonst nichts.

1913 im Sommer kehrte meine Mutter heim, weil sie an Malaria erkrankt war und kein Chinin vertrug. Zuerst zog sie mit mir in ein Zimmer bei einer Witwe, wo ich meist still sitzen mußte – entsetzlich – oder mit ihr ins Kino gehen. Als nach einem Jahr das Geld auch dafür nicht mehr reichte, zog sie zu ihrem Bruder nach Dresden-Neustadt, und ich durfte zu den Tanten zurück. Erlöst und glücklich kehrte ich heim; die Mutter war mir fremd geworden, wesensfremd wohl vor allem. Ich ging auch sonntags nur ungern zu ihr, um etwas Geld für meinen Unterhalt zu erbitten. «Wenigstens deine neuen Schuhsohlen könnte sie ja bezahlen», meinten die Tanten.

Dann brach der Erste Weltkrieg aus, und ich bedauerte sehr, kein Mann zu sein, um das Vaterland zu beschützen. Die Indianerspiele wandelten sich in Kriegsspiele, Deutsche gegen Franzosen, was mich jedoch nicht hinderte, weiter fleißig Französisch zu lernen. Mir gefiel alles, was mit Sprache zu tun hatte, und ich verfaßte meine ersten Gedichte. Dafür trug ich stets ein Notizbüchlein bei mir und ging gern allein durch die stillen Villenstraßen, wo die Gärten grünten, statt auf der Hauptstraße mit den üppigen Geschäftsauslagen. Die interessierten mich gar nicht, aber Blumen und Vögel, und ich blieb stehen und fing mit einer Amsel oder einem Rotkehlchen ein Ge-

Die einjährige Erna Berger

Erna Berger mit ihrer Mutter, Dresden 1905

spräch an, ahmte flötend ihr Lied nach und freute mich, wenn sie mir antworteten, so wie ich das heute noch tue.

Von meinem Vater kam nach eineinhalb Jahren endlich Post aus Indien. Die Engländer hatten alle Deutschen in Ostafrika interniert und nach Bombay gebracht. Dort zog er im Lager eine «Wäscherei Feldgrau» auf, und es ging ihm ganz gut, aber wir bekamen kein Geld mehr. Meine Mutter versuchte alles Mögliche, um etwas zu verdienen, aber es war zu wenig. Ich mußte das Lyzeum verlassen und auf die Bürgerschule gehen, die weniger Geld kostete. Das war schlimm. Doch schon nach einer Woche geschah ein Wunder. Das Lehrerkollegium hatte das Geld für den nächsten Monat für mich zusammengelegt, und ich durfte zurück. Später bekam ich ein Stipendium. So blieb doch alles beim alten, nur die Klavierstunden hörten auf, und Tante Käthe heiratete. Sie zog mit einem jungen Ingenieur von der Technischen Hochschule nach Ludwigshafen. Zur Hochzeit durfte ich die erste Brautjungfer sein. Tante Dora fertigte das schönste Brautkleid ihres Lebens an, und ich – ja, was tat ich? Zu meinem achtzigsten Geburtstag bekam ich einen Brief von einer neunzigjährigen Dame, sie sei junge Pfarrfrau an der Dresdner Christuskirche gewesen, als ein sehr junges Mädchen zu ihr gekommen sei und gesagt habe, es heiße Erna Berger und wolle gern zur Hochzeit seiner Tante in der Kirche singen. Keine Ahnung habe ich mehr davon!

In einem der darauf folgenden Jahre hörte mich zufällig bei einer privaten Einladung eine unserer großen Dresdner Schauspielerinnen singen. Pathetisch und mit rollendem rrr sprach sie zu mir: «Aberrr mein liebes Kind, Sie haben eine soo schöne Stimme – Sie müssen zurr Bühne gehen.» Ich sagte wieder: «Das geht doch nicht, ich bin viel zu klein...» «Aber das ist ja garr-nicht schlimm, da kann man sich ja grrößer machen.» – «Und meine Stimme ist ja auch viel zu klein...» «Haach», rief sie, «die Osten, die Osten hatte auch solch Piepsstimmchen, ein Zwirrrnsstimmchen hatte die Osten, und genauso eins haben Sie, das wirrd viel grrößerr werrden und Sie werrden eine grroße Sängerrin sein.» Eva Plaschke-von der Osten war bis zum Jahr 1930 die Dresdner Wagner-Heroine.

Ich rannte von dem Haus im Großen Garten durch halb Dresden bis zum Sedanplatz und kam atemlos zu den Tanten: «Ich soll zur Bühne. Fräulein Diacono vom Hoftheater hat's gesagt, die weiß doch Bescheid, ich soll zur Oper!» Meine Tante Hannel war immer ziemlich realistisch und meinte: «Erstmal mußt du die Schule fertig machen, und zweitens müssen wir deinen Vater fragen. Eine Schauspielerin oder Sängerin, da weiß ich nun nicht, ob er das will.» Punktum. Da vergaß ich das Ganze wieder; ich gehörte nie zu denen, die unbedingt und um jeden Preis zum Theater wollen und sich heimlich vorsagen: Ich muß, ich muß. O nein. Ich war brav und tat möglichst, was man von mir erwartete, und lebte im übrigen in meiner Traumwelt, die sich immer mehr bevölkerte. Da gab es Tiere, aber auch Feen und Zwerge und allerlei Naturgeister, die ganze außermenschliche Welt war beseelt für mich, und in der Schublade häuften sich neben den Gedichten nun Märchen und kleine Theaterstücke. Außerdem mußte ich fleißig lernen, denn die Reifeprüfung im Lyzeum stand bevor, und als die glücklich vorbei war, sang ich zur Abschlußfeier. Die Lieder hatte ich mir selber aussuchen dürfen und entschied mich für Strauss' «Ein Obdach gegen Sturm und Regen» und Wolfs «Verborgenheit». Diesen Weltschmerz fand ich ergreifend schön, und der Lehrer ließ mich gewähren, wenn auch für uns Backfische beim «Eintritt ins Leben» vielleicht etwas anderes passender gewesen wäre. Es war Ostern 1917 und immer noch Krieg. Meine Freundinnen verschwanden zur hauswirtschaftlichen Vervollkommnung in Internaten, und ich mußte Geld verdienen. Ich fand eine Anstellung bei einem Drogisten, aber dort schikanierte mich ein Gehilfe, weil ich mich in der Dunkelkammer nicht küssen ließ, und ich ergriff zum erstenmal selbst die Initiative und kündigte. Heimlich verhandelte ich mit einem Zittauer Onkel, der dort Bankdirektor war, und ging als Lehrling zu ihm. Mit einer mir völlig fremden Lehrerin bewohnte ich ein Zimmer bei einer Kriegerwitwe, notdürftig möbliert und im Winter ungeheizt, aber das störte mich nicht, denn ich verbrachte die freie Zeit im musikalischen Haus des Onkels. Seine Frau war Sängerin gewesen, und sie veranstalteten Konzertabende, ich mußte gleich singen und freundete mich mit einer jungen Klavierspielerin an. An Sonnabenden zogen wir beide in eine Musikalienhandlung, wo wir auf zwei Klavieren spielen durften oder auch vierhändig, ich immer den unteren Part, der war nicht so schwer, und ich genoß die Melodie. Mit den vier Kindern des Onkels und noch dreien von musizierenden Freunden studierte ich gleich ein Frühlingsmärchen ein, das ich schon fertig mitgebracht hatte. Ich führte Regie und spielte selbstverständlich die Hauptrolle, und als das gut gelungen war, verfaßte ich gleich ein neues Stück mit passenden Rollen für jedes Kind. Das ging dann weiter mit Dichtungen zum Geburtstag, zu Weihnachten und Ostern, und jedesmal bekam ein anderes Kind die Hauptrolle. Ein Stück hieß «Das Taukännlein» und eines «Der Elfenraub», und jedesmal siegte das Gute, und das Böse wurde bestraft. Schon damals gefiel mir die Natur besser als die Menschen, und ich weiß noch, daß der Geisterfürst den bösen Gnom verzauberte: «Er wird ein Mensch, das seine Strafe, wenn er erwacht aus tiefem Schlafe.» Am Schluß gab's dann einen Elfenreigen im Mondschein, die Kinder hatten ihre weißen Sonntagskleidchen an und tanzten und sangen. Vorher hatten wir körbeweise Blumen von den Wiesen geholt, zu Kränzen geflochten und damit den Wohnraum geschmückt, der als Theatersaal diente. Allen machte das Riesenspaß, den Kindern, den stolzen Eltern und mir. Damals war ich so vielseitig beschäftigt wie niemals wieder. Ich reimte Stücke und führte Regie, fertigte die Kostüme und das Bühnenbild und spielte mit. Nebenbei wurde musiziert, und wochentags rechnete und lernte ich bei der Bank, aber das war nicht weiter aufregend. Immerhin verdiente ich Geld dabei, fünfundsiebzig Mark im Monat.

Im Frühjahr 1919 endete das Idyll, weil mein Vater aus der Kriegsgefangenschaft heimkam und mich zu Hause haben wollte. Die Not im Nachkriegsdeutschland war groß; Vater fand keine Arbeit, und wir wohnten wieder alle in der großen Wohnung der Tanten. Ab und zu sagte jemand, der mich singen hörte: «Die Erna hat eine soo schöne Stimme, die muß unbedingt...», aber dabei blieb es auch. Eine Untermieterin brachte mich zu ihrer Schwester, die Sängerin war, damit die mir Stunden gäbe. Aber die setzte sich nur ans Klavier und ließ mich die schwierigsten Opernarien singen, während sie schwungvoll begleitete, das war alles. Immerhin nahm sie mich mit zu ihrem Lehrer Plate und sagte: «Die Kleine hier singt sehr hübsch, Sie brauchen doch grade einen hohen Sopran.» Er stellte mit seinen Schülern Duette, Terzette und Quartette zusammen und veranstaltete kleine Konzerte in den Orten der Umgebung. Dort habe ich alles Mögliche mitgesungen, die Martha-Quartette, die Freischütz-Agathe – ein Ännchen hatten sie schon – und Chorwerke von Haydn und Händel. Beim Messias-Halleluja war ich der einzige Sopran im Chor! Eine Ausbildung war das nicht, und Geld gab's auch keins, aber es machte Spaß, und ich lernte eine Menge Musikstücke kennen, denn um mir selber immer neue Noten zu kaufen, reichte mein Geld nicht. Dort lernte ich auch meine erste große Liebe kennen, den Tenor Sascha Klaus. Er war schon dreißig Jahre alt und reizend zu mir, sehr zart und liebevoll, und ich bekam meine ersten Küsse, wenn wir spazieren gingen. Auch er drängte mich, meine Stimme ausbilden zu lassen und doch mal der berühmten Elisabeth Rethberg vorzusingen, die damals an der Dresdner Staatsoper engagiert war und nur wenig später, von 1922 an, bis 1942 am Metropolitan Opera House in New York grandiose Erfolge hatte. Ich sang eine Ännchen-Arie, und sie sagte: «Endlich mal ein wirklich musikalischer Mensch, ich werde Sie in den Opernchor bringen.» «Wie schön», dachte ich, «Wie sag ich's meinem Vater?» Er hatte gerade beschlossen, mit Frau und Tochter nach Südamerika auszuwandern, und ein Angebot der Regierung von Paraguay angenommen, die deutschen Siedlungswilligen zwanzig Hektar Land schenkte.

Und nun wollte seine einzige Tochter zur Oper gehen! Zum Theater! Heimlich ging er zu Frau Rethberg und bat sie, mir keinen Floh ins Ohr zu setzen, er wolle endlich mal seine Familie beisammen haben. Aber Sascha ließ nicht locker. Ich vergesse nie, wie wir im Herbst unsern Feldweg entlangwanderten und er ausrief: «Du mußt Sängerin werden! So wahr ich den Kirchturm dort drüben im Nebel nicht sehe, so wahr wirst du nicht nach Paraguay fahren! Du gehst nachher zum Chordirektor, wie's ausgemacht war!» «Ja, wenn mein Vater nachher nicht zu Hause ist, gehe ich zum Vorsingen, ist er da, muß ich ihm sagen, wohin ich will, und er verbietet es. Lügen kann ich nicht.» Ich kam heim, und der Vater war da. Vier Wochen später schwammen wir auf hoher See. Brave Tochter!

Die «Gotha», unser kleines Auswandererschiff, hatte nur eine Klasse. Weil's am Äquator furchtbar heiß war, schlief ich an Deck und klagte dort einer seekranken Dame mein Liebesleid. «Vielleicht werde ich ihn nie wiedersehen! Wenn ich wenigstens ein Kind von ihm hätte!» Die Dame war schockiert, eine wohlbehütete Tochter sagte sowas nicht, sie durfte es nicht mal denken. Wenn sie gewußt hätte, daß Sascha und ich nur Küsse getauscht hatten! Ich fühlte mich wie in einem romantischen Roman, wo das Schicksal die Liebenden trennt und den Ozean zwischen sie legt. Dem armen Mägdelein bleibt nichts als der Meistersingerauszug als Kopfkissen. Den hatte mir Sascha zum Abschied geschenkt, und da mein Vater genau wie ich eine romantische Seele besaß, befand sich unter unserm Gepäck auch das Klavier. So kamen wir in Buenos Aires an. Dort saßen wir im Einwandererlager fest. Die großen Schlafsäle blieben auch nachts hell erleuchtet, und die Wanzen liefen lustig an den schmalen Betten entlang. Meine entsetzte Mutter tat kein Auge zu, nur ich schlief prächtig. Endlich wurden wir mit der Eisenbahn weiter nach Villarica in Paraguay expediert und zogen von dort in ein Camp im Urwald. Dort hatte früher einmal eine Jesuitensiedlung bestanden, die schon lange verlassen und wieder vom Urwald überwuchert worden war. Jeder Einwohner mußte sich nun sein Los, seinen Platz, aussuchen. Mein Vater nahm sich natürlich den am weitesten vom Camp entfernten, weil er die Einsamkeit suchte, und für uns begann ein hartes, primitives Pionierleben. Die höhere Tochter war vergessen, ich lebte wie ein junger Mann, zuerst in meinem Kleid, dann in abgeschnittenen Khakihosen meines Vaters, weil ich überall Zecken sitzen hatte. Anfangs erschien mir alles interessant und großartig, nun lebte ich doch wirklich fast wie ein Indianer. Zuerst schlugen wir uns in ausgetrockneten Flußläufen aufwärts durchs Dickicht den Weg mit der Machete frei, um eine Quelle zu suchen. Ein dreiviertel Jahr lang lebten wir im Zelt, bis das einfache Blockhaus aus halben Palmenstämmen soweit fertig war, daß wir es bewohnen konnten. Mein Vater und ich hatten es ganz allein gebaut, weil meine Mutter Fieber bekam. Wir deckten es mit Flußgras und Zeltplanen, stellten einen selbstgebauten Lehmherd mit Platten zum Kochen darin auf, und mein Vater teilte den etwa zehn mal sechs Meter großen Hausraum in Gedanken auf: Das hier wird das Wohnzimmer und drüben dein Schlafzimmer – er war Optimist. Neben dem Haus bauten wir noch eine Vorratshütte, in der die Speisen aufbewahrt wurden und unsere eisernen Überseekoffer standen. Zu den Mahlzeiten aßen wir von Meißner Geschirr mit Zwiebelmuster, denn das hatten wir mitgebracht, o ja, dafür aber kein Gewehr. Das war uns samt der Munition im Camp gestohlen worden. Immerhin hatte ich einen kleinen Hund geschenkt bekommen, den Schlacks, der mich auf meinen Urwaldgängen «beschützte», ich fürchtete mich allerdings sowieso nicht, jedenfalls nicht vor Tieren, nur vor Menschen, und die gab's da nicht.

Anfangs ließ sich alles ganz gut an, wir bauten auf den selbstgerodeten Flächen Maniok und Buschbohnen an, buken herrliches Roggenbrot und konnten auch Reis und Fleisch im Camp kaufen. Die

Sandflöhe saßen täglich von neuem unter unsern Zehennägeln, wir tränkten die Socken mit Petroleum – es nützte nichts. Erst als ich Sabatos anzog, indianische Leinenschuhe mit Strohsohlen, wurde das besser. Wegen winziger Stechmücken, der Polverinos, nähte meine Mutter aus Vitragen von unseren Dresdner Fenstern Moskitonetze, unter denen wir furchtbar schwitzten. Ein Leguan holte unsere Hühner und ein Greifvogel vor meinen Augen die Küken, weil wir keine Drahtgitter überm Hühnerauslauf hatten. Als mein Vater an der Quelle eine Klapperschlange erschlagen hatte und die Haut zum Trocknen aufs Hühnerdach legte, fand sich prompt am nächsten Tag eine zweite unter meinem Bett. Sie hatte ihren Partner gesucht, das täten sie immer, erfuhren wir später. Mein Vater erwischte sie schließlich und tötete sie. Schlangenserum hatten wir natürlich auch keins.

Dann wurde mein Vater herzkrank und konnte selbst nur noch wenig tun. Wir brauchten Hilfskräfte, doch die kosteten Geld, und das war alle. Ins Brot kam immer mehr Maismehl, so daß es zerfiel, und Fleisch und Fett gab's nicht mehr. Daß ringsum jagdbare Tiere lebten, nützte uns ohne Waffen nicht viel. Als ich mit Schlacks an der Quelle junge Bäumchen zu roden versuchte, hatte ich einmal das Gefühl, mich schaue jemand an: Hinter mir stand ein schöner grauer Tapir. «O Gott», dachte ich nur, «wie kriegst du den, du kannst ja nicht schießen. Das schöne Fleisch, das gute Fett!» Wenn man Hunger hat, fühlt man nichts anderes. «Faß Schlacks, faß!» Aber da sauste der Tapir schon durch den Urwald davon.

«So geht das nicht weiter», sagte ich endlich zu meinen Eltern, «ich will Geld verdienen, da nütze ich euch mehr als mit meinem bißchen Arbeit hier. In Villarica steht unser Klavier, vielleicht kann ich Stunden geben.» Von zwei Siedlersöhnen begleitet, ritt ich davon, zum erstenmal im Leben auf einem Gaul, aber das ging ganz gut. Im Ort schüttelten alle nur bedauernd den Kopf, denn eine Revolution stand bevor. Alles ging drunter und drüber, da wollte niemand Klavierspielen lernen. «Aber gehen Sie doch zum Franzosen Naville. Der sucht eine Deutsche als Erzieherin für seine halbwilden Kinder, vielleicht können Sie das machen.» «Ja gerne», sagte ich eifrig, «ich kann Französisch und Deutsch und Englisch, ich mache alles, wo ist das denn?»

So kam ich zur Familie des Pflanzers Naville, dem dort die ganze Gegend gehörte. Der gebürtige Schweizer hatte sich vom einfachen *peón* zum großen *padrón* heraufgearbeitet und war sehr tüchtig. Seine Frau war leidend, und die vier Töchter und der kleine Noë liefen barfuß im Hemdchen herum und sprachen das indianische Guaraní; die sollte ich zähmen und ihnen Deutsch beibringen. Mein Lohn war ziemlich hoch, 700 Pesos, die ich ganz meinen Eltern weitergab; ich bekam ja zu essen und hatte ein Bett. Viel mehr stand nicht in meinem kleinen Zimmer, so daß ich meine langen Briefe an Sascha auf dem Schoß schreiben mußte. Schlacks wachte vor der Tür und ließ niemanden ein, durfte aber leider nicht bleiben und kam zu meinen Eltern zurück. Ich fühlte mich sehr wohl in der großen Familie; Herr Naville kaufte unser Klavier, das brachte meinen Eltern wieder etwas Geld ein, und ich konnte weiter darauf spielen.

Bald zogen wir wegen der Revolutionswirren nach Montevideo, wo ich die Kinder täglich zur deutschen Schule brachte. Sie nannten mich «Frolan» statt Fräulein und fanden das sehr lustig, denn das ist ein indianischer Männervorname. Gleich beim ersten Strandspaziergang riß sich der kleine Noë von meiner Hand los und lief geradewegs ins Meer, als ziehe ihn das große Wasser magnetisch an. Sofort erfaßte ihn eine Woge, ich schrie auf und stürzte ihm nach und erwischte ihn gerade noch, bevor die nächste uns beide packte. Ein paar junge Burschen stellten ihn auf den Kopf und schüttelten das Wasser aus ihm heraus – er atmete wieder, Gott sei Dank! Klatschnaß eilte ich mit den Kindern heim. Vom dankbaren Vater bekam ich später eine silberne Uhr für meine «Heldentat», und bei Noë war das «Frolan» von nun an die Nummer eins.

Ich lernte nun auch perfekt Spanisch, und Maria, die erwachsene Halbschwester der Kinder, brachte mich zu einem Klavierlehrer, der mich begleitete und gleich Tourneen mit mir machen wollte. Das ging natürlich nicht, aber ich sang mit ihm die «Bohème» in einem spanisch gefärbten Italienisch und gab sogar in der deutschen Gemeinde einen kleinen Liederabend. Dazu schenkte mir Maria ein Kleid aus schwarzem Crêpe de Chine mit grauen Rosen bestickt. Très chic! Mein erstes Konzertkleid.

Nun luden mich deutsche Familien zum Singen ein, und bei den heimatlichen Lauten ringsum wuchs mein Heimweh. Ich sparte für die Rückfahrt. Meine Eltern konnte ich ja ebensogut von Deutschland aus unterstützen. Aber dann verliebte ich mich in einen jungen Mann, den ich beim Singen kennengelernt hatte, und der kam in Schwierigkeiten. Ich wollte ihm mit meinem gesparten Geld helfen und dableiben und schrieb Sascha einen Abschiedsbrief. Es war alles etwas verwickelt. Schließlich sprach eine deutsche Dame ein Machtwort. «Jetzt ist Schluß, Sie müssen hier weg. Ich reise nächsten Monat nach Deutschland, da kommen Sie mit.» Das war der fehlende Anstoß, ich packte tatsächlich meine Sachen und sagte «meinen» Kindern und Südamerika ade. Beim Abschied hieß es «Auf Wiedersehen, auf Wiedersehen!» Aber niemand glaubte so recht daran.

Meine Eltern siedelten bald darauf in den argentinischen Gran Chaco über, wo das Klima gemäßigter war. Sie hatten endlich vom Deutschen Reich die versprochene Abfindungssumme für ihre Vorkriegsarbeit in Afrika bekommen und konnten sich eine kleine Farm aufbauen. Die Freude dauerte nicht lange, mein Vater erlag nach wenigen Jahren seinem Herzleiden. Ich habe ihn nicht wiedergesehen; er liegt in Südamerika begraben. Meine Mutter holte ich später nach Berlin herüber, und von dort kehrte sie heim ins geliebte Dresden.

Mein Geld für die Rückreise hatte nur zur dritten Schiffsklasse gereicht. Nachmittags ging ich nach oben, um im Salon zu singen, aber da war so ein ekliger Steward, der sagte: «Wenn die Kleine nicht hier wohnt, dann darf sie auch tagsüber nicht hier sein.» Daraufhin zahlten sechs deutsche Damen für mich nach, und ich zog ab Rio in die erste Klasse um. Das war sozusagen meine erste Gage. In Bremen trennten wir uns dann, und die Dame aus Montevideo schenkte mir zehn Dollar. Mit diesem Vermögen traf ich im Oktober 1924 wieder in Dresden bei den Tanten ein.

Die Inflation war gerade vorüber, die Wirtschaftslage miserabel, und ich war froh, als ich für fünfzig Pfennige die Stunde bei einem Baumeister halbtags tippen konnte, nachdem ich schnell Steno und Schreibmaschine gelernt hatte. Im übrigen sang ich wieder fleißig mit meiner alten «Lehrerin» und bat unseren Kantor, mich doch in der Kirche singen zu lassen. Er ließ mich vorsingen und schüttelte den Kopf: «Du tremolierst ja! Gewöhn dir das erstmal ab.» Das sagte ich sofort meiner «Lehrerin» weiter, die empört behauptete, der Kantor verstehe nichts vom Singen. Das machte mich stutzig, ich hörte nun selber genauer hin und fragte die Tanten. «O zittre nicht, mein lieber Ton...», aber er zitterte, kein Zweifel. Da versuchte ich's beim Konzertsänger und Lehrer Zinnert. Der sagte gleich: «Nun stell dich mal ganz grade da an die Wand und singe. Was fühlst du da?» «Na, nichts. Ich singe eben.« Er erklärte mir nun, was eine Atemstütze ist, wie man die Luft anhält und dosiert, und das Tremolo verschwand. Trotzdem blieb ich nur kurz bei ihm, denn die Stunden kosteten Geld, und ich hatte keins.

Kapitel II

Das entscheidende Vorsingen – Die Staatsoper Dresden unter Fritz Busch – Erste Rollen als Page in «Wie es euch gefällt», 1. Knabe in der «Zauberflöte» und Hirt in «Tannhäuser» – Großer Erfolg als Olympia – Titelrolle in der Uraufführung von Paul Graeners «Hanneles Himmelfahrt» – Sverre Wiull, der Student aus Norwegen – 1928 Uraufführung von Richard Strauss' «Ägyptischer Helena» – Kleinere Strauss- und Wagner-Partien – 1930 in Bayreuth unter Toscanini – 1932 als Blondchen in Salzburg – Koloraturen – Königin der Nacht, Rosine, Gilda – Abschied von Dresden mit Zerbinetta

Im Frühjahr 1925 bot sich mir endlich eine Ganztagsstellung. Doch da griff unser Untermieter ein, der Herr Silber, und protestierte. «Die Erna hat eine so schöne Stimme, die muß unbedingt ausgebildet werden. Wenn sie jetzt den ganzen Tag arbeitet, hat sie wieder keine Zeit zum Singen, das ist doch jammerschade. Da muß etwas geschehen.» «Mit Singen Geld verdienen wäre natürlich herrlich», meinte ich, unternahm aber von mir aus nichts. Ich ließ mich meist schieben im Leben, und den Ehrgeiz, eine Künstlerin zu werden, besaß ich noch immer nicht.

Herr Silber beließ es jedoch nicht beim Reden. Er machte den «Richard-Wagner-Verband» ausfindig, der junge Künstler förderte, und schickte mich dahin. Sie reichten mich zum Vorsingen weiter an Frau Hirzel, eine bekannte Dresdner Gesangspädagogin, und gaben mir als Klavierbegleiter einen baumlangen jungen Amerikaner mit: wir müssen ausgesehen haben wie Pat und Patachon. Zuerst sang ich meine spanisch gefärbte Mimi vor – «Können Sie nicht auch was Deutsches?» «Ja, das Ännchen.» Wie ich grade die erste Arie sang: «Kommt ein schlanker Bursch gegangen...», kam Herr Hirzel herein, der lyrische Tenor der Oper, und hörte zu. Dann rief er: «Menschenskind, die suchen doch 'ne Soubrette, hier haben wir ja eine. Die muß mal dem Busch vorsingen.» Tatsächlich wurde ich zum berühmten Generalmusikdirektor Fritz Busch bestellt, der seit drei Jahren die Staatsoper leitete und das ohnehin glanzvolle Institut zu neuem Ruhm führte. Frau Hirzel meinte vorher noch: «Machen Sie sich aber eine andere Frisur, mit diesem Käuzchen und dem Samtband da können Sie nicht zum ‹General› gehen.» Aber ich blieb, wie ich war, und sicher hat Busch gedacht: «Was schickt mir die Hirzel denn da für'n graues Mäuschen?» Aufgeregt war ich kaum, ich erwartete nichts und dachte: «Wenn's was wird, na gut, wenn nicht, auch gut.» Wieder sang ich die Mimi, den Cherubin, das Ännchen, und Busch sagte zum Schluß zu mir: «Sie werden von uns hören.» Damit ging ich nach Hause, wo die Tanten gespannt fragten: «Na, wie war's? Was hat er gesagt?» «Sie werden von uns hören.» «Na, da wirste wohl nischt hören.»

Aber ich hörte doch etwas. Nach drei Wochen bekam ich eine Aufforderung, erneut zu kommen, und jetzt war Generalintendant Reucker dabei und sagte: «Liebes Kind! Sie können als Anfängerin zu uns kommen, mit einer kleinen Gage. Fünfundachtzig Mark im Monat sind nicht viel Geld, aber ich habe gehört, Sie wohnen bei Ihren Tanten, da können Sie ja nicht auf die schiefe Ebene kommen.» «Jaa», antwortete ich zögernd und ging heim und fragte: «Der hat was von 'ner schiefen Ebene gesagt, was ist denn das?»

Aber ich war glücklich, daß ich an die Dresdner Staatsoper kam und auch noch mehr Geld verdiente als vorher, genau dreiundsechzig Mark und fünfundsiebzig Pfennig im Monat nach allen Abzügen. Gleich in den nächsten Tagen kam auch ein Brief, ich solle mich im Schauspielhaus melden. Keß schrieb ich zurück, ich sei nicht im Schauspiel engagiert, sondern an der Oper. Doch ich hatte nur den Vertrag nicht richtig gelesen, als Mitglied des Opernensembles war ich verpflichtet, auch in der katholischen Hofkirche und im Schauspiel mitzuwirken. Man spielte «Wie es euch gefällt», und darin hatten eine Altistin und ich als Pagen ein Lied zu singen. Wir kamen im vorletzten Bild dran und mußten auch ein paar Sätze sprechen. Ich ging raus, als ob nichts wäre, zum erstenmal im Leben auf eine richtige Bühne, redete völlig unbekümmert und setzte mich hin und trällerte mein Liedchen, während die Altistin dazu auf der Laute klimperte und die zweite Stimme sang. Das Publikum freute sich so sehr über uns, daß es während der offenen Verwandlung weiterklatschte bis zur nächsten Szene, was einiges Aufsehen erregte, denn das war der erste Beifall in der ganzen Aufführung. Im Schauspiel hat also alles angefangen. Im Rückblick erscheint mir das heute recht bezeichnend und bestimmend, wie ein Omen für meine weitere Karriere, denn ich habe niemals «nur» gesungen, wenn es etwas zu schauspielern gab. In den zwanziger und dreißiger Jahren war das für eine Opernsängerin sehr ungewöhnlich, und in den USA brachte mir's später den Titel: «The singing actress» ein.

In der Oper debütierte ich mit dem ersten Knaben in der Zauberflöte. Bisher hatte ich nur auf der Probebühne gearbeitet und auch noch nie mit Orchester gesungen und kam nun nach Hause und schwärmte: «Also mit Klavier, das ist ja gar nichts. Mit Orchester, das ist, als ob man schwebt. Das ist himmlisch.»

Dann kam als zweites der Hirt im «Tannhäuser», das war schon etwas gewagter, weil der ja ohne Orchester singen muß. In der Pause standen all die berühmten Kammersänger um mich herum, gratulierten mir und prophezeiten mir eine große Zukunft; das war sehr lieb, das habe ich nie vergessen.

Neben dieser Bühnenpraxis hatte ich nun auch regelrechten Gesangsunterricht. Jeden Tag ging ich zu Melitta Hirzel, und der Richard-Wagner-Verband bezahlte die Stunden. Das war eine wunderbare Kombination, wir studierten sämtliche hohen Sopranpartien, die im Spielplan vorkamen, ganz gleich, ob das winzige Rollen mit einer Zeile oder Hauptpartien waren. Wenn ich eingesetzt wurde, probierten wir's nochmal und nochmal, wir feilten wirklich an jeder Note. Außerdem versuchte Frau Hirzel nun mit Erfolg, meine Stimme «größer» zu machen. Gleich zu Beginn mußte ich die «Dichterliebe» von Schumann singen und wollte nicht. «Wieso, das sind doch Männergesänge?» «Na, sing nur», hieß es da, und ich merkte schon beim «wunderschönen Monat Mai», warum. Die Legatobögen und die schöne Linie fielen mir furchtbar schwer, doch gerade das gebundene Durchsingen war für meine leichte, helle Stimme wichtig, damit ich mehr Festigkeit und Atemspielraum bekam. Meine Mittellage war schwach, zum Beispiel beim Ännchen, aber Frau Hirzel beachtete das gar nicht, sondern widmete sich meiner Höhe. Die wurde ausgebaut, Gilda-Arie, Königin der Nacht und Übungen, Übungen. Danach ergab sich die Mittellage plötzlich wie von selbst. Ich übte sehr gern und baute mir die Tonfolgen zu Hause weiter aus, überlegte neue hinzu und machte allerlei Experimente mit dem Atem. Das habe ich dann mein ganzes Leben lang weiter getan und auch meinen Schülern geraten: Ihr müßt aktiv üben, euch selbst etwas austüfteln, man braucht auch dazu Phantasie. Damals hatte ich natürlich noch wenig Erfahrung, aber ich fing doch schon an, mir selbst mehr beizubringen, als mir gesagt wurde. Das kostete viel Zeit, und ich mußte sehr fleißig sein, denn nebenher lief ja die Opernarbeit mit Lernen und Proben.

Ich stürzte mich mit Begeisterung und Energie in den Sängerinnenberuf, davon besessen, möglichst vollkommen zu singen; es wurde mir nie zuviel, und das ist immer so geblieben. Nicht weil ich Erfolg haben oder Karriere machen und ein Star werden wollte – das war mir ganz egal! Ehrgeizig war ich noch immer kein bißchen, leider vielleicht –, sondern um der Musik willen, die ich verehrte und liebte. Sie war für mich das Wichtigste auf der Welt, ein weit über allen menschlichen Dingen stehendes, immer neues Wunder, ein Heiligtum. Dem diente ich.

Als nächstes bei einer Morgenfeier. Am Sonnabend Mittag wurde ich gefragt, ob ich einspringen und am nächsten Morgen fünf Märchenlieder von Schumann singen könnte. «Ja gerne», sagte ich, «aber nur drei, fünf kann ich so schnell nicht lernen, vor allem nicht den Text.» «Aber wieso? Sie können doch vom Blatt singen, das macht gar nichts.» «Nein», antwortete ich, «auswendig muß ich singen, sonst kann ich gar nichts geben.» Sieh da, so grün und schon Grundsätze, haben die sicher gedacht, aber ich fühlte mich durch Noten gehemmt und unfrei, ich wollte ja etwas ausdrücken beim Singen. Am Nachmittag gab's eine Klavierprobe, und zwischendurch ging mir durch den Kopf: «Was ziehst du denn um Gottes willen an?», denn ich hatte damals keine lange Reihe von Abendkleidern im Schrank, wo man bloß eins rauszunehmen brauchte. Zu Hause paukte ich dann wie verrückt die Texte, vor denen ich stets Angst hatte. Besonders Strophenlieder waren ein rotes Tuch für mich.

Am Sonntag Morgen um elf stand ich dann auf der Bühne des Schauspielhauses. Unten saß besorgt Frau Hirzel, denn sie hatte ja nichts mit mir einstudieren können, und hinten standen die Kollegen, die Gedichte rezitieren mußten, und drückten mir die Daumen. Das half. Danach bekam ich meine ersten hundert Mark.

Die «Puppe» in «Hoffmanns Erzählungen» sang unser Koloraturstar Liesel von Schuch. Als sie ein Baby bekam und nicht mehr auftreten konnte, faßte ich mir ein Herz und sagte zum Kapellmeister Striegler: «Sie holen immer Gäste für die ‹Puppe›, ich kann's doch auch und bin viel billiger.» «Ja? Na dann sing mal, Kleene.» Darauf wurde ich tatsächlich angesetzt. Ich hatte nicht viel zu tun, nur steif herumzulaufen, aber Koloraturen zu singen, und als ich mit der ersten Strophe fertig war, setzte ein Riesenapplaus ein, und mir fiel vor lauter Schreck der Text nicht mehr ein. Unten saß unser Souffleur, klatschte selbstvergessen in die Hände, wackelte mit dem Kopf und sagte: «Bravo», und ich zischelte in meiner Angst zwischen den Zähnen: «Wie geht's weiter, wie geht's weiter?» Die Musik spielte und spielte und automatisch, wie sich das für eine Puppe gehört, setzte ich ein und konnte den zweiten Vers. Hinterher gab's einen mächtigen Tumult, denn einen solch sensationellen Erfolg hatte niemand erwartet – ich selbst am allerwenigsten. Plötzlich war ich als Anfängersoubrette in die Koloratursängerinlaufbahn hineingeraten, aber wie meist in meinem Leben kriegte ich gleich einen Dämpfer, denn das ging nun nicht etwa hopp, hopp voran mit großen Rollen, o nein. Ich mußte weiter kleine und winzige Partien singen, lernte mich auf der Bühne zu bewegen und diente so richtig von der Pieke auf.

Wir hatten sehr viele Neueinstudierungen, und die Arbeit unter Fritz Busch war großartig. Alles wurde bis ins kleinste ausgefeilt, und vor jeder Aufführung, die er dirigierte – selbst wenn's die zwanzigste im Repertoire war – mußten wir alle zu ihm kommen, und die ganze Oper wurde nochmal durchgenommen; Ensembles, Duette, jede Arie wenigstens angesungen, da konnte keine Schlamperei einreißen. Busch war nicht nur ein glänzender, sondern auch ein besessener Musiker, der nach Vollendung strebte und sich unermüdlich mit den Unzulänglichkeiten des Opernbetriebs herumschlug. Von ihm lernte ich, daß man nie zufrieden sein darf, nichts dem Zufall überlassen und nie resignieren darf. Bei ihm spürte auch die Anfängerin, daß sie ein wichtiges Glied des Ganzen war, und jede durfte auch eine eigene Meinung haben und äußern. Ab und zu neckte er uns gern. «Na, immer noch kein Lampenfieber?» fragte er mich in der ersten Zeit, und als ich nur «Nein, warum Herr General?» antwortete, versuchte er, mich das Fürchten zu lehren. Ich sollte den Pagen im «Rigoletto» singen, der nur ein paar Sätze hat, aber immerhin ein Solo. Busch meinte: «Berger, das ist ein schwerer Einsatz, du kommst hinten vor und mußt sofort singen.» «Ja, ich weiß. Ich kann's.» «Na ja, aber du hast's ja nur mit Klavier gemacht.» «Ja», sagte ich, «aber ich hab's im Ohr.» Drauf er wieder: «Na ja, abers Orchester hörste schlecht.» Doch ich ließ mir keine Angst einjagen und schmiß meinen Einsatz nicht.

Ein andermal traf ich wirklich bei den Proben meinen Ton nicht, bei einer Engelsstimme in Busonis «Faust», da hieß es gleich: «Na, Berger, ich denke du bist so musikalisch?» «Ja, ich kann's auch, aber hier fiedeln mir immer die Geigen ins Ohr, wenn ich den vollen Orchesterklang höre, geht's bestimmt!» Das sah er ein, wir Engel bekamen einen anderen Platz, und es klappte. Dresdens Oper war damals schon sehr fortschrittlich und technisch brillant ausgerüstet. Vier Dekorationen konnten gleichzeitig fertig aufgebaut dastehen und wurden von rechts oder links oder hinten auf die Bühne gefahren, die untere kam mit dem Fahrstuhl herauf. Das war 1920 ganz was Neues und ermöglichte schnelle Verwandlungen. Außerdem befanden sich im Bühnenboden vier Klappen, durch die allerlei in der Versenkung verschwinden konnte. Bei mir war das einmal ein dunkler Kapuzenumhang, an den unten ringsherum Bleikügelchen angenäht waren. Die faßten zwei Hände aus der Versenkung vorsichtig an, und schwupp, stand ich als junge Papagena da.

Anfangs mußte ich auch Sprechpartien übernehmen, so den Laternenbub im «Zigeunerbaron». Ich kam mit einem Holzschwert auf die Bühne, die Kinder hinter mir her und fing an: «Seit die Welt steht...» ja, und da stand sie. Ich hatte keine Ahnung mehr, wie's weitergeht. Da hatte ich das Gefühl, die große Kuppel des Opernhauses käme langsam auf mich herunter, es war totenstill im Theater, und Frau Hirzel bekam fast einen Herzschlag. Ich fuchtelte mit dem Schwert herum und begann nochmals: «Seit die Welt steht, hat's solch Schläg' nit gebn...» und weiter, weiter, dann schnurrte ich's ab. Am anderen Tag schlich ich um den Regisseur herum und dachte: jetzt biste entlassen. Aber es ging weiter.

In der «Fledermaus» mußte ich die Ida spielen und wußte nicht, wie's auf der Bühne aussah, weil niemand für nötig fand, mich an den Proben teilnehmen zu lassen. Die Adele wird mich schon mitschleppen, dachte ich, doch es kam eine Gast-Adele, die hoffte, daß ich sie führte. «Kommen Sie nur mit», sagte ich ungerührt, «wir gehen einfach irgendwo raus auf die Bühne, da sehen wir ja, wo die andern stehen und was sie machen.» Improvisation störte mich gar nicht, das gehörte für mich zum Theater und machte mir sogar ganz besonders viel Spaß.

Zu meiner Lehrerin aber sagte ich nur: «Ich möchte gern die Adele studieren, die haben schon wieder einen Gast gehabt!» «Natürlich liebes Kind, du kannst sie ja lernen, aber ich kann mir nicht vorstellen, wie du Kleine da im zweiten Akt als große Dame ankommst.» «Meine ein Meter fünfzig kann ich nicht ändern, aber die Adele versucht ja nur, die große Dame zu *spielen,* sie stolpert über ihre Schleppe und braucht nicht geschickt zu sein oder besonders statiös. Die ist ein kleines Stubenmädchen.» «Da hast du eigentlich recht», hieß es nun, und prompt kam ich beim nächstenmal zum Zuge und konnte meine Adele vorführen. Diese Figur wurde dann meine besondere Spezialität, und als ich sie in der Städtischen Oper in Berlin sang, entstand eine Plattenaufnahme der Arien; Furtwängler ging extra zweimal in die «Fledermaus», um sich's anzusehen. Die Adele und das Ännchen hatten ihm besonders imponiert, deshalb wollte er mich für die Staatsoper haben.

Aber noch war's längst nicht soweit, ich war in Dresden und sang mich durch alle Nebenrollen und war stolz, als ich nach zwei Jahren die Titelrolle in einer Uraufführung bekam. Paul Graener hatte «Hanneles Himmelfahrt» von Gerhart Hauptmann vertont. Bei den Proben benahm ich mich noch immer gar nicht professionell, sondern markierte nur schüchtern meine Stellungen, so daß Intendant Reucker zu mir sagte: «Also, Fräulein Berger, Sie müssen da etwas mehr klagen, wenn der betrunkene Vater sich über sie beugt. Richtig wimmern müssen Sie da.» «Ja, das kann ich aber nicht in den Proben, da geniere ich mich vor den Kollegen, am Abend aber wimmre ich dann richtig.» Und ich habe gewimmert. Während der Vorstellung, als ich mich ganz in das arme Hannele verwandelt hatte, erlebte ich unsern Tenor Kurt Taucher als Christusvision und war bewegt und erschüttert, was sich dann wieder auf meinen Gesang und die Darstellung auswirkte.

Bei der Premierenfeier lernte ich auch Gerhart Hauptmann kennen, der damals fünfundsechzig Jahre alt war. Die Verwandlung seines Traumspiels in eine zu Herzen gehende Oper gefiel ihm sehr, und er nahm das kindhaft kleine Hannele nach der Vorstellung erfreut auf

Als Konfirmandin, Ostern 1915

Mit 17 Jahren

Erna Bergers Vater in Afrika

Das Palmenhaus in Paraguay, Dezember 1921

Erna Berger mit Georgina, Juana und Noë Naville,
Montevideo 1922

seinen Schoß, von dem ich zu Paul Graener weitergereicht wurde. Frau Hirzel war entsetzt.

Was an Neid und Eifersucht aufkam und welche Intrigen gegen mich versucht wurden, erfuhr ich nicht, weil ich nur meine Arbeit im Sinn hatte und nicht rechts noch links schaute. «Eine Anfängerin singt die Hauptrolle in einer Uraufführung – hat man sowas schon gehört?!»

Mit Dirigenten, Regisseuren und Korrepetitoren bin ich stets glänzend ausgekommen. Sie hatten mit mir keine Mühe, denn ich lernte schnell und eben auch gern und fleißig, so daß ich gut vorbereitet zu den Proben kam – das gefiel ihnen natürlich.

Die Loge neben dem Parkett war damals in Dresden für die Künstler reserviert, dort konnten wir jederzeit die Aufführungen verfolgen. Sobald ich nichts zu tun hatte, saß ich dort oder stand in der Nullgasse und paßte auf. Mich interessierte alles, was auf der Bühne vorging, ich hätte in allen Inszenierungen die Abendregie übernehmen können, jederzeit. Aber da hat mich leider nie einer gebeten, einzuspringen.

Mein Privatleben bestand damals eigentlich nur aus Essen und Schlafen, die Tanten schalten schon über meine Arbeitswut. Als ich eine Einladung zu einem Tanzabend bekam, wurden sie energisch: «Jetzt gehst du da mal hin, du mußt doch mal was anderes haben als ewig nur deine Oper!» Weil ich gar so gern tanzte und das Ganze auch noch in unserem Haus stattfand, ließ ich mich tatsächlich überreden und traf dort einen norwegischen Studenten, der mir gleich Kosenamen gab, «Püssikat» und sowas, und mir die «wichtigsten» norwegischen Wörter beibrachte. Als wir alle in die Küche zogen, wo der Kaffee bereitet wurde, stand dort noch ein junger Norweger und half Brote streichen. Der war so nett und hilfsbereit und sah so hübsch aus, blond und blauäugig, in den verliebte ich mich sofort. Er hieß Sverre Wiull und studierte an der Technischen Hochschule. Kurze Zeit darauf ging ich zum Ausländerball, wo in den Sälen verschiedene Nationenzelte errichtet waren. Als ich zu den Skandinaviern kam, stand doch da «mein» Norweger hinterm Tresen und schenkte Sekt aus. Ich wußte nichts Besseres zu sagen als: «Ach, Sie sind auch hier?», und er organisierte gleich einen anderen für seine Schenkarbeit, und wir tanzten und tanzten. Gemeinsam wanderten wir von Zelt zu Zelt, und im russischen erstand Sverre einen niedlichen kleinen Bären für mich. «Mein Gott, der ist doch so teuer», sagte ich, «fünf Mark!» Das war mein erstes Geschenk von ihm. Von diesem Tag an kam er jedesmal in die Oper, wenn ich sang, für mich ein herrlicher neuer Ansporn. Nun sang ich für ihn. Es dauerte gar nicht lange, da war aus dem bewundernden Zuhörer mein bester kritischer Helfer geworden. Sverre war sehr musikalisch und hatte auch künstlerisches Verständnis, er sah und hörte jede Kleinigkeit, die nicht ganz so ausfiel, wie's hätte sein können. Ich wurde dadurch zu noch größerer Disziplin angehalten und übte noch eifriger, weil ich gern alles möglichst perfekt machen wollte und mich selber nicht überprüfen konnte. Tonbänder oder gar Filmmitschnitte gab's noch nicht. Manchmal wurde mir die Kritik ein bißchen zuviel oder zu spitzfindig, aber im Grunde war ich dankbar. Jemanden, der immer nur «wie herrlich» und «einzigartig» sagte und verzückt die Augen schloß, wenn ich sang, konnte ich nicht brauchen.

1928 hatte Strauss' «Ägyptische Helena» mit Elisabeth Rethberg in der Titelrolle Uraufführungspremiere. Für mich wäre die erste Dienerin in Frage gekommen, aber ich war nicht angesetzt, hatte sie jedoch auf alle Fälle gelernt. Während der Proben saß außer Strauss selbst auch seine Frau Pauline im Zuschauerraum. Als die erste Dienerin auf der Bühne erschien, tönte es laut von unten: «Die muß weg. Die hat einen zu dicken A...» Darauf bekam ich die Rolle und besah mich argwöhnisch prüfend im Spiegel und kaufte mir ein fesches Mieder, damit mir nicht dasselbe passiere. Das war meine erste Begegnung mit Richard Strauss und seiner Frau. Bald darauf sang ich die Najade in der «Ariadne», diese «hohe» Dame im Nymphenterzett, eine sehr lyrische Partie mit Koloraturen, herrlich! Da Strauss selbst dirigierte, konnte ich gar nicht anders, als zu seinen sparsamen Bewegungen so schwebend zart zu singen, wie er es wünschte. An die Zerbinetta dachte ich damals natürlich auch schon, aber es eilte mir nicht damit. In meiner Schulzeit hatte ich die Oper einmal vom fünften Rang aus gesehen und mich eigentlich über die Zerbinetta geärgert, die immer dazwischenkam, wenn Ariadne gerade solch himmlische Musik sang. Die Schulfreundinnen fragten: «Möchtest du nicht jetzt da unten auf der Bühne stehen?» und ich sagte nur: «Wieso? Hier oben ist's doch auch schön.» Mein Ehrgeiz war wirklich schwach entwickelt, außerdem fand ich, daß die anderen alle viel schöner sangen als ich, auch später noch. Die Zerbinetta lernte ich dann doch bald, sie ist nunmal neben der Königin der Nacht die wichtigste Koloraturpartie und auch die schwerste, aber mir fiel's leicht. Mozart und Strauss zu singen lag mir besonders. Ich hatte eine Art innere Verwandtschaft zu diesen Klängen, rein intuitiv fand ich die richtigen Tempi, Phrasierungen, Linien, so glaube ich wenigstens.

Meine ersten Erfahrungen mit Strauss' Opernmusik hatte ich schon vorher im «Rosenkavalier» gesammelt. Zusammen mit drei Chorsängerinnen sollte ich eine der Waisen beim Lever im ersten Akt singen. Eine halbe Stunde vor Beginn hatten wir gerade bei der üblichen Busch'schen Probe: «Vier arme adelige Waisen erbitten dero höchste Huld» gesungen, schon angezogen für die Bühne, da kam von unten ein Schrei: «Wo ist die Berger? Wir brauchen eine Modistin, die Kolniak hat abgesagt.» Schnell wurde das Kostüm gewechselt, ein Korrepetitor zeigte mir die Noten, und wir probierten rasch die paar Sätze, es war höchste Zeit. Ich kannte die Rolle zwar flüchtig, weil ich mir eine Vorstellung angesehen hatte, damit ich wußte, was auf der Bühne vorging, aber der kurze Text ist französisch, und die beiden Sätze kommen als Einwürfe zwischen das Durcheinandergesinge der anderen, die da alle etwas von der Marschallin wollen. Schließlich standen wir fertig auf der Bühne, ehe der Vorhang hochgehen sollte, als Busch plötzlich auf mich zukam und fragte: «Na Berger, kannste eigentlich Französisch?» Da mußte ich denn doch lachen: «Das würde ja jetzt Zeit!» Und los ging's.

In der «Salome» sang ich einen Pagen. «Prinzessin, der Detrarch – nein, der Tetrarch, der Tetrarch, der Tetrarch...» Zungenbrecherei! «Der Tetrarch befiehlt euch, wieder zum Fest hineinzukommen.» Rums, auf dem Absatz kehrt und ab. «Haaalt», rief der Regisseur. «Wieso? War doch richtig?» «Hast du denn die Antwort bekommen? ‹Ich will nicht›, sagt die Prinzessin, dann gehste erst.»

In dieser Zeit unternahm ich auch meine allererste Reise zum Vergnügen, ich fuhr in die Schweiz, und die Tanten hofften, daß ich da vielleicht diesen norwegischen Studenten vergessen würde, an dessen Stelle sie lieber einen Generaldirektor oder so jemanden gesehen hätten. Aber ich nahm ein kleines Wörterbuch mit und lernte fleißig norwegische Vokabeln, und die schönen Schneeberge ließen mich kalt. Im nächsten Sommer begleitete ich meine Kollegin Haberkorn zu Freunden nach England zwischen lauter blühende Rosen und verträumte Häuschen in Cornwall, das war mehr nach meinem

Geschmack. Dort kaufte ich mir von der Gage für ein Hauskonzert einen jungen Hund und kehrte mit diesem Golden Retreaver, der bald krank wurde und starb, und einer neuen Pagenfrisur, die mir nicht stand, aus diesen Ferien heim.
Dort stand Händels «Xerxes» auf dem Programm, und ich sang die kleine, freche Atlanta. Unsre Altistin Lene Jung mußte als Mann verkleidet ihrem Xerxes folgen und jammerte, weil sie Mühe hatte, als Soldat einigermaßen passabel auszusehen, denn sie war mit üppigen Formen gesegnet. Da marschierte sie an der Rampe entlang und sang ihr Gstanzl, und dann war der nächste dran, aber wer? Eine Arie und ein Duett folgten dem andern ohne rechte Handlung, und wir wußten nie, wann wir drankamen; das war allen nicht geheuer, und wir waren nervös. Ich ging vorher noch schnell auf ein stilles Örtchen und die Jung auch. Da war schon der lyrische Sopran und sagte: «Aha, jetzt kommen die anderen Schißmeier!» Das war «Xerxes». Über dreißig Jahre später wurde ich nochmal dran erinnert, als ich bei einer Fernsehaufnahme neben dem Derrick Horst Tappert saß und mich vorstellte: «Sie werden mich nicht kennen, ich bin...» und er «O doch», sagte, «ich kenne Sie sogar schon lange. Als Schuljunge in Dresden bin ich in der Oper gewesen, da haben Sie die Atlanta in ‹Xerxes› gesungen, das habe ich mir genau gemerkt.» Dann tauschten wir Erinnerungen an das liebe alte Dresden aus, das im Feuer versunken ist.

In meiner Jungmädchenzeit hatte ich eine besondere Vorliebe für Wagner. Mit fünfzehn schmetterte ich zu Hause am Klavier die Winterstürme, die dem Wonnemond wichen, und die Senta-Arie. Die ist für eine hohe Stimme fast leichter als für die dramatischen Soprane, die sie bewältigen müssen. Wagner hat sie ursprünglich sogar in a-Moll geschrieben, aber da hat seine erste Senta in Dresden, die berühmte Schröder-Devrient, natürlich gestreikt, und er setzte die Arie einen ganzen Ton tiefer in g-Moll. Anja Silja hat's mal in Bayreuth mit der höheren Fassung versucht, aber es klang nicht gut – es ist eben unmöglich.

Mit der Senta war's ja nun leider nichts, aber dafür bekam ich sämtliche kleinen Rollen vom Friedensboten im «Rienzi» über Hirten und Knappen und Rheintöchter und Waldvogel bis zu den Blumenmädchen im Parsifal und sagte später scherzend: In meiner Jugend war ich eine vielbeschäftigte Wagnersängerin.

Den Pagen im «Lohengrin» sang ich vier Jahre lang und lief vor jeder Vorstellung zu Frau Hirzel, damit ich diesen einen Satz ordentlich sang. «Macht Plaatzz, macht Plaatzzz für Elsa, unsre Frau...» Ach, klang das schön, und das tz mußte man so übertrieben aussprechen, damit die Leute nicht nur «macht Plaa» hörten. Frau Hirzel sagte schließlich: «Nun schmink dir doch mal diese Partie ab, so kleine Wurzen brauchste doch jetzt nicht mehr zu singen», aber ich bildete mir doch ein, ohne mich ging's nicht. Wir Pagen mußten ja agieren, während sich Ortrud und Elsa stritten, und mit dem einen Sätzchen war man eine volle Stunde auf der Bühne. Dabei sein ist alles, dachte ich und sammelte viel Bühnenerfahrung. Daher wußte ich auch später genau, was für meine Mitspieler wichtig war und wo sie der Schuh drückte. Außerdem bekam ich fünfundzwanzig Mark für den einen Satz. Mein Vertrag verpflichtete mich, bis zu hundertmal im Jahr für meine Gage zu singen, was drüber war, wurde extra bezahlt, da hatte ich immer allerhand mehr durch diese kleinen Wurzen.

1929 mußte oder durfte ich wieder mal einspringen, diesmal als Ännchen im «Freischütz». Zu meinem Glück war zufällig an diesem Abend Siegfried Wagner in der Oper, der in Dresden einen Knaben vom Kreuzchor als Hirten für seine Bayreuther «Tannhäuser»-Inszenierung suchte. Nach der Vorstellung erklärte er: «Da such ich nicht weiter, die nehm ich. Die hat eine Knabenstimme.»

So kam ich 1930 nach Bayreuth und hatte noch mehr Glück, weil Toscanini dirigierte. Zwar wischte er sich nur den Schweiß vom Venusberg von der Stirn, während ich meine Hirtenstrophe sang, aber er gab doch kleine Zeichen rauf: «Ein bißchen höher – ein bißchen tiefer – danke.» Ich sang auch, unter Karl Muck, ein Blumenmädchen und im nächsten Jahr Hirt und Blumenmädchen unter Toscanini und den Waldvogel unter Karl Elmendorff. 1931 war Siegfried Wagner tot, und Toscanini dirigierte zum letzten mal auf dem Grünen Hügel. Die Nachfolgekämpfe um die Herrschaft in Bayreuth hatten begonnen, aber davon wußte und spürte ich nichts. Das berühmte Arbeitsklima mit der intensiven Probenarbeit, die großartigen Kollegen, das aus den Besten aller deutschen Musiktheater zusammengesetzte Orchester und die herrlichen Chöre, dazu das strahlende Sommerwetter und schließlich ein hochgestimmtes Publikum ergaben diese ganz besondere Atmosphäre, in der jeder über sich selbst hinauswuchs.

Ein paar Kollegen aus Dresden, Sverre und ich gaben in Bayreuth eine vergnügte Gesellschaft ab. Da ich mich noch nicht für eine große Rolle schonen mußte, konnte ich das unbekümmerte Leben fröhlich mitgenießen.

Im «Tannhäuser» durfte ich bei den Proben zuhören. Toscanini war ein fanatisch werktreuer Dirigent, und ich entsinne mich deutlich an sein ärgerlich beschwörendes: «Nicht Toscanini, Wagnèr Wagnèr!», mit dem er auf eine Notenstelle deutete, die er anders interpretiert haben wollte.

Viel später sah ich ihn noch einmal in New York wieder. 1949 dirigierte er dort ein öffentliches Rundfunkkonzert, und nach der Aufführung ging ich zu ihm ins Künstlerzimmer und sagte: «Maestro, do you remember Bayreuth?» Da sprang er auf und rief: «O, the little shepherd, il pastore, il pastore di Bayreuth?» Er hatte mich nur an meiner Sprechstimme erkannt, denn er sah sehr schlecht, aber er freute sich und war genau über meine Arbeit in New York unterrichtet, gratulierte mir zum Carnegie-Hall-Konzert und tätschelte meine Wange. Das war ein großer Tag für mich.

In Dresden war der jährliche Opernball ein wichtiges gesellschaftliches Ereignis. Traditionsgemäß begann er mit einem humorvollen Konzert, auf dessen Einleitung alle jedes Jahr gespannt warteten. Da ging etwa der Vorhang vor einer lustigen Kindergesellschaft auf, das ganze Ensemble saß in Kinderkleidchen um eine Tafel mit Torten und Kerzchen herum, obenan Busch in kurzen Höschen, und jeder gab etwas zum Besten.

Ein andermal begann ganz ernsthaft das Vorspiel zu Lohengrin, aber mit sehr viel Strichen und verrückten Übergängen, und als der Vorhang aufging, sang der Chor: «Ein Schwan, ein Schwan», nur daß aus dem Boot der Holländer ausstieg und sang: «Und abermals verstrichen sind sieben Jahr.» Darauf im Orchester Getuschel: «Holländer, Holländer!» und sie setzten ein. Da raste Elsa plötzlich los, umarmte den Holländer und sang: «Ich will deinen Mund küssen, Jochanaan!» So ging's weiter von Oper zu Oper, bis der Intendant das Durcheinander abbrach: «Sie sehen, mit einer Oper wird's heute nichts, da müssen wir einen bunten Abend veranstalten», und das Konzert begann. Während des Balles verkauften wir Sänger meist irgendetwas für wohltätige Zwecke, und gleich in meinem ersten Jahr sauste ich zwischen den Tischen herum: «Wer will noch mal, wer hat noch nicht?» und machte mit meinen Püppchen prächtige Geschäfte, so daß alle dachten: «Das ist aber 'ne kesse Kleine, die neue Soubrette!» Aber ich spielte einfach wieder eine Rolle, da war ich jemand anderes und hatte keine Scheu. Wer mich privat nicht kannte und nur nach der Bühne beurteilte, hielt mich für keck und vorlaut, dabei war ich schüchtern mit starken Hemmungen, die nur auf der Bühne von mir abfielen, wenn auch nicht immer. So waren mir frivole Rollen schrecklich, da stand mir vielleicht die Erziehung zur wohlanständigen Tochter im Wege oder ein stark ausgeprägtes Schamgefühl, jedenfalls mochte ich zweideutige Sachen gar nicht. Wenn der Text einigermaßen gesittet war, mochte das noch hingehen, wie bei der Aufführung von Kreneks «Jonny spielt auf», als ich die Geliebte des Negers Jonny war, den Waldemar Steegemann sang, schön schwarz angemalt, denn echte schwarze Sänger gab es damals in Deutschland nicht. In der raffinierten Inszenierung sah's zum Schluß aus, als führe eine richtige Lokomotive ins entsetzt aufschreiende Publikum, das war phantastisch gemacht und wurde sehr bejubelt.

Aber dann sollte ich in einer modernen Oper ein leichtes Mädchen spielen, bekam die Noten und las erst zu Hause den Text. Der war frech und unverschämt, so richtig ordinär, daß ich am nächsten Tag zu Busch ging und «nein» sagte, «diese Rolle kann ich nicht singen, sowas mache ich nicht». Schmunzelnd hat er das akzeptiert. Damals fing bei mir auch das Lampenfieber an und wurde mit jeder guten Kritik ein bißchen stärker. Natürlich hatte ich mir immer Mühe gegeben und so gut gesungen, wie ich konnte, aber wer erwartete schon Meisterleistungen von einer Anfängerin, die nicht mal eine Ausbildung hatte. Als mir klar wurde, daß nicht nur Sverre und die Tanten allein meinetwegen in eine Vorstellung gingen, sondern auch wildfremde Leute, hat es wohl angefangen, das große Beben. Eigentlich hätte ich das schon voraussehen können, denn längst empfanden es alle außer mir als Wunder, daß mein Name jedesmal von der Kritik erwähnt wurde, auch bei der winzigsten Partie. Wie dem auch sein mochte, meine Sorglosigkeit war weg. «Hat's dich nun auch erwischt?» fragten die anderen, «und wie!» antwortete ich und bat, ehe der Vorhang aufging: «Schubst mich raus, mir zittern die Knie!»

Beim ersten Ton war dann alles verflogen, wie's den meisten geht, ich hatte nur ganz normales Lampenfieber, das mehr beflügelt als hemmt. Verschlungen hat's mich nie. Wie furchtbar das sein kann, habe ich ein paarmal bei Kollegen und Schülern erlebt, die vor Angst keinen Ton herausbrachten, wenn sie auf dem Podium standen. Sie mußten sich einen anderen Beruf suchen und die Künstlerlaufbahn vergessen.

Als ich schon arriviert war in Dresden, wurde ich zu einem Photokongreß eingeladen, um das Galadiner mit meinem Gesang zu versüßen. Der Vorsitzende hatte zu einem jungen Direktor der AGFA gesagt: «Wir haben eine besondere Freude für Sie, Herr Doktor, Sie bekommen als Tischdame unsere Sängerin.» «Um Gottes willen», hatte der gedacht, «sicher eine Walküre!» Und dann kam da «so'n kleines Persönchen», und wir unterhielten uns reizend. Er sagte immer: «Wollen Sie nicht hiervon essen und davon?» Und ich sagte immer: «Nein danke, ich muß ja noch singen.» Später erklärte ich in solchen Fällen gleich, «entweder singe ich vor dem Essen oder gar nicht», aber das hatte ich mich diesmal noch nicht getraut. Nach dem Diner war ich endlich mit meinem Frühlingsstimmenwalzer dran, und danach standen die Herren brav Schlange, um von der Kleinen ein Autogramm zu kriegen. Dem Dr. Uhl imponierte ungeheuer, daß seine Tischdame solch großen Erfolg bei all den Männern hatte, die ja nicht wegen des Gesanges gekommen waren und sich vermutlich zum größten Teil auch gar nicht besonders dafür interessierten. Auch später habe ich häufig erlebt, daß ich Menschen zur Musik sozusagen «bekehrte». Sie schrieben oder sagten mir dann: «Durch Sie bin ich erst zur Oper hingeführt worden», – «Sie haben mir das Tor zur Musik geöffnet», – «Ehe ich Sie gehört habe, machte ich mir aus Kunstliedern gar nichts», und so ähnlich. Der letzte in dieser Reihe war ein junger Bundeswehrsoldat, der mir 1983 ausführlich beschrieb, wie er zufällig eine alte Opernaufnahme meiner Mimi im Rundfunk gehört habe und seitdem der Popmusik untreu und zum Opernfan geworden sei.

1932 nahm mich Fritz Busch mit zu den Salzburger Festspielen. Carl Ebert, der als Intendant der Städtischen Oper Berlin aufsehenerregende Inszenierungen machte, führte Regie, und ich sang das Blondchen. Eine Französin war die Konstanze und entsetzlich nervös und durcheinander, ich mußte sie immerzu trösten; vielleicht hatte sie Angst vor den hohen Tönen.

Während der Proben klopfte Busch einmal ärgerlich ab und sagte: «Der Text dieser Konstanzen-Arie ist ja furchtbar! Weiß denn niemand was Besseres als ‹Kummer ruht in meinem Schoß?› Ruht, unmöglich!» Da kam von hinten Blondchens Vorschlag: «Wühlt!» «Oha», meinte Busch, «eine denkende Soubrette!» Aber geändert hat er's dann doch nicht, denn wühlen ist natürlich auch nicht viel passender.

Meine Unruhe galt dem hohen E, das Blondchen singen muß, oder ist es ein Es? Aber alles gelang mir gut. Trotzdem wurde mein Auftritt kein einhelliger Erfolg, weil manchen Österreichern meine Auffassung der Blonden, dieser «Engländerin, zur Freiheit geboren», nicht so sehr gefiel. Sie waren ein süßes Madel gewohnt, und jetzt stand da ein kesses Wesen, das ungeniert über den Osmin hinweghopste, wenn es wie eine kleine Furie auf ihn losging und dabei mit zwar schlanker, aber kräftiger Stimme sang, statt soubrettenhaft zu zwitschern. Doch ich war froh, daß ich's jetzt anders konnte, und bildete mir auch ein, mein Spiel müßte ja vor allem zu meiner Stimme passen, die nun mal nichts Puppenhaftes hatte.

Frau Hirzel sagte anfangs oft zu mir: «Menschenskind, nun sing doch mal *einen* ungestützten Ton! Du stützt bis zum hohen D rauf, die Koloratur da oben kannst du doch einfach kopfig singen – versuch's mal, das ist doch viel leichter!» Aber ich fand das gar nicht und hatte zudem Bange, daß das Tremolo von einst wiederkommen könnte. Also sang ich alles auf gleiche Art, mit angespanntem Körper auf der Atemsäule drauf. All die verschiedenen Register, von denen die anderen immer reden, Kopf- und Mittel- und Bruststimme gab's bei mir nicht, ich hatte nur ein einziges und deshalb auch keine Probleme bei den Übergängen, weil keine existierten. Natürlich brauchte ich für diese Art Gesang sehr viel Atem. Meine Koloraturen klangen dadurch ganz anders, als man's gewöhnt war. Ich versuchte nicht nur zu glitzern oder zu brillieren, sondern Ausdruck hineinzubringen. Die Königin der Nacht ist wütend, das muß rauskommen, fand ich und schlug ein rasantes Tempo an, und bei der Konstanze steckt tiefe Traurigkeit in der Koloratur und dann auch Verzweiflung und wilde Entschlossenheit, das sollte man hören. Wenn das Publikum und auch die Kritiker sagten, meine Koloraturen klängen warm und beseelt, oder auch erregt und unglücklich, dann war ich zufrieden und schob es auf die größere Kraft und Spannung, die mein langer Atem mir ermöglichte.

In früheren Zeiten machte sich jede Sängerin ihre eigenen Koloraturen zurecht und fügte sie in die Arien ein, nur um die akrobatischen Stimmfähigkeiten vorzuführen. Wenn die Rosine im «Barbier von Sevilla» auf deutsch und im Mezzo-Original gesungen wurde, begnügte man sich meist mit dem, was in der Partitur stand. Sang aber ein Sopran, dann war's auch zu meiner Zeit noch üblich, Koloraturen einzufügen. Wir haben lange gesucht und fanden dann eine Platte mit einer Aufnahme von Frieda Hempel, die eine ähnliche Stimme hatte wie ich. Die hörte sich ein Korrepetitor an und schrieb sie auf, und ich studierte sie ein, strich aber dann mit Busch zusammen eine Menge wieder weg, weil's für unseren Geschmack zuviel war. Als Einlage, beim «Musikunterricht» im zweiten Akt, verfiel Busch auf Mozarts Arie «Chio mi scordi di te...», obwohl sie für mich etwas tief lag. Aber sie war mit obligatem Klavier komponiert, das übernahm Busch selber, er spielte gar zu gern auf dem Piano.

Trotz Königin, Rosine und Gilda, die ich bekommen hatte, dachte ich nun an einen Abschied von Dresden. Sverre drängte schon längst: «Du kommst hier nicht weiter, du mußt nach Berlin, wenn du Karriere machen willst.» Wollte ich das? Ich wußte es nicht. Aber befriedigende Aufgaben wollte ich haben, an denen ich wachsen konnte, das war in Dresden offenbar nicht mehr möglich. Als es nach sieben Jahren immer noch hieß: «Wir haben kein Bärbchen im ‹Figaro›, sing's nur, Berger», und Carl Ebert in Berlin versprach, mich als Koloratursängerin zu engagieren, wollte ich fort. Sobald das bekannt wurde, versuchte man mich mit der Zerbinetta zu halten, auf die ich seit über einem Jahr wartete. Aber es war zu spät, der Vertrag war bereits unterschrieben.

Diese letzte «Ariadne»-Aufführung meiner Dresdner Zeit wurde wunderschön, Richard Strauss dirigierte selbst, und nach der großen Arie ging's minutenlang nicht weiter. Die Leute konnten sich gar nicht beruhigen, denn ich hatte den hohen Ton ungewöhnlich lange ausgehalten, der stand einfach im Raum, da waren sie ganz aus dem Häuschen. Das Orchester konnte nicht weiterspielen und wir auch nicht. Es folgt noch ein kleines Zwiegespräch zwischen Zerbinetta und Harlekin: «Hübsch gepredigt, aber tauben Ohren.» Strauss sagte danach: «Bei Ihnen lassen wir das kleine Schwänzchen weg, Bergerlein, das geht ja unter im Applaus», und auf ein Notenblatt schrieb er mir: «Meiner herrlichen Zerbinetta – Richard Strauss.» Das ist zum Glück im Krieg nicht mit verbrannt, es hängt gerahmt in meiner

Wohnung an der Wand, als eines der wenigen Dinge, die an meine große Zeit erinnern.

Die Dresdner waren böse, daß ich fortging, und eine Zeitung schrieb mir einen nicht sehr freundlichen Abschiedsgruß.

KAPITEL III

Städtische Oper Berlin-Charlottenburg – Als Oscar in Verdis «Maskenball» unter Busch/Ebert/Neher – 1933 wird Fritz Busch in Dresden ausgepfiffen und abgesetzt – Erste Konstanze – Verbot der «Schweigsamen Frau» – Wohnung und Heirat – Ferien in Norwegen – Staatsoper Unter den Linden – Leïla in Bizets «Die Perlenfischer» – Leo Blech – 1934 in Covent Garden – «Zauberflöte» mit Thomas Beecham – Berlin unter der Hitlerherrschaft – Furtwängler – Erste Susanna in Barcelona – Gigli als Partner – Endlich Traviata – Uraufführung von Wolf-Ferraris «La Dama Boba» – Clemens Krauss und Viorica Ursuleac – Freundschaft mit Werner Egk – Butterfly

«Sie wird es bereuen, denn sie wird bald vergessen sein, wie so viele, die meinten, in der Fremde noch größeren Ruhm zu ernten.» Da war tatsächlich etwas dran. Mehrere meiner in Dresden sehr renommierten Kollegen hatten nach dem Absprung kein Glück gehabt. Vielleicht lag das an etwas ganz Prosaisch-Technischem: Der wunderschöne Semperbau des Dresdner Opernhauses hatte eine phänomenale Akustik. Dort klang jede Stimme herrlich, wie ich das nur noch einmal in der Großen Oper in Paris erlebt habe, sonst nirgendwo in der ganzen Welt.

In der Hauptstadt Berlin kam ich mir schrecklich provinziell vor. Dresden war bei aller großen Kunst doch nur eine schöne kleine Gartenstadt, es hatte damals gerade eine halbe Million Einwohner. Aber Berlin, Berlin war für mich der Mittelpunkt der Welt, der musikalische auf jeden Fall.

Zuerst brauchten wir eine Bleibe, was gar nicht so einfach war, denn 1932 herrschte Wohnungsnot. Wir fanden zwei möblierte Zimmer mit Küchenbenutzung. Eine Schriftstellerin, die in der Wohnung lebte, hatte den Hausbesitzer gefragt: «Wer zieht denn ein?» «Eine

Opernsängerin.» «Na, na, noch was!» meinte Frau Rißmann da, «Sängerin! Wird wohl irgend so'n Chormädel sein.» Und dann kam ich. Sie, ihr Freund Stühlen, der auch Bücher schrieb, Sverre und ich bildeten bald ein harmonisches, vergnügtes Quartett. Ein Bohèmeleben gab's allerdings nicht, denn wir waren alle trotz der künstlerischen Berufe recht bürgerlich solide, wie übrigens die Mehrzahl meiner Sängerkollegen. Bei mir kam noch eine große Ordnungsliebe dazu, nicht weil ich pedantisch war oder dazu erzogen, sondern um der Schönheit willen. Wie hübsch sieht ein aufgeräumtes Zimmer aus und wie häßlich ein liederliches! Unordnung macht mich gereizt und krank.

Meine Arbeit in Berlin begann gleich mit etwas Außerordentlichem, das in die Operngeschichte einging. Carl Ebert schuf mit Fritz Busch als Dirigent und Caspar Neher als Bühnenbildner eine Neuinszenierung von Verdis «Maskenball», die zu solch vollendeter Einheit aus Schauspiel und Musik geriet, daß alle Welt nach Berlin wallfahrtete, um sie zu sehen. Heute noch steht die Aufführung in den Opernführern als beispielhaft verzeichnet, ja fast als Beginn einer neuen Ära des Musiktheaters. Die Besetzungsliste zeigte lauter illustre Namen: Maria Nemeth, Sigrid Onegin, Koloman von Pataky, Hans Reinmar – und dazwischen stand nun: Page Oscar – Erna Berger.

Ebert probte mit mir eine volle Stunde lang den Gang die Treppe hinunter. Ich ging ihm zu mädchenhaft. «Sie brauchen nicht zu singen, Berger, das ist in Ordnung, nur den Gang bitte.» Nochmal und nochmal, bis er endlich zufrieden war. Dabei hatte ich mir eingebildet, der perfekte Jüngling zu sein; schließlich war das weder meine erste Hosenrolle noch der erste Oscar. Zweimal wurde während meiner Dresdner Zeit dort der «Maskenball» gegeben, und ich war hingerissen von dieser Musik. Was für eine herrliche Oper, eine der schönsten überhaupt! Da ist eine Musiknummer immer großartiger als die andere, ich gerate stets darüber ins Schwärmen. Wie die merken, daß die Verschwörer kommen, phantastisch, und die Partie der Amelia: «O wie die süßen Worte mit Wonne mich berauschen», da ist ein Schwung drin und Erotik und Spannung, das ist unwahrscheinlich. Ich dachte: «Wenn du wieder mal zur Welt kommst, dann wirst du entweder Dirigent oder Tenor – oder du singst *diese* Partie.» Amelia, ach ja!

Das war natürlich nichts für mich, aber der Oscar ist auch schön.

Alle Ensembles und den Chor führt er an, immer hoch drüber, dazu die psychologisch interessante Arie. Schon 1926 in Dresden hatte ich mit Oscar einspringen dürfen, ebenfalls vom Vormittag bis zum Abend, was mir aber nichts ausmachte, denn auch diese Rolle hatte die kluge Frau Hirzel mit mir vorstudiert. Tino Pattiera sang den Gouverneur. Er war etwas heikel und pflegte Starallüren, deshalb hatte ihm niemand gesagt, daß ich singen würde. Eine Anfängerin neben ihm in einer tragenden Rolle, o Gott, nein: der wäre imstande gewesen, nicht zu spielen. Nun hat der Oscar fast den ersten Auftritt der Oper, und man schickte mich erst ganz spät zur Bühne. Ich stellte mich still hin, Pattiera kam erst in letzter Minute, er hatte mit seiner kostbaren Stimme erst noch ein bißchen gehustet und gegurgelt, sah mich und sagte: «Na Berrgerr, was machst du denn hierrr?» «Ich werde Sie gleich ankündigen, Herr Gouverneur», und ich lief auf die Bühne und sang: «Der Gouverneur!» Da konnte er nichts mehr sagen, nur noch singen.

Bei der nächsten Neuinszenierung spielte ich mit Max Lorenz, da existiert noch ein Bild.

Nun also Berlin. Busch war glücklich, diese Oper ganz nach seinen Vorstellungen verwirklichen zu können, und auf alle Beteiligten übertrug sich der begeisterte Eifer.

Mir hatte mein «Photofreund» von einst, Dr. Bruno Uhl, seine Karte geschickt und gefragt, ob er mich nach der Premiere zum Essen einladen dürfe, und ich hatte «ja gern» zurückgeschrieben, «wenn ich meinen Verlobten mitbringen darf». Was wollte er machen? Also wartete er vor dem Bühnenausgang und betrachtete mißtrauisch den blonden jungen Kerl, der da im Lodenmantel immer hin- und herlief. Ob das der Bewußte war? Wir verlebten dann einen anregenden, premierenbeschwingten Abend, mit viel Musikfachsimpeln als Beginn einer lebenslangen Freundschaft. Die beiden berichteten mir von dem mitreißenden Eindruck dieser von Phantasie und Exaktheit getragenen Aufführung. Das war Regietheater ohne Vergewaltigung der Musik, ein Idealfall.

Im übrigen konnte mir Dr. Uhl auch bestätigen, daß meine Gehübungen erfolgreich gewesen waren. «Na, is det nu 'n Junge odern Meechen?» hatte der alte Herr in der Reihe vor ihm geflüstert, und seine Frau hatte indigniert zurückgegeben: «'n Mädchen natürlich.» Da war ich beruhigt.

Im März 1933 sang ich wieder die Gilda in Dresden. Ganz in meine Arbeit versunken und sowieso politisch nicht interessiert, fiel ich aus allen Opernhimmeln, als wir vor dem ersten Akt auf die Bühne gerufen wurden, die voller Männer in braunen Uniformen stand. «Was wolln denn die Knilche?» fragte ich laut, und die Haberkorn flüsterte: «Um Gottes willen Berger, biste verrückt?» Man erklärte uns, daß Busch abgesetzt sei und Kapellmeister Striegler die Vorstellung an seiner Statt weiterdirigieren würde. Ich wußte gar nicht, was das alles bedeutete, und erfuhr erst danach, daß Busch vor der Ouvertüre ausgepfiffen und bedroht worden war. Man hatte Karten aufgekauft und an Hitleranhänger verteilt und den Tumult organisiert. Als die Demonstration nicht enden wollte und die Hälfte der Opernbesucher das Haus verließ, hatte Busch den Taktstock hingelegt und war gegangen. In der Woche darauf wurde uns ein Schriftstück vorgelegt, in dem wir unterscheiben sollten, daß wir Busch in menschlicher und künstlerischer Hinsicht für unfähig hielten, die Dresdner Staatsoper zu leiten. Ich sagte nur: «Gegen Busch unterschreibe ich nichts.» Fertig. Aber nur sehr wenige weigerten sich ebenfalls.* Ging schon nach knapp zwei Monaten nationalsozialistischer Herrschaft so sehr die Angst um? Wenige Tage später wurde in Berlin die Städtische Oper von der SA besetzt und auch Carl Ebert aus seinem Amt vertrieben. Beide gingen ins Ausland, und keiner von uns allen begriff damals, daß sie damit nicht nur ihre Ehre und ihre künstlerischen Grundsätze, sondern vermutlich auch ihr Leben retteten.

Als nächste Premiere gab's in Berlin Mozarts «Entführung», und mit Walter Ludwig als Belmonte sang ich meine erste Konstanze. Ich

---

* Anmerkung des Verlags:
Fritz Busch berichtet in seinem 1948 erstmals in Zürich, im Verlag Rascher, erschienenen Buch «Aus dem Leben eines Musikers», von über vierzig Sängern der Dresdner Oper hätten sieben den Mut gehabt, ihre Unterschrift unter einem Schriftstück zu verweigern, mit dem Hitler gebeten wurde, «mit allen Mitteln zu verhindern, daß der frühere Generalmusikdirektor Fritz Busch, in welcher Eigenschaft auch immer, an die Dresdner Oper zurückkehre, da er in menschlicher und künstlerischer Beziehung dazu unfähig ist». 1982, im Erscheinungsjahr einer Taschenbuch-Ausgabe von Buschs Buch im Fischer-Verlag, schreibt der Lektor dieser Ausgabe, J. Hellmut Freund, von den erwähnten sieben Sängern, die ihre Unterschrift verweigert haben, hätten nur noch vier namhaft gemacht werden können: *Erna Berger*, Martha Fuchs, Camilla Kallab und Max Lorenz. Dazu kommt als Fünfte auch Liesel von Schuch (Mitteilung von 1988).

konnte sie schon lange, das sind so Partien, die man vom Hören lernt, und als Blonde hatte ich sie auf der Bühne immer in Gedanken mitgesungen. Beim häuslichen Üben merkte ich erst die Schwierigkeiten, denn jede Arie der Konstanze ist eigentlich für ein anderes Stimmfach geschrieben. Die meisten denken nur an die «Martern aller Arten...» mit brillanten Koloraturen und wilden Ausbrüchen, die einen dramatischen Effekt haben müssen und also auch eine solche Stimme verlangen. Vor Jahren hörte ich eine Aufnahme von Maria Callas, die ganz fabelhaft klang; besser könnte man das gar nicht singen, aber bei den andern Nummern muß man dann wieder leicht und zart sein. Früher war's üblich, daß die Arie: «Traurigkeit ward mir zum Lose...» gestrichen wurde, damit die Konstanzen nicht zwei große Anstrengungen hintereinander hatten. So hieß es auch in Berlin gleich: «Die ‹Traurigkeit› brauchen Sie nicht zu singen, die können wir weglassen, das ist ja viel zu viel für Sie.» Aber ich manipulierte nicht gern an den Werken herum und sagte: «Die Arie singe ich besonders gern, das stört mich gar nicht.» Weil ich so klein war, meinten sie mich schonen zu müssen, denn die Konstanze ist schon deshalb anstrengend, weil man ständig auf der Bühne *steht*.

Darauf folgte die Gilda, und nach dieser Premiere schrieben die Berliner Zeitungen: «Ein neuer Stern am Opernhimmel», und ich dachte: «Wieso? Ich singe doch seit sieben Jahren.» Aber das war eben in der Provinz gewesen, und die zählte nicht. Berlin war eine Welt für sich.

Nun war ich schon über ein Jahr in der Hauptstadt, und wir wohnten immer noch in den zwei Zimmern. Doch allmählich wurde es wirklich zu eng, wenn wir auch ganz vergnüglich miteinander lebten. Damals hatte ich gerade ein Filmlied für eine Plattenfirma eingesungen, die hoffte, aus mir einen Schlagerstar der hohen Töne machen zu können. «Wann kommst du? Alle Rosen blühen» aus dem Film «Die Nacht der großen Liebe» – das ließen wir laut aus dem Fenster schallen, wenn Freund Stühlen, der zwei Höfe entfernt wohnte, zum Essen kommen sollte. Was die Schlager betraf, so gab ich mir wenig Mühe und sang viel zu schön und edel – mein Mann und Frau Rißmann lachten nur, als sie's hörten. «Mehr Sex und Pep und Pfiff – du kannst doch so gut schauspielern und andere imitieren, versuch's doch!» Aber mir widerstrebte das. Glücklich, bei der «großen» Kunst gelandet zu sein, hatte ich gar kein Verlangen nach Unterhaltungsmu-

Erna Berger in Dresden 1925

In *Hanneles Himmelfahrt* von Paul Graener als Hannele, Staatsoper Dresden 1927 (UA)

In *Die Entführung aus dem Serail* als Blondchen, Dresden 1927

In *Ein Maskenball* als Oscar, Dresden 1928

In *Ein Maskenball* mit Max Lorenz, Dresden

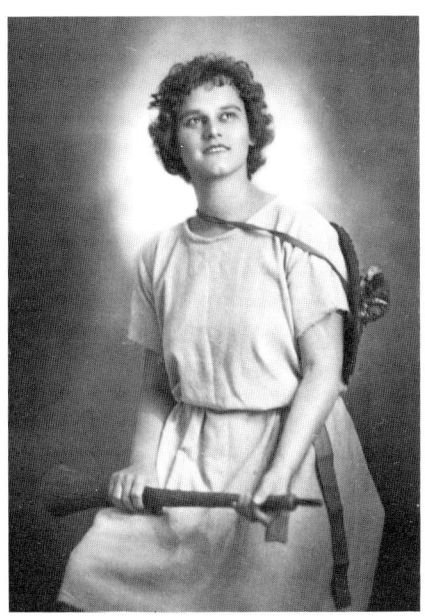

In *Die ägyptische Helena* von Richard Strauss als Erste Dienerin mit Elfriede Haberkorn, Dresden 1928 (UA)

In *Tannhäuser* als Hirt, Bayreuther Festspiele 1930 und 1931

Mit Hans Pfitzner anläßlich von *Palestrina*

In der Garderobe als Dama Boba in *Das dumme Mädchen (La Dama Boba)* von Ermanno Wolf-Ferrari, Staatsoper Berlin 1939 (UA)

In *La Traviata* als Violetta mit Peter Anders, Staatsoper Berlin ca. 1946

sik oder gar Schnulzen. Es lag mir einfach nicht, mochten das die tun, denen es Spaß machte. Also blieb's bei ein paar Kompositionen von Franz Grothe für den Jenny-Lind-Film «Mein Schatz, der ist Postillion...» und «Lied der Nachtigall» und eben bei den «tausend Rosen» als Mittagssignal. Das Wohnungsproblem löste sich, als wir beim Tenor Walter Ludwig eingeladen waren. «Hier im Haus wird eine Vierzimmerwohnung frei», sagte er, «wäre das nicht was für euch? Im zweiten Stock, ruhig und schön nah an der Städtischen Oper.» Tatsächlich bekamen wir die Wohnung und statteten sie mit viel Sorgfalt aus. Besonders Sverre stürzte sich in die Einrichtungsarbeit – an ihm war ein Innenarchitekt verlorengegangen.

In unserem Eßzimmer waren die Türen bemalt, jedes Feld schmückte eine Rollenfigurine meiner Partien aus Mozart- und Strauss-Opern: hier Susanna, dort Sophie und Zerbinetta und in der Mitte die Königin der Nacht. Unten rechts war ein Feld freigelassen, da sollte die «Schweigsame Frau» von Strauss hinkommen. Bei der Uraufführung in Dresden am 24. Juni 1935 verkörperte sie die Cebotari, und ich fuhr hin, um mir's anzusehen. Kurz darauf sollte ich die Rolle bei der Berliner Premiere singen. Den ersten Akt hatte ich schon gelernt, da wurde die Oper verboten, weil der Text von Stefan Zweig war. Der lebte in Wien und war Jude. So fiel die Premiere in Berlin aus, und das Türfeld blieb leer. In der Nacht des 11. November 1943 fiel dann alles den Bomben zum Opfer. – In unserem Eßzimmer standen zartgrüne Möbel im Rokokostil, den wir beide liebten, nicht nur, weil er gut zu meinen Rollen paßte. Wir waren Porzellannarren und legten im Lauf der Jahre einen großen Teil meiner Gage in Geschirr und Figuren an, meist aus Meißen und Berlin. Der junge Porzellanmaler, mit dem wir uns angefreundet hatten, bemalte uns Kacheltische und Vasen; und Konsolen trugen die Commedia-dell'arte-Figuren aus Porzellan, die Zerbinetta mit ihren vier Liebhabern.

Außer im Herrenzimmer mit seinen vielen Büchern herrschte Sverre in der großen Küche. Als Feinschmecker und ausgezeichneter Koch lernte er unsere junge Hausgehilfin an, die willig, aber entsetzlich langsam war, so daß ihm die Hauptarbeit blieb, wenn wir Gäste hatten. Feine Saucen rührte er sowieso persönlich an, und seine Desserts waren die reinsten Gedichte. Nach dem Krieg hat er sich in Norwegen eine Zeitlang allein mit Kochen durchgeschlagen. Ich glaube, unsere Gäste vergaßen allein wegen der kunstvoll gedeckten

Tische und der raffinierten Speisen die Abende bei uns nicht, bei denen viel gelacht und heitere Reden gehalten wurden.

Zugleich mit der Wohnung wechselten wir auch den Familienstand. Wir wurden seriös und heirateten in Norwegen, wo wir seit ein paar Jahren unsere Sommerferien verbrachten. Ich wurde norwegische Staatsbürgerin. Vor der Trauung in Oslo fragte der Standesbeamte: «Geboren 1900 – das ist ja wohl ein Schreibfehler? Das muß doch 1910 heißen?» Sverre lachte mich an; fühlte ich die Versuchung, ja zu sagen? Mir tat's niemals leid, daß ich bei der Wahrheit blieb und: «Doch, doch» sagte, «das ist ganz richtig so.» Meinen Namen behielt ich, weil der nun schon in der Musikwelt bekannt war, dafür wurde aus Sverre Wiull nun öfter ein Herr Berger. Kamen wir in ein Hotel, wo man nicht genau Bescheid wußte, stürzten sich alle diensteifrig auf den stattlichen «Herrn Kammersänger», und ich Kleine trabte unbeachtet nebenher. Sowas störte mich nicht, ich amüsierte mich nur, wenn die Leute später unter beflissenen Entschuldigungen versuchten, ihren Fauxpas wiedergutzumachen.

Wir hatten nördlich von Oslo in Øijangen bei Hoenefoss ein Holzhaus als Sommersitz gebaut, das völlig einsam auf einem erhöhten Seeufer lag und nur mit dem Boot zu erreichen war, weil gleich dahinter ein Moor mit herrlichen Mülte- und Preiselbeeren und Pilzen begann. Die Zimmer waren ländlich anheimelnd eingerichtet, und unser Porzellanmaler war eigens heraufgekommen und hatte seine Farben und Formen den Blumen und Lichtspielen des nordischen Sommers abgeguckt, um Holztüren und Möbel zu bemalen. Das einzige, was etwas aus dem Rahmen fiel, war das Porzellan, das uns auch hierhin begleitete. Auf der Terrasse stand ein riesiger weißer Pelikan aus der Meißner Manufaktur und schaute über den See. Der war sehr sauber, wir konnten unser Wasser aus ihm schöpfen, es sei denn er «blühte», wie die Leute dort sagten. Dann war das Wasser mit Kiefern- und Fichtenpollen bedeckt, so daß wir über den See zur Quelle rudern mußten, denn in unserem Moorboden konnte man keinen Brunnen anlegen. Natürlich lebten wir auch ohne elektrischen Strom, kochten mit Holz und besaßen Petroleumlampen, die wir aber nie brauchten, nur dunkle Vorhänge, um in den hellen nordischen Nächten schlafen zu können.

In den ersten Jahren fuhren wir von Oslo aus zuerst mit einem Pferdewagen bis Hoenefoss, wo uns die ganze Familie Wiull mit großem Hallo und einem Festessen empfing. Am Nachmittag ging's weiter, zuletzt mit dem Boot, und es dauerte jedesmal einen vollen Tag, bis wir im Haus waren. Später flogen wir vom Osloer Flughafen und wasserten auf dem See, das dauerte genau sieben Minuten.

Ein flacher Felsen nahe beim Haus ergab einen idealen Badeplatz, und wenn wir mutig waren, seiften wir uns frühmorgens ein und liefen dann splitternackt mit Gebrüll ins kalte Wasser, um uns abzuwaschen. Nur einen einzigen Sommer erwärmte sich das Wasser auf zwanzig Grad, und wir konnten ausgiebig schwimmen, aber wir ruderten und wanderten stets fleißig. Ich hatte meist etwas Arbeit dabei: neue Rollentexte, auf hauchdünnes Papier geschrieben, das ich in die Tasche steckte, oder die alten Partien in anderen Sprachen mit den Stichworten meiner Partner. So ganz abschalten, wie ich gern gewollt hätte, konnte ich doch nie, weil ich fast immer in Zeitdruck war. Aber gesungen habe ich in den Ferien keinen Ton. Ich sprach nun auch recht gut norwegisch, das ich nur nach dem Gehör lernte. «Sprecht bloß nicht deutsch», sagte ich zur Mutter und den Geschwistern meines Mannes, wenn sie mir zuliebe radebrechten, «ich möchte norwegisch lernen.» Drum war ich sehr stolz, als ich verstand, was die dreijährige Nichte meinte, als sie mir aufgeregt erzählte: «Det war en fryke-maschine mid pa vejen!» Ein Flugzeug war mitten auf einem Feldweg gelandet.

Nach anderthalb Jahren, in denen ich auch noch mit einer für meine Stimme recht dramatisch geratenen Nedda Staunen erregte, geriet die Städtische Oper in eine finanzielle Krise, und man riet uns, nach einem anderen Engagement Ausschau zu halten. Was sollte ich tun? Ich hatte Angebote von Hamburg und München, und auch Dresden meldete sich wieder. Dort war inzwischen Karl Böhm musikalischer Leiter und wollte alle meine Wünsche erfüllen. Er versprach mir sogar die Traviata, aber ich wollte doch so sehr gern in Berlin bleiben! Am Tag, an dem ich mich entscheiden wollte, kam ich von der Probe nach Hause, und Sverre sagte: «Furtwängler hat angerufen. Er will dich sprechen.» Wilhelm Furtwängler war damals Generaldirektor der Staatsoper Unter den Linden, dem Traum aller Sängerinnen und Sänger. Ich setzte mich in die U-Bahn und fuhr hin. Beim Aussteigen stolperte ich und beschmutzte mein Kleid. Sollte sowas nicht Glück bringen? Dann saß ich im Büro dem Intendanten Herrn Professor Heger und Herrn Dr. Furtwängler gegenüber.

«Wir haben gehört, daß Sie neu abschließen möchten, und haben gedacht – also wir möchten Sie gern als Koloratursoubrette engagieren.» Blitzschnell dachte ich, das wäre ja sehr schön, aber im selben Moment stach mich der Hafer, und ich hörte mich kühn sagen: «Ja, aber als *Koloratursängerin*.» Die beiden Herren sahen sich etwas verblüfft an und dachten bestimmt: «Da sieh doch mal einer die Kleine an!», und Furtwängler sagte in seiner bittenden Art: «Aber ich möchte doch so schrecklich gern das Ännchen mit Ihnen machen!» Gott sei Dank, dachte ich, hast du dir die Chance nicht verpatzt, und nickte eifrig: «Das singe ich ja auch sehr gern, das können wir doch extra in den Vertrag reinschreiben.» So wurden wir handelseinig.

Ich war immer etwas skeptisch und konnte mein Glück noch nicht so recht glauben und bekam feuchte Augen, worauf auch die beiden Herren gerührt ein paar Tränen zerdrückten. Dann ging ich mit leicht wankenden Beinen weg, weil ich wirklich vor Freude außer mir war. Die Berliner Staatsoper, der renommierteste Musiktempel aller Länder, der Mittelpunkt der Opernwelt, und ich ihr Mitglied!

Karl Böhm war natürlich gekränkt, daß ich nicht zu ihm gekommen war, und stieß schreckliche Drohungen aus: «Nie mehr wird die Berger in Dresden singen, und wenn sie auf den Knien gekrochen kommt.» Im Innersten wird er's wohl verstanden haben, daß ich die Berliner Staatsoper allem anderen vorzog. Er hat seinen Vorsatz dann auch nicht wahr gemacht und mich oft wieder als Gast nach Dresden geholt, auch in Wien sang ich unter ihm, und wir waren die besten Freunde. Unsere letzte Begegnung liegt noch nicht allzulange zurück. Nach seiner Premiere der «Entführung» 1981 in München ging ich hinunter, um ihn zu begrüßen, und er umarmte mich und hielt mich fest und sagte beziehungsvoll: «Wann i die Berger hab, laß i sie nimmer aus.» Dann begann er gleich zu poltern und über seine Beine zu schelten, die nicht mehr so wollten wie er, und erklärte mit seiner hohen Greisenstimme: «Von der Erna Berger hab i das Tempo der Traurigkeitsarie gelernt, andante con moto, möglichst geschwind», und ich nickte «ja, ja», und hob mahnend den Finger, denn mir war's auch diesmal wieder eine Spur zu langsam gewesen.

Nun fuhr ich also täglich Unter die Linden, mit dem kurzen Fußweg von der Charlottenburger Wohnung zur Oper war's nichts mehr. Mit Untergrundbahn und Bus ging's aber schnell, und außerdem lernte mein Mann Auto fahren. Wir kauften von Uhls einen gebrauchten Adler, ein Riesencabriolet. Damit fuhr mich Sverre zur Staatsoper, wo die Kollegen sich amüsierten: «Da kommt die Berger mit ihrem Omnibus.»

Die Leïla in den «Perlenfischern» von Bizet unter Leo Blech war meine erste Rolle im ehrwürdigen Knobelsdorffbau. Darauf folgte gleich Mozarts «Königin der Nacht». Wie überall waren auch an der Staatsoper Koloratursängerinnen rar. Es schien, als hätte man nur auf mich gewartet, um endlich ohne Besetzungssorgen «Ariadne auf Naxos» und vor allem «Die Zauberflöte» geben zu können. Dabei hatte ich eine lyrisch temperierte Stimme und hätte gar zu gern einmal die Pamina gesungen und gespielt, nur hatten wir leider drei oder vier Paminen, aber keine andere Königin. So sang ich die in den nächsten zwanzig Jahren immer wieder und überall, sie wurde eine Art Markenzeichen für mich, leider. Mir waren Rollen, in denen ich auch agieren konnte, viel lieber.

Gleich beim erstenmal in Berlin zeigte mir die Partie ihre Tücken. Bei der Probe der zweiten Arie sagte Leo Blech zu mir: «Sie singen das doch wohl im Original und gehen am Schluß nicht aufs hohe C?» Ich antwortete sehr bedeutsam: «Nein, nein, in Dresden war's zwar üblich, aber ich find's auch nicht richtig, Mozart hat's ja nicht geschrieben.» Er lächelte etwas und nickte. Dann kam die Premiere, und ich wurde zur zweiten Arie auf einem kleinen Podest an Seilen auf die Bühne gerollt und fing an: «Der Hölle Rache kocht in meinem Herzen...» Wie ich im schönsten Singen war, ging kurz vor dem Zwischenspiel ein Scheinwerfer aus. Das hielt wohl einer der Arbeiter für ein Lichtzeichen und dachte: Fort mit der Kleinen! Und schon rollte ich zurück in die Kulisse. Entsetzt rief ich: «Raus, raus, ich muß doch noch'n Schluß singen!» Und huiii fuhr ich wieder auf die Bühne, wo ich gerade rechtzeitig für meinen Einsatz wieder ankam und ruhig weitersang. Nachdem dann der Sarastro seine Arie beendet hatte, gab's einen Vorhang, und wir verbeugten uns gemeinsam mit Herrn Blech. Der guckte mich strafend an und gab mir kaum die Hand, daß ich dachte: Was hat er bloß, die F waren doch ganz gut; ich konnte mir's nicht erklären. Am nächsten Tag bekam ich einen Brief: «Meine Verehrteste! Sie müssen ja an großen Respekt vor ihrem Herrn Kapellmeister haben, daß Sie nichtmal das beachten, was er Ihnen mit mcincr gütigen Erlaubnis gesagt hat und eigenmächtig ein hohes C einlegen. Bitte tuns das nächstens nicht wieder, aufm Bauch liegt sich's net gut. *Mozart.*» Das war ein Schreiben von Herrn Blech, und da merkte ich erst, daß ich vor lauter Aufregung ganz ungewollt mein hohes C geschmettert hatte.

Später erhielt ich noch einige solcher scherzhaften schriftlichen Ermahnungen, die eine Blechsche Spezialität waren. Ein andermal kam er nach dem ersten «Butterfly»-Akt in meine Garderobe, ließ sich den Klavierauszug geben und unterstrich die Worte: «Alle Sterne schau'n herunter!» Ich hatte beim Duett wohl zu sehr in den Himmel geblickt und seine Tempi nicht beachtet. Er verlangte unbedingt, daß man sich nach ihm richtete, da gab's keinerlei Pardon. Wenn er Lob austeilte, war's aber auch doppelt so wertvoll wie bei anderen, denn damit war er sehr sparsam. Als er nach dem schwierigen Quintett in «Carmen» nach der Bühne hinauf eine Verbeugung machte, war ich als Frasquita so stolz und glücklich, als gälte das Lob mir allein.

Gewiß war's lustig und nett von Blech, seine Kritik auf so elegante, nicht verletzende Art anzubringen, aber gefürchtet waren die Briefchen trotzdem, die man da in seiner Garderobe fand. Bei mir hatte er ganz unbewußt ins Schwarze getroffen, indem er die einzige Instanz beschwor, der ich mich stets ohne Wenn und Aber beugte. Schon immer, ob im Theater, auf dem Konzertpodium oder in der Kirche, hatte ich nicht ans Publikum oder den Dirigenten gedacht, wenn ich zu singen begann, sondern nur an den Komponisten. Herrn Mozart oder Verdi wollte ich's gern recht machen und aller Welt vorführen, wie herrlich klang, was sie geschaffen hatten. Während meiner zehn Staatsopernjahre bis zum Kriegsende hatten wir zwei Neuinszenierungen der «Zauberflöte», die jahrelang liefen. Ich konnte wirklich nicht mehr zählen, wie oft ich einsetzte: «Nun zittre nicht, mein lieber Sohn, du bist unschuldig...» – störend diese falsche Betonung auf dem «*un*schuldig»! Später wagte ich Schikaneder abzuändern: «Du bist ja schuldlos, weise, fromm.» Am besten gelangen mir die Arien vormittags in den Proben, nicht nur, weil ich ein ausgesprochener Morgenmensch bin – leider, muß ich sagen bei diesem Beruf –, sondern weil am Abend auch noch das Lampenfieber dazukam.

Tatsächlich ist's immer eine Mutprobe, wie ein Sprung vom Zehnmeterturm ins Wasser, wenn man sich in die Arien stürzen muß, kaum daß man die Bühne betreten hat. Trotzdem fand ich die Konstanze anstrengender, weil die Marternarie viel länger erregt weitergeht. Bei der Königin ist's mehr ein großer Wutausbruch, der in einem großen Schwung mit langem Atem möglichst fulminant rausgeschmettert werden muß. Dabei ist Geschwindigkeit Trumpf. Daß dabei selbstverständlich kein Ton verlorengehen darf, die Koloraturen perlen müssen und auch noch Gefühl in ihnen mitschwingen sollte, darin besteht die Kunst.

Man spricht oft von dramatischen Koloraturen, aber das ist eigentlich Unsinn, sowas gibt es gar nicht. Wenn man bedenkt, daß Mozart nur kleine Häuser zur Verfügung hatte, innen ganz aus Holz mit herrlicher Akustik, dann wird einem das klar. Dort brauchte man nur ph zu machen, und schon klang selbst die zarteste Stimme füllend, wie zum Beispiel im markgräflichen Theater zu Bayreuth. Koloraturen muß man ganz schmal und konzentriert singen und nur auf die lockere, leichte Stimmführung hindenken. Technisch und vom Gefühl her stellte ich mich darauf ganz anders ein als auf lyrische Partien. Heute die «Zauberflöte», und dann am nächsten Tag die «Butterfly» oder «Bohème», das konnte ich singen, aber umgekehrt nicht. Eine Puccini-Partie war seelisch viel zu aufreibend für mich; da brauchte ich einfach hinterher etwas Abstand, bevor ich wieder Mozart singen konnte.

Fritz Busch wollte mich gern im Mai 1934 in England für die Eröffnung der Glyndbourner Festspiele als Despina in «Così fan tutte» haben. Gleichzeitig bot mir Covent Garden Wagnerrollen an: den Hirten, den Waldvogel, die erste Rheintochter. Ich entschied mich für London, das mir wichtiger erschien.

Als Rheintöchter standen wir leider nur hinter einem schwarzen Vorhang und sangen, während vorn Ballettmädchen herumsausten oder gezogen wurden, da fühlte ich mich um mein schönes Schwimmen und Spielen betrogen. Zu den Wagnerrollen kam auch noch die Marzelline im «Fidelio» mit Lotte Lehmann in der Titelrolle. Nach der guten – man kann schon sagen phantastischen – Kritik, die ich bekam, engagierten sie mich für die nächste Saison als Königin und als Sophie im «Rosenkavalier». Lotte Lehmann sang die Marschallin, und vorm zweiten Akt kam jemand zu mir in die Garderobe und sagte: «Berger, Ihr Akt kommt erst eine Stunde später dran, Lotte Lehmann hat einen Nervenzusammenbruch gehabt, wir müssen pausieren und Ersatz suchen.» Sie hatte mitten auf der Szene angefangen zu weinen und nicht weitergesungen: «I can't, I can't.» Ihr Mann war Jude und sie in ständiger Sorge und Aufregung, das war schlimm. So sehr ich Anteil nahm, konnte ich doch nicht sagen: «Da singe ich auch nicht weiter.» Innerlich auch bewegt und abgelenkt, versuchte ich mich noch stärker auf die Rolle zu konzentrieren, und alles andere mit Gewalt aus meinen Gedanken zu verbannen. Ich dachte nur: Sophie, Sophie. Dann sang ich mich nochmal ein, denn nun hatte ich doppelt Angst, daß ich's nicht mehr könnte.

In solch heiklen Momenten darf man sich nicht anstecken lassen, nicht zu mitleidig sein, aber auch nicht überheblich, wenn vielleicht im Innern eine versuchende Stimme sagt: Jetzt mußt du doppelt gut sein, sonst wird jeder nur von dem spektakulären Ausfall reden und nicht von dem noch so gelungenen Spiel der anderen.

Die Londoner Season wurde mit einer «Zauberflöten»-Premiere eröffnet, und ich war etwas aufgeregt vor meiner ersten Königin in England. Tags zuvor waren wir nach Proben zum «Rosenkavalier» vergnügt durch den Londoner Nebel gelaufen, den stets lufthungrigen Dirigenten Erich Kleiber in unserer Mitte. Am nächsten Morgen kam mein Mann aus Berlin und klopfte an die Hotelzimmertür. Ich wollte «Herein» rufen, brachte aber keinen Ton hervor, es war aus, absolut aus. In meiner Angst ging ich zum erstenmal *vor* einer Aufführung zum Arzt, um mir in den Hals sehen zu lassen, sonst verschob ich das stets auf nachher, weil's mich irritierte. Der englische Doktor pinselte und riet mir, bis zum Abend den Mund zu halten. Als ich ihn endlich eine Stunde vor der Vorstellung beim Einsingen wieder aufmachte, war die Stimme wieder da.

Den Tamino sang Richard Tauber, der mir schon zehn Jahre vorher in Dresden begegnet war und der zu den bedeutendsten Tenören der ersten Hälfte des zwanzigsten Jahrhunderts gehörte. Leider ist Tauber im Jahre 1948 – viel zu früh – verstorben. Als wir uns begrüßten und ich: «Erinnern Sie sich noch?» fragte, schlug er anzüglich auf seinen Handrücken und meinte: «O ja!» Da fiel mir erst wieder ein, daß mir einmal in Dresden im dunklen Parkett die Hand ausgerutscht war, als wir einer Probe zuschauten und er einen Annäherungsversuch gemacht hatte. Nun war er der mutige Prinz und sang bezaubernd schön, während ich wie üblich hoch oben auf dem Monde stand, zum Glück angeschnallt. Als ich in meiner ersten Arie bei den Koloraturen angelangt war, holte ich vielleicht etwas zu tief Atem, jedenfalls gab's einen Ruck, und ich sauste mitsamt dem Mond abwärts hinter die Kulissen. Mein Mann berichtete, wie ein entsetztes Aufstöhnen durchs Publikum ging, von dem ich aber nichts hörte. Die Leute dachten, ich wäre in der Versenkung verschwunden, die wahnsinnig tief unten liegt. Aber ich war nur etwas tiefer gelandet und konnte durch einen winzigen Spalt Sir Thomas Beecham dirigieren sehen, der wahrscheinlich gar nichts bemerkt hatte, und sang weiter. Vor Schreck gelang mir mein hohes F so schön wie noch nie. Hinterher schwankte ich ein wenig, und in den englischen Zeitungen stand: «The coolness of the Berger», während sie in Deutschland schrieben: «Vom Monde gefallen.»

Nach dem Londoner Erfolg wollte die Electrola in Berlin gern die «Zauberflöte» mit Sir Thomas am Pult auf Platten bannen. Alle Solisten kamen von der Berliner Staatsoper, und die Berliner Philharmoniker spielten. Leider war ich gerade auswärts beschäftigt, aber man versicherte Beecham, ich würde meine Arien später auf seine Orchesteraufnahme «draufsingen», wenn er sie jetzt ohne meinen Gesang einspielte. So etwas ließ sich aber damals technisch noch gar nicht machen, und wir mußten beide Arien nochmal komplett mit dem Orchester unter einem anderen Dirigenten aufnehmen. Dazu hörten wir Beechams Fassung mehrmals mit Kopfhörern ab und versuchten, ihn genau nachzuahmen. Sein Tempo war so rasch, wie mir's gefiel, bis auf die Triolen, die ich gern schneller gesungen hätte. Siebenmal mußte ich die zweite Arie wiederholen, bis endlich alles in Ordnung war. Beecham hat nichts von dieser Schummelei erfahren; sein Name steht bis heute als der des Dirigenten auf jeder Platte, in die die Arien gepreßt wurden. Leider ist's die einzige Aufnahme geblieben, die ich jemals von der Königin eingesungen habe, und sie könnte besser sein, aber beim siebentenmal hintereinander ist wohl keine Sängerin mehr in Hochform.

Die schönste Inszenierung der «Zauberflöte» erlebte ich mit Gustav Gründgens als Regisseur. Er unternahm einen Ausflug zur Opernregie und führte mich endlich mal an die Rampe vor. Meist muß die Königin irgendwo im Hintergrund majestätisch am Himmel thronen und einen riesigen, schallschluckenden Bühnenraum mit ihren Koloraturen überbrücken, als ob die nicht auch ohne das schwierig genug wären. Sie bleiben dann auch oft genug in den Kulissen hängen. Bei Gründgens wurde ich von Sternenknaben langsam nach vorn gezogen, bis mein riesiger Mantel die ganze Bühne bedeckte. Mein maskenhaft weiß geschminktes Gesicht verdeutlichte das Böse, dazu trug ich Helm und Panzer, während Tiana Lemnitz als Pamina mit dunkler Perücke wie eine persische Prinzessin aussah. Auf der Bühne wuchsen übergroße Blumen, so daß alles wie ein Märchen aus Tausend und einer Nacht wirkte. Der junge, gefeierte Dirigent hieß Herbert von Karajan.

Mit Hitlers Machtübernahme änderte sich auch an der Staatsoper manches. Otto Klemperer habe ich leider nicht mehr als Dirigenten erlebt, die Perras war weg und auch Lotte Schöne. Leo Blech blieb, als ich kam, nur noch ein Jahr, das Göring bei Hitler für ihn durchgesetzt habe, wie es hieß. Genaues erfuhr man nicht, über diese Dinge wurde nicht gesprochen. Außerdem war ich noch neu und hatte wenig Kontakt, alles vollzog sich unauffällig. An sich war es ja auch nichts Außergewöhnliches, wenn Dirigenten, Sängerinnen und Sänger Engagements im Ausland annahmen. Da ich, auch was Politik betraf, mit Scheuklappen durch die Welt ging, war mir lange, eigentlich bis Kriegsende, nicht bewußt, daß die neuen Machthaber nicht nur unangenehm und bedrohlich, sondern furchtbar und gefährlich waren. Ich hatte einfach Glück, daß ich nicht in Konflikt mit der Diktatur geriet. Weder war ich politisch irgendwie engagiert noch Jüdin oder mit einem Juden verheiratet. Unseren wenigen gefährdeten Bekannten und Kollegen gelang es, rechtzeitig ins Ausland zu gehen. Musikern fiel das wohl leichter als anderen – der Entschluß, nicht die Ausführung –, denn wer im Dienst der Musik stand, fühlte sich meist als Weltbürger. Meine «Volksgenossen» waren die Musiker und Musikfreunde in aller Welt, dieser Gemeinschaft fühlte ich mich zugehörig, wenn überhaupt einer. Natürlich hing ich auch an meiner Heimat, die für mich inzwischen Berlin hieß, und ein Abschied wäre mir schwer gefallen. Uns tat niemand etwas zuleide, sollte ich anderen, die fliehen mußten, im Ausland den Platz wegnehmen? Fritz Busch, mit dem mein Mann und ich in Kopenhagen darüber sprachen, wo wir uns anläßlich einer Aufnahme der «Schöpfung» wiedertrafen, riet ab. «Bleiben Sie, wo Sie sind. Gehen Sie nicht nach Amerika.»

Daß ich zu Führers Geburtstag immer in der «Neunten» von Beethoven mitwirken mußte, mochte angehen; früher hatten wir zu Kaisers Geburtstag gesungen, das war eben so und gehörte überall für Künstler zum täglichen Brot. Mich störte nur, daß die Partie so schwierig und unsanglich steif war. Zu Staatsakten und Festlichkeiten bei Göring, der als Dienstherr aller Staatstheater unser unmittelbarer Chef war, wurde ich mit anderen zum Singen beordert. Auch zu Goebbels, aber da bin ich nie gewesen, das konnte ich immer abbiegen. Ich wollte nicht, der war selbst mir arglosem Wesen unheimlich. Gewiß gab's Kollegen, die anders dachten, aber das waren wenige, und jeder wußte, daß man sich vor denen in acht nehmen und die Zunge hüten mußte. So war das Klima an der Staatsoper nicht vergiftet, jedenfalls habe ich's nicht so empfunden. Wir wußten, daß Furtwängler manche zu schützen suchte und ihnen auch helfen konnte, aber wir wußten nicht, wie grauenvoll das Los jener war, bei denen ihm das nicht gelang. Keiner von denen, die ich kannte, wußte das. Haben wir's nicht wissen wollen? Hätte ich's nicht ahnen, vermuten können und versuchen müssen, mir Gewißheit zu verschaffen? Hinterher kann man vieles nicht mehr begreifen und sieht unwägbare Schuld.

Daß die Staatsoper während des Krieges mit dem ganzen Ensemble ins besetzte Paris fuhr, um dort Mozarts «Entführung» und Wagners «Tristan und Isolde» aufzuführen, hat mich nur gefreut. Wir konnten in der sonst französischen Künstlern vorbehaltenen Großen Oper singen, was für jeden Sänger wegen der einzigartigen Akustik eine besondere Freude war. Daß es gleichzeitig eine feindselige Machtdemonstration vor dem unterlegenen Gegner bedeutete, machte ich mir nicht klar. Man hatte mich vor dem Krieg in Paris als Künstlerin, nicht als Deutsche gefeiert, warum sollte das jetzt anders sein?

In Skandinavien verübelten sie mir dann nach dem Kriege, daß ich außer für die Norweger dort auch für die deutschen Soldaten gesungen hatte, die verhaßten Besatzer des Landes, dessen Bürgerin ich geworden war und in dem ich als norwegische Sängerin galt. Mir war das unwichtig. Die Soldaten wollten mich gern hören, also sang ich. Das Publikum sucht sich den Künstler, den es hören will, nicht umgekehrt. Wo Musik fähig war, über Schweres und Sinnloses hinwegzuhelfen oder es doch wenigstens eine Zeitlang vergessen zu machen, da wollte ich sie erklingen lassen, vor jedem, der das wünschte.

Bestärkt wurde ich in dieser Auffassung durch Briefe, die ich während meiner ganzen Laufbahn erhielt, von jedermann, arm und reich, jung und alt, musikbegeistert oder nur zufällig zu meinem Publikum geworden. Schlicht oder enthusiastisch, manchmal sachlich, häufig tief bewegt, haben mir die Menschen versichert, daß mein Gesang ihnen Kraft und Zuversicht und Glück geschenkt habe; jenen besonderen Zustand, den Schuberts Lied beschwört, wenn es von der «holden Kunst» spricht, die uns «in eine bessre Welt entrückt».

Bald nach meinem Eintritt ins Staatsopernensemble konnte ich meine Vertragsklausel erfüllen, und Furtwängler bekam bei einer Neuinszenierung des «Freischütz» sein Ännchen. «Machen Sie's nur genauso, wie Sie's in der Städtischen Oper gespielt haben», sagte Heinz Tietjen, der Regie führte, und ließ mich stehen, um sich den anderen zuzuwenden. Aber ganz genauso ging das natürlich nicht, zum Glück, denn in Charlottenburg waren die Räume geradezu puppenhaft klein gewesen, so daß wir uns kaum zwei Schritte erlauben konnten. Im Försterhaus der Staatsoper war nun Platz genug, um als wirklich munteres Ännchen meine Agathe aufzumuntern. Mal war das Maria Müller, mal Tiana Lemnitz, und ihren Max verkörperte Marcel Wittrisch. Bei den Proben schonte er seine Stimme und markierte nur, und Furtwängler mahnte: «Säuseln Sie nicht so, Wittrisch.» Aber der antwortete nur: «Ich säusele, wann ich will», und markierte weiter. Ich staunte. Was der sich dem großen Dirigenten gegenüber erlaubte! Alle Sänger der Staatsoper fühlten sich den besten Dirigenten gegenüber ebenbürtig, das spürte ich bald. Da war keiner, der nicht Außergewöhnliches leistete, und das wußten sie alle.

Furtwänglers Musikinterpretationen liebte ich sehr und freute mich nun darauf, ihn von der Bühne aus zu erleben. An seinen Dirigierstil mußte ich mich erst gewöhnen, das hatte ich schon bei Konzerten gemerkt. Ich durfte mit dem Einsatz nicht warten, bis er abwärts schlug, da mußte ich mich umstellen und außerdem beim Tempo aufpassen. Das habe ich auch bei anderen stets angezogen, aber bei ihm besonders. Furtwängler befand sich im siebenten Himmel, wenn er dirigierte. Er wurde gern langsamer und langsamer, vor allem wenn oben eine schöne Stimme erklang. Dann schwelgte er hingerissen, und wenn man das mitmachte, wurde das Ganze immer schleppender, bis er's bemerkte und eilig aufholte. Schon kam der Sänger nicht mehr nach. Beim «Freischütz» passierte das Michael Bohnen, der Kaspar «schwamm», und Furtwängler begann ärgerlich mit seinem Dirigierstab den Takt aufs Pult zu klopfen. Das war dem berühmten Bassisten zuviel, er ging von der Bühne und schloß sich ein, während ich mich in meiner Garderobe wunderte, daß die Pause

so lang dauerte. Schließlich ging der «Fu» bittend vor die Tür des gekränkten «Primo Uomo» und entschuldigte sich. Danach stand Bohnen bei seiner Arie mit einem Fuß auf dem Souffleurkasten und sang drohend zum Dirigenten hinunter: «Triumph, die Rache gelingt! Die Rache, die Rache gelingt...»
Ich verstand mich von Anfang an glänzend mit dem großen Magier am Pult. In der Oper war vor allem Wagner seine Domäne, da gab es für mich nicht viel zu tun, aber ich musizierte sehr viel in Konzerten mit ihm, meist mit den Berliner Philharmonikern. Bach, Händel, Haydns «Jahreszeiten» und die «Schöpfung», Mozart natürlich, Messen, Kantaten, Arien und immer wieder Beethovens Neunte. In Wien, nach der «Schöpfung», faßte er mich am Schluß bei der Hand und zog mich immer wieder mit hinaus zum Verbeugen, das war zu nett.

Die beste Reklame, die je für mich gemacht worden ist, verdanke ich auch ihm. Vor Sir Thomas' Tür in der Londoner Covent Garden Opera stellte er mich gleich an zwei Tagen irgendwelchen Leuten mit den Worten vor: «Sie ist die Beste, die wir haben.» Ich weiß nicht, wie oft das dann nachgesprochen und gedruckt worden ist: auf Plakaten, Plattenhüllen und in Zeitungen in allen Ländern. Eigentlich hätte ich ihm dafür ein Honorar zahlen müssen.

Nach Konstanze und Königin der Nacht galt ich nun als Mozartexpertin und wurde mit Willi Domgraf-Fassbaender zu einem Gastspiel in «Figaros Hochzeit» nach Spanien eingeladen. Er als Figaro, ich als sein Susannchen. In Barcelona, während der Regie-Proben, hieß es: «Bitte, gnädige Frau, wie möchten Sie das machen? Wir richten uns ganz nach Ihnen, wie sind Sie das gewöhnt?» Da zögerte ich «gnädige Frau» und sagte: «Jaa, also in Dresden haben wir das immer so und so gehalten», und beschrieb dem Regisseur und dem Dirigenten genau die Regie der letzten Dresdner Aufführung, in der ich so oft gesungen hatte. Allerdings nicht die Susanna und auch nicht den Cherubin, sondern nur das Bärbchen, aber das traute ich mir denn doch nicht zu sagen und gleich gar nicht, daß dies hier meine allererste Susanna war. Ich war einfach nie zu ihr gekommen. Jetzt hatte ich die Partie zwar schnell mit unserem Repetitor Kohler einstudiert, aber nie Ensembleproben gehabt, und die Susanne *ist* eine reine Ensemblepartie mit sehr viel Parlando, bei dem man höllisch aufpassen muß. Doch ich hatte nicht umsonst in Dresden sieben Jahre lang hinter den Kulissen gestanden und mir genau eingeprägt, wie die Susannen das machten.

Nun trug das Früchte. Fassbaender war Kavalier und verriet mich nicht, sondern gab noch eigene Vorschläge dazu, und wir mimten und sangen nach der «Regie Berger», das war sehr erheiternd. Als aber nach der Vorstellung der Dirigent zu mir sagte: «Wunderbar, gnädige Frau, wie gut Herr Fassbaender und Sie aufeinander eingespielt sind. Da merkt man doch gleich, daß Sie das oft und oft zusammen gesungen haben», da war's mit meiner Fassung vorbei, und ich klärte den kleinen Irrtum auf.

Später sind wir beide dann doch noch oft gemeinsam im «Figaro» aufgetreten und auch in der allerletzten Vorstellung gegen Ende des Krieges, bevor die Staatsoper in der Nacht endgültig ausbrannte. Damals in Barcelona gab's allerdings doch ein paar Pannen. Beim Briefduett mit der Gräfin war kein Federkiel auf dem Tisch, und ich mußte doch schreiben, denn die Musik ging ja weiter. In der Oper kann man kein Extemporé machen. Ich rollte einen Briefbogen zusammen, steckte die Spitze in den Mund und dann in die Tinte und schrieb mit dem Bogen auf dem Bogen. Applaus. Sowas gefällt dem Publikum und Südländern besonders. Später bei dem Duett mit dem Grafen dachte ich: «Warum kichern die bloß alle so?» und schielte hinter mich. Da steckte die Feder an meinem großen Rock und schwänzelte immer mit hin und her, daß es eine Freude war.

Endlich kam die große Arie, und ich saß auf einem Bänkchen und sang hingebungsvoll. Sie war zwar ganz herrlich, kommt aber so sehr am Schluß, daß es für die Susanne stets eine lange Spannung und Aufregung bedeutet; das hat Mozart wirklich nicht gut gemacht! Außerdem liegt sie ein bißchen tief und ist viel besser für die Gräfin geeignet und wohl auch für diese Rolle komponiert. Erst als Nancy Storace, die erste Darstellerin der Susanna, sich beschwerte, daß sie in der ganzen Oper keine richtige Arie hätte, soll Mozart seine Konzeption geändert haben. Ins Verwechslungsspiel paßt das ganz gut, Susanne ist eben klug und singt im gräflichen Stil, sie soll ja *tun,* als sei sie die vornehm-elegische Dame. Eigentlich müßte sie aber dazu auch ihre leichte Stimme in einen lyrisch-dramatischen Sopran verwandeln. Ich hatte Glück, daß mir alles Lyrische lag, und freute mich, wenn ich nicht nur hohe Töne leuchten lassen konnte.

Nachdem ich geendet hatte, setzte ein wilder Applaus ein, wie er im Süden üblich ist. Ich verbeugte mich wieder und wieder, dann ging die Oper weiter, aber die Leute fingen unten an zu reden und hörten nicht auf, bis der Vorhang fiel. Sie wollten einfach die Arie nochmal hören, und als daraus nichts wurde, interessierte sie das Ganze nicht mehr. Ich aber hatte nicht gewußt, daß eine Wiederholung in Spanien üblich war und von mir erwartet wurde. Beinahe hätte ich die Susanna auch im Film verkörpert, als die DEFA nach dem Krieg «Figaros Hochzeit» mit Fassbaender verfilmte. Doch ich mußte zur gleichen Zeit mein Engagement bei der Londoner Season erfüllen und mußte absagen, leider, leider. So erklang nur meine Stimme zum Spiel von Angelika Hauff.

Meine ständigen Tenorpartner an der Staatsoper waren Walter Ludwig, Marcel Wittrisch, Erich Witte, Helge Roswaenge und später Peter Anders, und wir haben herrliche Abende miteinander gestaltet. Ist der Partner gut, steigert man sich selbst auch, und das Verliebtsein, das die Rolle verlangt, läßt sich auch leichter erleben und spielen. Auch Gäste kamen, um in Berlin ihre Kunst zu zeigen. So stand ich dreimal gemeinsam mit Beniamino Gigli in «Rigoletto» auf der Bühne. Er sang als einziger italienisch, was damals niemanden störte, und er wurde sehr umjubelt. Nach seinem «La donna è mobile» mußte er wiederholen und tat das als fescher junger Draufgänger. Das Publikum raste – noch ein da capo. Das sang er vollkommen anders, ungefähr als schnoddriger Apfelsinenverkäufer und beim drittenmal als blasierter, alter Roué. Ein Teil des Publikums hatte ihn schon 1924, als er zum erstenmal in Berlin auftrat und nach «Martha» und «La Bohème» in «Rigoletto» sang, gehört und gesehen. Auch damals hatte er nach dem «La donna è mobile» zweimal wiederholen müssen, und er sang es auch da bereits in zweifach nuancierten Darbietungen. Das hatte einen Kritiker veranlaßt zu schreiben, daß dies einzig dastehe in den Annalen der Berliner Staatsoper. Ich hatte mir geschworen, eine Wiederholung stets noch besser zu singen als vorher, aber drei unterschiedliche Rollenauffassungen an einer einzigen Arie demonstriert, das habe ich weder vor- noch nachher erlebt. Gigli war ein liebenswürdiger, bescheidener Mann und reizender Kollege. Als ich meine große Arie als Gilda beendet hatte, stand er hinter dem Vorhang und klatschte und schob mich immer wieder raus und sagte: «Serr scheen, serr scheen, biete noch aainmal!»

Er gastierte auch noch in «Tosca» und «La Bohème». Im «Liebestrank», wo er seine Partie läppisch und rührend anlegte und als betrunkener Nemorino schüchtern anfing und dann allmählich immer mehr Mut faßte, hatte ich ihn schon früher erlebt. Auch hatte ich mit ihm – 1936 – im Filmstudio zusammengearbeitet. In Babelsberg, am Rande von Berlin, wo die große Ufa-Stadt gelegen war, wurde ein Film mit dem Arbeitstitel «Ein Lied für Maria» gedreht, der bei der Premiere am 28. August des gleichen Jahres im Berliner «Ufa-Palast am Zoo» mit dem Titel «Ave Maria» uraufgeführt wurde. Der Film enthielt auch Opernszenen aus dem ersten und vierten «Traviata»-Bild, für die man mich als Violetta holte; so wurde ich mit dem großen italienischen Tenor bekannt. Als Gigli hörte, daß ich die Rolle noch nie auf der Bühne gesungen hatte, kümmerte er sich rührend um mich und zeigte mir, was ich zu tun hatte. Dann führte er mir auch vor, wie man am besten die höchsten Töne erreicht; schleifend – ähnlich einem glissando – zog er sie von unten herauf. Das funktionierte recht gut, nur schön klang es nicht. Sollte sich Verdi das wirklich so vorgestellt haben? Je öfter ich in der Folge Italiener singen hörte, desto überzeugter war ich: sie hatten einfach den bequemsten Weg zum Ideal erhoben und mogelten sich hinauf, statt den Ton präzise anzusetzen.

Nach der Film-Traviata hoffte ich sehr, sie nun auch auf der Bühne zu gestalten. Ständig bekam ich Zuschriften aus dem Publikum, das mich in dieser Rolle sehen wollte, aber Clemens Krauss, der inzwischen bei uns Operndirektor war, winkte ab. «Zweiter und dritter Akt ja», meinte er, «aber als große Kurtisane im ersten Akt kann ich Sie mir einfach nicht vorstellen.» «Warum nicht? Ich leg' sie eben als kapriziöse Französin an; sie ist von Anfang an eine leidende Frau, die vergessen will, hektisch, temperamentvoll und launenhaft.» Aber er wollte nicht. Kaum war Krauss nach München gegangen und Tietjen wieder Alleinherrscher, fragte der mich: «Na Berger, wie ist's, willst du die Traviata haben?» Wie schon bei «Madame Butterfly» alternierte ich mit Maria Cebotari, Schlusnus war der Vater und Anders mein Alfred. Sah ich mich für den dritten Akt geschminkt im Spiegel, bedauerte ich mich selber: bleich, mit tiefen Schatten, wahrhaft erbarmungswürdig. Meine tiefliegenden Augen, die mich beim Schminken sonst immer störten, ließen mich wirklich todkrank erscheinen. Die Zuschauer schluchzten fast so sehr wie bei der Butterfly, und auch der erste Akt gelang. «Wie ein verirrter Vogel flatterte Erna Berger durch die Pariser Salons.»

Die Berliner konnten damals drei Kameliendamen vergleichen. Im

In *Die Entführung aus dem Serail* als Konstanze,
Städtische Oper Berlin 1932

Fritz Busch

Richard Strauss

Leo Blech

Fritz Reiner

Erna Berger 1935

Erna Berger mit ihrer Tante Käthe, Potsdam 1947

Mit Werner Egk, der für den *Barbier von Sevilla* als Einlage eine Arie komponiert hat, Staatsoper Berlin 1937

Schauspielhaus Käthe Dorsch, im Film Greta Garbo und in der Oper mich. «Die drei besten Interpretinnen dieser Figur», befand die Kritik, wer hätte sich da nicht geschmeichelt gefühlt!

Ein ähnliches Zusammentreffen ergab sich, als wir Wolf-Ferraris «La Dama Boba» uraufführten. Seine Vorlage, «Die kluge Närrin» von Lope de Vega, wurde im Theater gegeben, und Käthe Gold spielte die Titelrolle. Ich sah sie mir erst nach unserer Premiere an, um mich nicht beeinflussen zu lassen. Sie stellte ein wirklich törichtes Mädchen auf die Bretter, das durch die Liebe verwandelt wird, während Wolf-Ferraris Musik sie nur als naiv-harmloses, ahnungsloses Ding zeigte, wie ich fand, und ich dachte mir lauter kleine Gags aus, um das Kindlich-Durchtriebene zu zeigen. So weiß ich noch, daß ich immer mit den Beinen baumelte, wenn ich saß, und aufhörte, sobald mein Bühnenvater strafend herschaute. Guckte er wieder weg, ging das Gebaumel weiter. In der entscheidenden Szene bekam ich einen Kuß, der mich zur Frau erweckte. Am Ende erhielt ich ein Extralob vom Komponisten, den ich schon in Dresden bei der Erstaufführung seines «Sly» erlebt hatte, jovial, gütig und mit Bart. Das Naive hätte ich besonders gut herausbekommen – ein Plus fürs Beinebaumeln. Mir hatten es besonders die Kostüme angetan, ein entzückendes, schokoladebraunes Taftkleid mit Spitzenmanschetten und ein Weiß-gelbes und eins in Rosa – und die Musik? Gefällig und leicht zu singen, schnell gelernt und ebenso schnell wieder vergessen.

Ach ja, und eine reizende Perücke hatte ich, mit Schlangenlocken. Für mich eine wichtige Nebensache, denn mit meinen Haaren hatte ich zeitlebens Kummer. Schon als Kind, wenn ich im Spiegel meine zerzausten «Affenschaukeln» herabhängen sah, erträumte ich mir üppigen Haarwuchs. Käme eine Fee und schenkte mir drei Wünsche, würde ich ganz gewiß einen für neue Haare verwenden. Mit passenden Augen dazu in reizvollem Gegensatz, blond vielleicht mit dunklen Augen oder lieber stille blaue Seen mit schwarzen Zöpfen? Ich war regelrecht haarverrückt und erklärte: «Wenn ich groß bin, werde ich Friseuse.» Die Tanten hörten's mit Grausen, denn das war ein verschriener Beruf, schlimmer noch, als zum Theater zu gehen. Statt einer Fee kam der Theaterfriseur, schnitt mir nach einer Dresdner Vorstellung kurzerhand einen Bubikopf und fertigte eigens für mich Perücken an. Auf meinen kleinen Kopf paßte keine der anderen. Doch ein Vorteil! Sie waren mal blond, mal schwarz, je nach Rolle und meistens braun, wie meine eigenen Haare, das stand mir am besten. Nach dem Krieg waren die Perücken dann viel leichter und mußten nicht mehr mit Tampeln angeklebt werden. Vor dem ersten Nachkriegs-«Rosenkavalier» stand meine Garderobiere begeistert vor der blondgelockten Pracht: «Die ist 'ne Wucht, da sehn Sie toll aus!» Aber die allerschönste hatte ich in Oslo. Als Traviata quollen mir unter einer Haarkrone lange Locken hervor – sie hatten Kaiserin Sissi von Österreich zum Modell genommen. Nach dem Vorschlag meines Mannes trug ich in Berlin als Despina in Mozarts «Così fan tutte» einen unüblichen Knoten im Nacken und wirkte damit älter als meine beiden jungen Damen. Damit unterstrichen wir, daß Despina kein freundlich-liebes Kammerkätzchen ist, sondern fast ein weiblicher Figaro, erfahren und gewieft. Ich mußte sie immer und überall singen, obwohl ich dieses kleine Biest gar nicht so gern mochte, wenn auch das Schauspielern in den verschiedenen Kostümierungen natürlich Spaß machte. Als Notar sprach ich leicht durch die Nase – oder war das in der «Zauberflöte», wenn ich als Papagena das alte Weib mimte? Fürs Publikum war beides ein Riesenvergnügen, ich selber hingegen hätte lieber als Fiordiligi oder Pamina geliebt und geklagt.

Meine Vorliebe gehörte den tragischen Figuren mit dem treuen, entsagungsbereiten Herzen. Schon bei unseren Kinderspielen wollte ich immer gern eine edle Tat vollbringen und dann sterben und wiederaufgeweckt werden, oder mich für einen anderen opfern. Nun fühlte ich mich von Arnold Schönberg herausgefordert, der gemeint hat: «Alle komödiantischen Künstler können Leidenschaft spielen, wenige Innigkeit.» Mich reizte, die Phantasiegeschöpfe mit dem außergewöhnlich traurigen Geschick in glaubwürdige Menschen zu verwandeln. Das *ist* schwierig, stilles Leid in wohlklingenden Tönen wirkt schnell langweilig und fade, aber das Langweilige liegt bei manchen Sängerinnen oft schon in der Stimme. Sie klingt wunderschön, aber leer und läßt die Hörer kalt. Natürlich sind die Stimmtimbren verschieden und gerade hohe Sopranstimmen meist nicht sehr wandlungsfähig. Ich habe mit Tempo- und Lautstärkeänderungen mehr erreicht, als viele für möglich halten. Dazu müssen Temperament und Musikalität kommen, Mimis und Gildas Charakter steht in den Noten geschrieben und muß aus den Tönen klingen; wo das fehlt, nützen auch Schauspielkünste nichts. Mußte ich einen Entsetzensruf singen, war das eben kein realistischer Schrei wie auf der

Sprechbühne oder in Wirklichkeit, er klang tonrein und auch tonschön, und trotzdem versicherten meine Zuhörer, daß sie ein Schauer des Entsetzens überrieselt habe. Als ich meine ersten Opernerfahrungen sammelte, galt Schauspieltalent bei einem Sänger noch als Glückssache. Oft ging's zu wie im Text der «Ariadne auf Naxos», wenn der Tanzmeister sagt: «Ich rufe Zerbinetten her. Wir erklären ihr in zwei Worten die Handlung. Sie ist eine Meisterin im Improvisieren...» Hatte man Talent dazu, nun gut, wenn nicht, auch gut. Aber wehe, wenn ein Ton wackelte.

Ich ging leidenschaftlich gern ins Theater und bewunderte die großen Berliner Schauspieler, aber lernen konnte ich nur wenig von ihnen. Wie man eine Erregung steigert, wie man Pointen leise, fast nebenbei serviert – das meiste jedoch mußte in der Oper anders sein, dort gelten andere Formen der Verwandlungskunst. Die Musik ist der Rahmen, in dem sich alles abspielt, man steht unter dem strengen Gebot der Noten, die von Takt zu Takt weitereilen, und kann weder einen Schritt noch ein Wort nach Belieben ausdehnen. Für musikalische Naturen ergibt sich dadurch eine Art Ballett bei allen Bewegungen. Ich überlegte mir vorher: Kannst du diesen Schritt tun oder jene Geste machen? Wie geht das mit der Musik aus? Der ganze Körper wird zur Resonanz auf die Töne, was bei meinen rührend-innigen Figuren eine Kunst der sparsamen Gebärden und Mimik ergab. Ich hatte mir angewöhnt, bei jeder Rolle auf der Bühne eine bestimmte Stellung oder Haltung öfter zu wiederholen, als eine Art optisches Leitmotiv für die Zuschauer, die darin etwas Typisches der Frauengestalt erkennen konnten: Aha, da kommt wieder die Traurige oder Trotzige, Naive, Übermütige. Der Berliner Maler Engert hielt diese Augenblicke in Scherenschnitten fest, die nach den Premieren im «Berliner Tageblatt» erschienen. Mein Mann und ich kauften die Originale und ließen sie rahmen, sie hängen alle sechs in meinem grünen Zimmer an der Wand. (Siehe Frontispiz)

Während der zweijährigen Krauss-Ära an der Berliner Staatsoper bekam ich besonders viel zu tun, da er fand, meine Stimme harmoniere gut mit der seiner Frau Viorica Ursuleac. Also sang ich die Zerbinetta zu ihrer Ariadne und die Sophie zu ihrer Marschallin, denn Strauss'sche Musik war die Spezialität des Ehepaares, und wir erreichten oder übertrafen die Idealvorstellungen des Komponisten, wie er uns selbst versicherte. Was konnte für eine Sängerin schöner sein?

Im «Fidelio» war ich die Marzelline und in «Turandot» die kleine Liu, wieder ein treues, tapferes Mädchen nach meinem Geschmack. Nur seelisch waren die vielen Tode in Ekstase und Verzweiflung anstrengend, vollends wenn manchmal noch privater Kummer die Stimme tränenschwer machte oder mir irgendetwas weh tat. Wie sie mich als tote Liu hinaustrugen, hatte ich so scheußliche Schmerzen beim Atmen, daß ich um meine Lunge fürchtete; es war aber nur der entzündete Blinddarm. Seinetwegen mußte eines Abends sogar die Staatsopernvorstellung ausfallen, weil ich nachmittags so starke Schmerzen bekam, daß ich mich nicht bewegen konnte. In der Eile fand sich kein Konstanze-Ersatz, und sie mußten das Haus schließen, was mir sehr unangenehm war, aber ich konnte beim besten Willen nicht auftreten. Das einzige Mal in meiner Laufbahn, sonst habe ich immer gesungen, auch wenn ich krank war.

«Die Gretel in der ‹Zaubergeige› ist ein liebes, uneigennütziges Mägdelein, wäre das nichts für Sie?» fragte mich Krauss, als sich Tietjen entschlossen hatte, Werner Egks in der Provinz uraufgeführter Erstlingsoper in Berlin die höheren Weihen zu geben. Jaro Prohaska war mein unsteter Kaspar mit der zauberkräftigen Fiedel, und wir studierten das Werk mit staatsopernüblicher Sorgfalt und Bravour ein. Deshalb irritierte uns auch nicht, daß der junge Komponist selbst am Pult stand, obwohl er die Kunst des Dirigierens erst wenige Male ausgeübt hatte. Wir halfen ihm über alle Klippen, und am Ende wurde das Werk bejubelt, und Sverre und ich haben uns mit Werner Egk befreundet. In unserem Heim, das ihm besonders gefiel, bekam er ständiges Gastrecht und komponierte für mich eine Einlage der Rosine im «Barbier von Sevilla». Dazu hatten wir ein Wiener Strophenlied umgewandelt, Egk die Melodie, Sverre und ich den Text, und ich überraschte damit das Publikum, das bis dahin meist mit dem «Frühlingsstimmenwalzer» vorlieb nehmen mußte.

Lob und Beifall bedeuteten für mich nicht nur reine Freude. Ich habe mir dadurch buchstäblich die Sympathie mancher Kolleginnen versungen, was mir leid tat; denn an sich kam ich gut mit den anderen aus, und ich konnte ja auch nichts dafür und es auch nicht ändern. Aber die Sternordnung am Opernhimmel geriet eben durcheinander, wenn Philine die Mignon überstrahlte, Marzelline die Leonore oder Ännchen die Agathe. Aber auch, wenn Rigoletto und Gilda mehr Applaus bekamen als ein extra als Attraktion aus fernem Land angereister Tenor, wie das in Berlin passierte. Da riefen die Leute immer wieder begeistert Schlusnus – Berger – Schlusnus, während Jan Kiepura weit weniger Hervorrufe erntete. Draußen auf dem Opernplatz kam er dann noch auf seine Kosten, als er sich aufs Auto stellte und die jubelnde Menge mit Operetten- und Schlagerliedern erfreute. So etwas war im nüchternen Berlin lange nicht dagewesen, und der humorlose Göring ließ beim nächstenmal den Platz absperren. Wahrscheinlich durften auf offener Straße nur der Führer und sein Paladine gefeiert werden.

Wenn die Noten, wie bei der «Mignon» von Thomas etwas reißerisch daherkamen, suchte ich das zu ignorieren und sang einfach geradezu heraus, als seien diese Töne die natürliche Ausdrucksweise der Figur. Dann wirkte das Rührselige nur noch rührend, das Süßliche süß und das Schmachtende zu Herzen gehend. So hielt ich's immer, sobald auch nur ein Hauch von Sentimentalität spürbar werden wollte, wie bei Puccinis «Madame Butterfly», in der viel echtes Gefühl steckt, aber auch ein unstatthafter, übertriebener Druck auf die Tränendrüsen. Was davon hörbar wird, hat allein die Sängerin in der Hand oder vielmehr in der Stimme. Das Publikum schluchzt natürlich auf jeden Fall, und mich selbst nahm der Opfertod innerlich jedesmal wieder sehr mit. Ich starb wirklich dort auf der Bühne. Und den Sänger, der mir bei der schmerzlich-bewegendsten Stelle zuflüsterte: «Berger, du kriegst noch fünfzig Pfennig von mir», den hätte ich in dem Moment ermorden können. Die traurige Sterbeszene war ohnehin besonders heikel, weil man auch noch ein Kind mit auf der Bühne hatte. Meist spielten kleine Mädchen, die sich gewandter anstellten, den Knaben. Machte mal eine ihre Sache wirklich gut, dann wuchs sie so rasch, daß die langen Beinchen am Boden schleiften, wenn ich sie hinaustrug, und sie aufhören mußte. Bei einem Gastspiel in München weinte eine Kleine ununterbrochen, und ich versuchte sie schnell zwischen dem Gesang zu trösten, schrecklich! Grete Merrem-Nickisch in Dresden dagegen erzählte gern, wie sie vor der Vorstellung ihrer Kleinen das benötigte Guckloch in den Paravent bohren wollte, hinter dem beide sich verbargen, und das Kind in schönstem Sächsisch meinte: «Laß nur Dante, ich mach mer mei Loch alleene.»

Zur Mimi, der zweiten traurig-süßen Puccini-Gestalt, kam ich ziemlich spät, denn wir hatten in Dresden und Berlin sechs oder sieben Mimis. Auf den besonderen Wunsch des rumänischen Gastdirigenten Georgescu, der mich von einem Gilda-Gastspiel in Bukarest kannte, habe ich sie dann noch rasch gelernt und mit Helge Roswaenge als Rudolf gespielt. Von da an sang ich sie oft und gern, später auch auf einer Platte mit Rudolf Schock, wenn sie auch meinem hohen Sopran schwerer fiel als die Butterfly, bei der ich mich bei den tieferen Stellen mit ausdrucksvollem Sprechgesang aus der Affäre ziehen konnte. Die Mimi hat sehr viel Kantilene in der Mittellage, und das «Sono andati?» («Sind sie gegangen?») muß ausgefüllt klingen und Legatolinie haben. Mir kam dabei zu Hilfe, daß man mich gut verstand, obgleich ich beim Singen niemals vom Wort ausging, sondern von der musikalischen Linie, und die Wörter quasi auf die Noten synchronisierte. Sicherlich hing die extrem gute Wortverständlichkeit bei mir aber auch mit der von Natur lichten und schlanken Stimme zusammen.

Meine Kunst, die mir viel enthusiastischen Beifall brachte und auch Menschen, die dankbar zu mir drängten, lockerte doch auch mehr und mehr alle engeren menschlichen Bindungen. Äußerlich und innerlich füllte sie meine Tage: mein Mann schirmte mich vor den Alltagsproblemen ab, und ich lebte auch außerhalb der Bühne viele Stunden lang in meinen Rollen. Nach der Vorstellung fand ich nur langsam in die Wirklichkeit zurück. Wenn wir zum späten Nachtessen ins «Eden» kamen und der aufmerksame Pianist mir zum Empfang «Als ein Gott kam jeder gegangen» aus der Zerbinetta-Arie spielte, setzte ich mich stumm an den Tisch und aß, während die anderen kritisch lobend oder tadelnd das eben Gehörte diskutierten. Noch berührte mich das kaum, was verstehen Mimi oder Gilda denn von Tempoverschiebungen und Phrasierungsfragen! Das war keine Marotte von mir, ich konnte nicht anders. Ich hatte ja die Butterfly nicht gespielt, ich war sie gewesen. Nur indem ich mich restlos verwandelte, kam das zustande, was die anderen als Vollendung feierten.

So wurde auch das Singen im privaten Kreis für mich zu einem kleinen Spezialproblem. Wo war meine Unbekümmertheit geblieben, die Zeit, als mir Paul Schöffler im Treppenhaus der Dresdner Oper begegnete und bat: «Ach, Berger, sing doch mal schnell die ‹Rosenüberreichung›, die hör ich so gerne», und ich einfach loßsang, daß die Säulen erzitterten. Damals war mir Singen so selbstverständlich wie

Atmen. Das hatte sich, von mir selber unbemerkt, allmählich geändert. Wenn ich's genau überdenke, war jede lobende Besprechung wohl ein Ansporn, aber auch eine Last auf meinen nicht sehr breiten Schultern. «Sensation» und «Wunder der Stimmkultur» – o Gott, das mußte ja nun so bleiben! Nach ein paar Jahren war der Maßstab bereits so streng, daß mir jedes kleinste Versagen wie ein Verrat an der Kunst vorgekommen wäre, an dem Geschenk des Himmels oder der Natur, das meine Stimme bedeutete. «Was sagst du, Berger», fragte unsere Altistin Leni Jung in ihrer drastischen Art, «du singst so schön, weil du das bei der Hirzel lernst? Unsinn! Vom lieben Gott hast du die Stimme, das ist es!»

Und nun war aus dieser schönen Stimme ein Instrument für kunstvollen Gesang geworden, auf den ich mich sorgfältig vorbereiten mußte, denn ich versuchte, alles hundertfünfzigprozentig gut zu machen.

Oft hieß es bei einer Abendeinladung: «Ach bitte, können Sie nicht mal was singen? Nur ein einziges Liedchen!», und niemand verstand, wenn ich «nein» sagte, oder «ja, aber dann muß ich mich erst eine Viertelstunde einsingen, und dazu muß ich allein sein». Da war die Freude am Spontanen weg, ich hatte aus einer beiläufigen Unterhaltung eine bedeutende Angelegenheit gemacht. Aber mein Singen war nichts Einfaches mehr, es führte kein Weg zurück. Das mußte nun überall so vollkommen klingen wie vor tausend Leuten, es gab nicht zweierlei Gesang für mich, nie mehr, auch heute nicht. Deshalb singe ich auch selten zu Hause so vor mich hin oder mit anderen Weihnachtslieder, ich kann das nicht, da geniere ich mich vor mir selber, so wie ich mich jedesmal nach den Sommerferien gefürchtet habe, wieder zu singen, weil ich dachte, ich könnte es nicht mehr.

Viele Künstler empfinden ganz anders, ich weiß, aber für mich war das rasche Umstellen von der Privatperson zur Künstlerin und wieder zurück nichts; ich litt dann regelrecht. Beim Singen hatte ich eben nie das Gefühl, Erna Berger zu sein, da stand jemand ganz anderes und sang, meine Künstlerperson, an die jeder ebenso wie ich selbst zu Recht höchste Ansprüche stellte.

Außerdem: Mitten während des Essens ein bißchen Tafelmusik zu machen, wie zu Mozarts Zeiten, wenn der Fürst es befahl, hielt ich auch um der Kunst willen für deplaciert. Andere Leute stehen ja auch nicht beim Essen auf und verkaufen rasch mal ein Auto oder untersuchen einen Kranken oder üben sonstwie ihren Beruf aus. Der Vergleich mag hinken, aber trotzdem, mir kam es so vor. Wahrscheinlich hielt man mich für hochnäsig, das war mir gleichgültig. Mir blieben noch genug Einladungen mit «obligatem Gesang», die ich nicht absagen konnte; wenn ein Botschafter oder Minister einlud und mich zu singen bat, oder wenn mein Mäzen, der Richard-Wagner-Verband, in einem Privathaus ein Konzert zu Gunsten junger Künstler veranstaltete, und auch ganz privat, wenn gute Freunde allzusehr bettelten. Das taten sie aber später gar nicht mehr, weil sie meine Abneigung kannten: Ich durfte vorher möglichst nicht sprechen, ich mußte anders atmen, dazu die schlechte Akustik in vollgestopften Wohnräumen, die Stimme klang nicht, und die Leute saßen mir auf der Pelle – ein Alptraum! Dessen ungeachtet bin ich einmal eigens zu einem Privatkonzert nach Paris gereist. 1935 freundeten wir uns mit dem Pariser Couturier Mainbocher an, der wegen zuviel Lampenfieber eine Sängerkarriere aufgegeben hatte und ein großer Opernfreund war. Als er wiedermal seine Kollektion in Berlin zeigte, lud er mich zu einem privaten Liederabend bei einer Lady Mendel nach Paris, und ich reiste zu Beginn der Sommerferien hin. Natürlich hatte ich eines meiner hübschen Konzertkleider mit, aber Herr Mainbocher schüttelte den Kopf. Ob er mir eins schenken dürfe? Dann warf er mir in seinem Atelier ein Stück weiße Atlasseide über – unmöglich! Altrosa – nein, und endlich nilgrün, dazu einen fast griechischen Schnitt – atemberaubend. Seine Damen nähten mir den Traum in einem Tag, und am nächsten Abend stieg das Konzert mit einem Wunschprogramm von Mozart bis zur Zerbinetta-Arie. «Im kleinsten Kreise» – wie mir Mainbocher beruhigend versicherte – schrecklich! Ich konnte den Leuten fast auf die Zehen treten, litt wie üblich und hatte vermutlich ebensoviel Lampenfieber wie einst Monsieur le Couturier – aber ein zauberhaftes neues Kleid.

KAPITEL IV

Krieg – Gastspiele in Wien, Paris, Rom – Ausgebombt – Trennung von Sverre – Konzerte bis Kriegsschluß – Die Russen sind da – Nachkriegszeit – Im Admiralspalast an der Friedrichstraße – Als Wolchowa in Rimsky-Korssakows «Sadko» – 1947 erste Auslandsreise nach London

Als Hitler in Polen einmarschieren ließ, war meine internationale Karriere vorerst zu Ende. Ich blieb den ganzen Krieg über in Berlin, wo die Staatsoper weiterspielte und Tietjen mit Göring um die Freistellung seiner Sänger und Musiker vom Kriegseinsatz verhandelte. Von den jungen Leuten mußten doch viele hinaus, besonders die vom Ballett, vom Chor und vom Orchester, und kehrten nie mehr zurück.

Gastspiele in Deutschland fanden noch statt, auch in Wien, das häufig Aufregungen bereithielt. Sechs Stunden war mein Zug im Schnee steckengeblieben, und ich hatte meine Konstanze in Gedanken in Ruhe durchgehen können, als ich in Wien am Bahnhof erfuhr, es gebe heute «Traviata» und nicht «Entführung». Irgendwer war krank geworden, und sie hatten kurzerhand Verdi angesetzt, das könne die Berger ja auch. «O Gott! Ich hab ja keine Kostüme und keinen Schimmer von der Inszenierung hier – wer sind denn die andern?» Statt mich auszuruhen und etwas zu essen, fuhr ich sofort zum Theater und suchte meine Kostüme zusammen, wegen meiner kleinen Figur wie üblich vom Ballett. Dann gab's eine kleine Besprechung: «Sie kommen von rechts, gnädige Frau, und dann von hinten», weil für eine Stellprobe keine Zeit mehr war. Darauf sang ich mich ein und schminkte mich und stand auf der Bühne – schauderhaft! Noch dazu war das meine erste «Traviata» in Wien.

Man konnte dort leicht in Schwierigkeiten kommen, weil die

Orchesterstimmung etwas höher lag als in Berlin, wahrscheinlich damit die Geigen brillanter klangen. Meine Stimme umfing drei Oktaven, und ich übte einen halben Ton höher bis zum Fis, weil ich dachte: Sicher ist sicher, denn die höchsten Töne bei der Königin der Nacht sind «nur» F. Wenn ich dann auf der Bühne stand, dachte ich: «Na also, ist ja gar nicht so hoch.» Dieser kleine Trick kam mir nicht nur in Wien zustatten. In Amerika ist das Orchester noch höher gestimmt, die Schallplatten und Bänder von dort klingen deshalb auch alle sehr hell, fast grell. Vielleicht war diese unterschiedliche Stimmung sogar der Grund dafür, daß viele meiner Kollegen im Ausland nicht den Erfolg hatten, den sie zu Hause gewöhnt waren. Ich habe niemals mit jemandem darüber gesprochen, halte es aber für möglich. Das sogenannte Kammer-A, nach dem die Instrumente gestimmt werden, ist eben recht unterschiedlich, mal hat's mehr, mal weniger Schwingungen. Zu Mozarts Zeit waren beinahe anderthalb Ton tiefer üblich, da konnten die Sängerinnen leicht die Königin der Nacht jubeln.

Als noch keine Bomben in Berlin fielen, ging das Staatsopernensemble nochmal auf Gastspielreise nach Paris und Rom. Dort hatte ich nur die Konstanze zu singen und endlich mal Zeit, mir mit Sverre eine Stadt richtig anzusehen, und ich sagte: «Hier möchte ich leben! Zwei Monate Paris, zwei Monate Rom, den Sommer in Norwegen und den Rest in Berlin, das wäre mein Ideal.» Vorerst mußte ich mit zwei Wochen zufrieden sein. Meine Kolleginnen Carla Spletter und Maria Cebotari waren beide hoch in andern Umständen, und ich werde nie vergessen, wie die Cebo mit ihrem dicken Bäuchlein obendrauf als tote Euridike auf der Bühne lag. Gemeinsam sahen wir im Kino unseren ersten Walt-Disney-Film und lachten so sehr über die sieben Zwerge, daß ich mir den Mund zuhielt, weil mir Lachen immer auf die Stimme schlug, und die beiden anderen fürchteten, ihre Kinder könnten vor lauter Gelächter vorzeitig kommen. Wir hatten alle drei unsere Ehemänner dabei und mußten sehr sparen, denn für Rom gab's nichts extra, und Stargagen waren damals klein. Also folgten wir Franz Völkers Rat: «Macht's wie wir, nehmt euch Brot und Wein und Käse mit aufs Zimmer, die Restaurants sind viel zu teuer!» Sein kraftvoller, ausdrucksstarker Heldentenor war ein besonders leuchtender Diamant in der hochkarätigen Wagnerbesetzung der Staatsoper Berlin, und er feierte in Paris als Tristan wahre Triumphe.

Der Beifall in Rom war längst nicht so, wie er in Italien üblich ist. Beethoven, Wagner, Mozart und Gluck rissen die Römer nicht zu Begeisterungsstürmen hin, ja, wenn wir italienische Opern gesungen hätten: Mir tut's heute noch leid, daß ich niemals als Gilda oder Violetta in Italien aufgetreten bin.

Mehr und mehr hatte Berlin unter Bombenangriffen zu leiden, und meine norwegischen Verwandten redeten mir während der Sommerferien zu, doch in Norwegen zu bleiben. «Ewig kann dieser Krieg nicht dauern, und singen kannst du auch in Oslo.» Aber ich fühlte mich der Stadt Berlin und ihren Menschen verbunden, hier hatte ich die guten Jahre verbracht, hier gehörte ich auch in der Not hin. Nun sah man auch erst, was die Berliner für ein Publikum waren. Um nicht in die nächtlichen oder spätabendlichen Fliegeralarme zu geraten, begannen die Opernvorstellungen schon am Nachmittag um vier Uhr.

Trotzdem passierte es öfter, daß plötzlich der Vorhang fiel, weil die Sirenen heulten, und das Publikum über die Straße in die Keller der Universität ging. Wir Künstler blieben einfach im Café, das im Erdgeschoß lag, denn einen eigenen Luftschutzkeller hatten wir nicht. Daß wir dann nach der Entwarnung wieder auf die Bühne kamen und weiterspielten, geschminkt wie wir waren, war ja selbstverständlich, doch auch das Publikum strömte zurück und hörte sich die Oper bis zum letzten Ton an, obwohl niemand wußte, ob nicht zu Hause gerade all seine Habe in Flammen stand. Alle schienen trotzig entschlossen, Mimis trauriges Geschick wichtiger zu nehmen als den Kriegsalltag mit seinen Schwierigkeiten und Katastrophen.

Mein Mann und ich mieteten in Löwenberg in der Mark Brandenburg ein Zimmer, damit wir einmal durchschlafen konnten, und fuhren an den spielfreien Tagen mit dem Zug dorthin; unser Auto war ja längst «eingezogen» worden. Ich ging auch zu Hause meist nicht bei Alarm in den Keller, sondern blieb einfach im Bett, wenn's ringsum nicht gar zu sehr krachte. Häufig fielen die Bomben in anderen Stadtteilen, und man hörte das dumpfe Donnern nur von ferne. Wenn ich dann morgens aufstand und einen gefüllten Wassereimer mit der Feuerpatsche vor der Tür sah, wußte ich: es ist wieder Alarm gewesen, und außerdem war Werner Egk da und hat sich fürsorglich betätigt und alles zum Löschen bereitgestellt. Während Nacht für Nacht Berliner Häuser in Trümmer sanken und das Leben täglich komplizierter wurde, zerbrach auch mein privates Glück. Mein Mann hatte sich innerlich von mir entfernt, ohne daß ich mehr als eine ungefähre Ahnung davon hatte. Ich war ja so beschäftigt, und mir blieb auch keine Zeit für meine zahlreichen begeisterten Verehrer und Verehrerinnen. Der letzteren nahm sich Sverre liebevoll an. «Es ist eine alte Geschichte, doch ist sie immer neu. Und wem sie just passieret, dem bricht das Herz entzwei.» Darum berührte mich's nicht so sehr, als eines Nachts im November bei einem Großangriff auf Charlottenburg auch unser Haus rettungslos niederbrannte. Ich sehe mich noch beim eiligen Zusammenraffen mit einem Fotoalbum in der Hand. Sollte ich's mitnehmen? Wozu! Mochte alles verbrennen! Während ich im Feuerschein auf der Straße die geretteten Sachen bewachte, kam unser Freund Maschek mit seinem Auto und half uns. Er nahm mich mit in das Haus der kroatischen Militärmission in Dahlem, zu der er gehörte, und so hatte ich wieder das notwendige Dach überm Kopf. Alles andere war mir sowieso gleichgültig, unglücklich wie ich war.

Jeden zweiten Tag starb ich als Gilda oder Butterfly auf der Bühne und verheulte die schönen Schlußszenen. Verzweifelt dachte ich mir allerlei Todesarten aus, die ich selbst herbeiführen wollte, aber sie gefielen mir alle nicht. Erhängt, zerschmettert, ertrunken, verbrannt – wie häßlich ist der Tod! Und ich mußte ja auch singen, morgen, in drei Tagen, nächste Woche. Die Oper, die Liederabende, ein philharmonisches Konzert, alles war schon ausverkauft – also setzte ich mich an den Flügel und übte. «Geh bitte aus dem Zimmer», hatte ich schon Wochen vorher zu meinem Mann gesagt, wenn ich anfing zu proben, denn ich konnte keinen Ton mehr herausbringen, wenn er dabei war. Zugleich dachte ich: o Gott, jetzt hast du ihn selber fortgeschickt! Aber ich konnte nicht anders. Er zog, nachdem wir ausgebombt waren, ganz nach Löwenberg, während ich in Berlin blieb und weiterarbeitete. Meine Kunst konnte Gewalt und Zerstörung nicht vergessen machen, aber sie half doch, Menschen zu erquicken und zu trösten. Ihre Macht bewährte sich nun auch an mir selber. Die Musik hat mich gerettet.

Mittlerweile fielen die Bomben nicht mehr nur nachts, sondern auch tagsüber. Die großen Tagesangriffe, bei denen man die Bombergeschwader ungestört über Berlin fliegen sah, waren besonders furchteinflößend und schrecklich mit ihren schweren Sprengbomben.

Trotzdem fuhr ich noch zu Konzerten in die Umgebung Berlins. An solchen Tagen startete ich gegen Mittag in Dahlem mit meinem Köfferchen in der Hand, das mein einziges Abendkleid enthielt, dazu die Noten und das Nachtzeug, und ging zu Fuß zum Bahnhof Charlottenburg, weil die öffentlichen Verkehrsmittel nicht mehr normal verkehrten. Einmal überraschte mich ein Alarm, und ich mußte in einem fremden Keller warten. Als ich endlich zum Bahnhof kam, dauerte es nochmals eine halbe Stunde, bis ich endlich abfahren konnte, und ich dachte, daß es wahrscheinlich umsonst sei; aber vielleicht haben die Leute doch gewartet, versuchen mußt du's. In Wittenberg auf dem Bahnhof standen dann wirklich der Begleiter und die Veranstalter und holten mich ab, und ich sagte: «Nur kurz umziehen und zehn Minuten einsingen, dann kann's losgehen.» Vier Stunden haben die Leute in dem kalten Saal auf dich gewartet, dachte ich gerührt und versuchte, besonders gut zu singen. Ein andermal kamen Fassbaender, Anders und ich schon wunderbar eingesungen zum Konzertsaal und erfuhren, daß wegen der starken Bombenangriffe der Verkehr lahmgelegt, kein Publikum da und das Konzert abgeblasen war. Darauf fuhren wir zu Anders' nach Hause und boten dort unser volles Programm mit Frau Susi am Klavier als Orchester und Freund Maschek im Sessel als Publikum.

Als eines Tages alle Kroaten Berlin verließen, stand unser Freund vor seinem bepackten Auto, das von einem Holzgasgenerator angetrieben wurde, weil's kein Benzin mehr gab, und sagte zu mir: «Komm mit! Wir fahren nach Österreich, komm raus aus dieser Hölle hier!» Aber ich blieb, wir sangen ja noch weiter. Im Sommer 1944 fuhren Sverre und ich nochmals nach Norwegen, und er blieb dort, wir hatten uns auf eine vorläufige Trennung geeinigt. Zwei Jahre später ließen wir uns scheiden.

Ich flog wieder nach Berlin oder wollte das wenigstens. Dreimal kam ich vom Flugplatz zurück, weil die Militärmaschine, die mich mitnehmen sollte, wegen feindlicher Jagdverbände nicht starten konnte. Meine Osloer Gastgeber empfanden das als Wink des Schicksals: «Bleiben Sie hier! Es geht das Gerücht, daß alle deutschen Künstler in Rüstungsfabriken arbeiten müssen, der Kampf um Berlin wird furchtbar werden.» Aber ich sagte wieder: «Ich gehöre zur Staatsoper, ich muß zurück! Dann gehe ich eben in die Fabrik, ich habe schon so viel in meinem Leben gemacht, aber ich gehöre nach

Berlin», und fuhr wieder zum Flugplatz, die Maschine konnte starten, und ich landete sicher in Tempelhof.

Danach kam Goebbels' großer Auftritt im Sportpalast. «Zu dieser Veranstaltung müssen Sie gehen», sagte Tietjen zu mir, «alle Künstler sind hinbefohlen.» «Tut mir leid», antwortete ich, «ich habe am Abend Zerbinetta zu singen, da gehe ich nirgendwohin.» Und ich blieb zu Hause. So erlebte ich den Ruf «Wollt ihr den totalen Krieg?» nicht mit und auch nicht das Ja-Geschrei als Antwort.

Von da an spielte die Oper nicht mehr, und alle mußten in die Fabrik, doch die meisten hatten Berlin schon vorher auf der Flucht vor den Bomben verlassen. Ich hatte Glück und konnte weiter singen. Mit noch ein paar anderen Künstlern sollten wir weiter Konzerte geben. Das allerletzte im Krieg fand am 15. April 1945 statt und bestand aus einem Mozartteil, den ich mit Peter Anders, und einem Verditeil, den ich mit Helge Roswaenge sang. Ich hätte gerne die Oskar-Arie aus dem «Maskenball» als Zugabe gesungen, und ich fragte Herrn Schüler, der dirigierte: «Habt ihr die Noten da?» Er nickte, und ich stimmte an «Laßt ab mit Fragen... ich darf nicht sagen...» Als der Beifall zuende war, kam Frau Holzmüller, meine Garderobiere, und sagte: «Da draußen wartet ein Herr Doktor Lauer, der läßt sich nicht abwimmeln.» Ich erinnerte mich, daß mir unser Bassist schon mal Grüße von ihm überbracht hatte, fragte aber recht mürrisch: «Was will denn *der*?» Er wollte meine Telefonnummer und machte mir Komplimente. Verrückt, dachte ich, hat der jetzt keine anderen Sorgen, während gerade die Welt untergeht? Aber ich gab ihm die Nummer, und zum Dank hob er mich auf der Treppe einfach hoch und wirbelte mich herum. «Holla, was war denn das?» fragte ich und fuhr mit Anders und dem Schweizer Diplomaten Burckhardt in dessen Haus, in dem sich ein sicherer Bunker befand. Den Herrn Doktor ließen wir stehen. Er war meine neue Liebe, ich wußte es bloß noch nicht. In dieser Nacht vernichtete ein furchtbarer Angriff auch unseren letzten Berliner Konzertsaal, und von nun an hatten wir nichts mehr zu tun. Ich wollte hinaus nach Löwenberg, um nochmal ruhig zu schlafen. Die Züge waren überfüllt und dunkel, Flüchtlinge und Soldaten drängten sich dicht zusammen. Ich hatte ein Kopftuch umgebunden und lief den Zug entlang. Ein Landser zog mich mitleidig hinauf: «Na komm, Kleene, komm mit ruff!» Primadonnenleben. In Löwenberg zog ein Flüchtlingstreck nach dem anderen vorbei, dazwischen Truppenteile, und am zweiten Tag stand plötzlich der Gefreite Hans Ebert vor mir, Tante Käthes ältester Sohn, und sagte: «Erna, ihr müßt hier weg, die Russen sind direkt hinter uns, die können jeden Tag da sein.» Ich hatte am nächsten Tag sowieso einen Termin mit Raucheisen, der auch noch in Berlin war, und fuhr los. Unterwegs hielt der Zug, weil ihn Tiefflieger angriffen. Wir mußten in die Laufgräben neben der Bahnstrecke flüchten und hockten drei Stunden dort, während der Zug beschossen wurde. Im Funkhaus an der Masurenallee hatten Raucheisen und die Techniker auf mich gewartet, und wieder sagte ich: «Bitte nur ein paar Minuten einsingen», dann nahmen wir die Brentano-Lieder von Richard Strauss auf. Ausgerechnet, etwas Schwierigeres konnten wir nicht finden! Wenn ich heute dran denke, scheint mir das vollkommen wahnsinnig. Wir hielten uns an Luthers Rat, nur daß wir vor dem Weltuntergang keinen Baum pflanzten, sondern ein Band besangen und bespielten.

Kurz zuvor hatte ich eine Mitbewohnerin in mein Dahlemer Zimmer bekommen. Die junge Sopranistin Rita Streich war aus Ostpreußen nach Berlin geflüchtet, wo sie mir ein paar Jahre vorher vorgesungen hatte. Ob sie bei mir bleiben könne, sie habe niemanden in der Stadt? Da in «unserer» Villa ein Flügel stand, arbeiteten wir gleich fleißig mit der Pianistin Herta Klust, die in der Nähe wohnte. Ich unterrichtete Rita und lernte selbst neue Lieder, wenn mir's auch noch etwas schwer fiel, denn ich erholte mich gerade von einer Gelbsucht, die mich während der «Rigoletto»-Aufnahme gequält hatte.

An einem der letzten Apriltage kam ein großer Panzer die Straße entlang, als ich gerade am Fenster stand, drückte den Zaun um und stand im Garten. Die Russen waren da. Große blonde Offiziere stiegen aus: Ein Stab quartierte sich bei uns ein, was sehr günstig für uns war. Die kroatische Wirtschafterin konnte Russisch und machte den Dolmetscher: «Wir sollen uns zurückziehen», verkündete sie, «im Keller dürfen wir wohnen bleiben.» Dort hatten wir uns während der letzten Kampftage sowieso fast ausschließlich aufgehalten und auch geschlafen, Rita und ich auf zwei Gartenliegestühlen. Bald waren wir zu zehnt im Keller, darunter auch ein kroatischer General, zu dem wir nun Herr Direktor sagten, und ein junger Koch mit seinem Freund. Über uns führten die Russen von unserem Haus aus den Krieg weiter, man hörte die Kuriere mit ihren Motorrädern kommen und wieder abfahren, Charlottenburg wurde beschossen und der Zoo, und die

Stalinorgeln röhrten über uns hinweg und schlugen in der Ferne ein. Wir machten uns so unsichtbar wie möglich, schlichen nachts hinauf zur Toilette und zum Waschen, aber auf der Straße am Hydranten nach Wasser anstehen mußten wir doch. Unsere drei Männer verschwanden aus dem Keller, sie wollten sich nach Westen durchschlagen. Zehn Jahre später kam nach einem Konzert in Südafrika ein junger Mann strahlend auf mich zu und begrüßte mich: Ivo, der Koch aus dem Dahlemer Keller.

Wir Frauen blieben, wo wir waren. Es kamen aufregende Tage und Nächte, zumal unsere Hausbesatzung wechselte und Mongolen einzogen. Aber wir hatten Glück, ein netter Tatarenoffizier stellte Rita und mich unter seinen persönlichen Schutz, und als endlich alle Kampfhandlungen in Berlin vorbei waren und die große Siegesfeier über uns im Haus begann, hatte ich nichts anderes zu beklagen als eine bei einer zu heftigen russischen Umarmung gebrochene Rippe.

Nun kehrte etwas mehr Ordnung ein, und man konnte tagsüber wieder ungefährdet auf die Straße gehen. Eine befreundete Buchhändlerin war in der Nachbarschaft in zwei Dachzimmern untergekommen und bot mir an, zu ihr zu ziehen, und Rita kam mit. In den beiden winzigen Räumen wohnten, kochten und schliefen wir zu dritt, aber gegen das Kellerdasein war's ein großer Fortschritt.

Ich hörte, daß Tietjen im Westendkrankenhaus untergeschlüpft war, und suchte ihn auf. Mit mir zugleich kamen ein paar vom Orchester und ein paar Tänzer, und wir berieten, wie es weitergehen sollte. Auch Anders' und Fassbaenders hatten die Kämpfe überlebt.

Inmitten der totalen Verwüstung begann faszinierend schnell wieder das Kulturleben. Schon Anfang Juni gab ich mein erstes Konzert. Als Dank an den Stadtbezirk, der mich aufgenommen hatte, sang ich begleitet von einigen Philharmonikern im Freien vor der Gertraudenschule «Il re pastore» von Mozart und Schuberts «Hirt auf dem Felsen». Als meine Stimme in den Abendhimmel stieg, war mir und meinen Zuhörern, als sei eine endlos lange Winternacht von uns gewichen. «Der Frühling ist kommen, der Frühling meine Freud!» Wir hatten Krieg und Diktatur überlebt.

Die schicksalsergebene Lethargie wich von den Berlinern. Das Leben war primitiv, wir hungerten, aber ein ungeheurer Tatendrang ergriff uns. Rita Streich kam auf meine Vermittlung hin als neues Mitglied ins Staatsopernensemble, was lebenswichtig war, denn ohne

Erna Berger in Norwegen

In Norwegen, April 1938

In Norwegen, 1947

In *Der Barbier von Sevilla* als Rosina mit Willy Domgraf-Fassbänder, Staatsoper Berlin 1942

In *Der Rosenkavalier* als Sophie, Staatsoper Berlin 1948

Nach einem Konzert mit Sergiu Celibidache, als dieser Leiter der Philharmoniker war, Berlin 1946

Mit Helge Roswaenge beim Gastspiel der Berliner Staatsoper in Paris, 1937

Mit Walter Ludwig nach einer Probe von Hugo Wolfs *Italienisches Liederbuch*, Berlin-Dahlem 50er Jahre

Arbeit gab's keine Lebensmittelkarten und keine Aufenthaltserlaubnis für Berlin. Beim ersten Konzert im Rundfunkhaus gelang ihr ein großer Erfolg mit der «Nachtigall» von Alabieff. Berlin hatte eine neue, junge Koloratursopranistin. Die russischen Besatzer wollten die Staatsoper gern mit «Eugen Onegin» eröffnen und mich als Tatjana haben. Leider mußte ich ablehnen, das war nichts für meinen Koloratursopran, doch dafür entzückte ich sie dann als Wassernixe Wolchowa in Rimsky-Korssakows «Sadko». Wir spielten im Admiralspalast an der Friedrichstraße, hatten wenig Requisiten und noch weniger Kostüme – die waren entweder verbrannt oder lagerten noch in einem Thüringer Bergwerk. Die alten Mitglieder der Staatsoper fanden sich längst nicht alle wieder in Berlin ein, aber wir brachten eine gelungene Neuinszenierung nach der anderen zustande.

Noch bevor im Juli die Amerikaner ihren Einzug in Dahlem hielten, wurde mir am Hirschsprung eine Erdgeschoßwohnung angeboten. «Im Garten ist zwar eine Sprengbombe explodiert, und alles sieht wüst aus, aber wenn Sie sich's selbst in Ordnung bringen wollen?» Das wollten wir gern, glücklich, wieder mehr Platz zu haben. Rita bekam ein eigenes Zimmer, und mein Doktorfreund, mit dem ich inzwischen zusammen war, zog auch zu mir. Zweimal mußten wir noch zittern, als amerikanisches Militär das Haus beschlagnahmen wollte und nur der für die Gegend zuständige Stadtteil-Kommissar mich rettete, weil er mich als Sängerin kannte. Dieser amerikanische Colonel Glaser mietete selbst die Wohnung und überließ sie mir zur ständigen Benutzung.

Besonders bejubelt wurde die Premiere von Humperdincks «Hänsel und Gretel». Mit strohblonden Zöpfen kommandierte ich lustig meinen Hänsel herum, und diesmal mußten wir unseren Hunger nicht spielen, der war echt, und das sah man uns an. Am Ende warf uns ein Engländer richtige Schokolade auf die Bühne – vielleicht hielt er uns auch für richtige Kinder. Gefreut haben wir uns jedenfalls genauso über den fast vergessenen Genuß. Mrs. Clay, die Frau des amerikanischen Stadtkommandanten, war so entzückt von der Aufführung, daß sie eine Wiederholung im amerikanischen Sektor als Wohltätigkeitsveranstaltung organisierte. Wir spielten und sangen umsonst, dafür waren die Pfefferkuchen am Hexenhäuschen echt, und ich hätte mich beim Knabbern fast verschluckt; warum mußte ich auch so gierig sein! Für den Erlös gab's Schuhe für die Berliner Kinder. 1947 begannen meine ersten «Ausflüge» aus Berlin nach London und – viel schwieriger – mit einer Extraerlaubnis in die französische Zone nach Ludwigshafen, wo ich Tante Käthe mit ihrer sechsköpfigen Familie besuchte. Zu meinem Liederabend nach Heidelberg konnte leider niemand von ihnen kommen, denn «gewöhnliche» Deutsche durften die Rheinbrücke nicht überschreiten. Dabei sang ich wirklich schön, weil es sehr warm war und das immer meinen Stimmbändern besonders guttat, da war alles reichlich durchblutet. Zwar lief mir bei Schuberts «Suleika» ein Schweißtröpfchen langsam die Nase herab, aber hinterher hieß es: «Der Saal kochte, nicht nur vor Hitze, auch vor Begeisterung.»

Dabei fällt mir ein zweites heißes Erlebnis ein: Im Tivoli in Kopenhagen sah ich von meinem erhöhten Standpunkt hinterm Publikum Flammen und Rauch aufsteigen. Weil schon jemand hinlief, sang ich weiter, doch bald kam die beruhigende Durchsage, daß der Brand gelöscht sei. Da konnten sie schreiben: «Der Saal stand in Flammen, buchstäblich und vor Begeisterung.»

Kapitel V

1949 an die «Met» – Als Sophie im «Rosenkavalier» unter Fritz Reiner – Fernsehen – Erste italienische Gilda – Carnegie-Hall-Konzert – Vier Winter an der «Met» – Tourneen in aller Welt – Reise-Schwierigkeiten – Anstrengendes, aber herrliches Japan – 1952 wieder an der Wiener Staatsoper – Fahrprüfung in Berlin – «Don Giovanni» unter Furtwängler in Salzburg 1953 und 1954 – Letzte Bühnenauftritte in «Die Hochzeit des Figaro»

Schon 1938 war ein Impresario aus den USA bei uns in Berlin erschienen und hatte mir einen Vertrag angeboten. «Die Metropolitan sucht eine Koloratursängerin. Kommen Sie nach Amerika. In Europa gibt es bestimmt bald Krieg.» Aber ich konnte mich nicht entschließen. Vier Jahre lang war ich damals erst an der Staatsoper Berlin, vier himmlische Jahre, die künstlerische Arbeit dort bedeutete Erfüllung für mich – das sollte ich aufgeben? Und an den drohenden Krieg glaubten wir einfach nicht. Also ging Lily Pons statt meiner an die «Met», und ein Jahr später war Krieg.

Elf Jahre danach wurde ich doch noch Mitglied des renommierten Operninstituts. Der Doktor und ich flogen absichtlich von Sidney über New York nach Hause, um dort vorzufühlen. Für Konzerte hatte ich bereits ein Angebot, bei dem die Gage so gering war, daß nichts übrig blieb, weil ich alle Nebenkosten selbst zahlen sollte. Immerhin eine Möglichkeit, in den Vereinigten Staaten von Nordamerika Fuß zu fassen, und besser, als in Deutschland zu hungern, fand der Agent. Diesen Standpunkt vertraten wir allerdings nicht. Dabei störte mich der niedrige Verdienst weniger als die Aufgabe. Ich hatte nun mal einen ganz besonderen Wunsch, was die USA betraf.

Kaum im New Yorker Hotel angelangt, ging mein Doktor ohne mein Wissen schnurstracks zu Mr. Hearst, einem einflußreichen

Agenten, und sagte: «Erna Berger ist frei. Sie können sie haben für nur 500 Dollar pro Konzert.» (Ein Abendkleid kostete 700.) «Aber sie stellt eine Bedingung: Auftritt in der Metropolitan.» So kam das Engagement für die nächste Saison zustande.

Vorher hatte ich noch eine große Freude. Gleich am ersten Abend trafen wir uns mit Fritz Busch, und er sagte: «Ich möchte Sie gern nochmal in den großen Koloraturpartien hören, ich habe nur noch das Blondchen im Ohr.» Also musizierten wir bei ihm «zu Hause» im Hotel, und er setzte sich selbst an den Flügel und begleitete mich. Ein paar Tage später erlebte ich ihn bei einer «Figaro»-Aufführung auch wieder am Pult mit einer seiner schwungvollen und zugleich präzisen und durchsichtigen Mozart-Interpretationen. Es war unser letztes Zusammentreffen. Weniger als zwei Jahre später schon sang ich leider nur noch zu seinem Gedenken Brahms und Mozart bei einem großen Fritz-Busch-Gedenk-Konzert.

Zu Hause in Berlin hatten sich inzwischen die ehemals verbündeten Kriegsgegner verfeindet, die amerikanische Luftbrücke versorgte das abgeschnittene Westberlin, und ich sang von nun an leider nicht mehr an der Staatsoper, da sie im Ostteil der Stadt lag. Heinz Tietjen leitete die Westberliner Städtische Oper im Haus des ehemaligen Metropoltheaters und holte mich als Konstanze, Gilda, Sophie. Im Oktober sang ich die beiden letzteren dann auf englisch in London, höchst *dreadful* mit *thou* und *thee,* und drei Wochen später flog ich im Spätherbst allein nach New York zur nächsten deutschen Sophie.

Gleich bei der Ankunft verstieß ich gegen eines der ungeschriebenen amerikanischen Operngesetze. Ich weigerte mich, direkt vom Flugzeug zur angesetzten Probe zu fahren, denn ich war scheußlich erkältet. Mr. Hearst, der mich abholte, sagte entsetzt: «Das können Sie nicht tun, in Amerika darf man das nicht, da muß man immer singen, ganz gleich in welcher Verfassung.» Aber ich blieb fest. «Tut mir schrecklich leid, aber mit Schnupfen singe ich nicht.» Ich konnte einfach nicht riskieren, daß es gleich am Anfang hieß: «Na also, da hört man's ja, sie kann eben nicht mehr, sie ist zu alt.» Denn natürlich war dieses «Met»-Engagement ein heikles Unterfangen. Daß ich in Europa ein Begriff war, galt in den USA nichts. Ferne Erfolge spielten keine Rolle, sie waren gar nicht bekannt. Außerdem war ich schon neunundvierzig Jahre alt und kam aus Deutschland. Der Krieg und das Hitler-Regime waren noch in aller Erinnerung. Dort hatte ich zwölf Jahre lang Triumphe gefeiert? War ich nicht «des Teufels Sängerin» gewesen? «Man wird dich mit faulen Tomaten bewerfen und auspfeifen», prophezeite man mir, und ich antwortete: «Dann warte ich eben, bis die verschossen sind, und dann fange ich an.» Aber es kam anders. Die Saison wurde mit einer Neuinszenierung des «Rosenkavalier» eröffnet, Fritz Reiner dirigierte. Unter ihm hatte ich noch nicht gesungen, er war vor Busch in Dresden gewesen und ging, als ich kam. Doch die gemeinsame Dresdner Tradition schuf eine verbindende Kunstauffassung, und wir verstanden uns sofort. Ich hatte Glück, daß ich in einer deutschen Oper debütieren konnte, denn an der «Met» ist's üblich, auch bei der gesamten Probenarbeit die Sprache zu sprechen, in der gesungen wird. Man bleibt dann ganz in einer Sprache drin und muß nie umdenken. Also konnte ich reden, wie mir der Schnabel gewachsen war, und auch noch den anderen beim Verstehen und Sprechen aushelfen.

Als ich mit zweitägiger Verspätung erschien, wurde ich freundlich begrüßt, und niemand hatte Anstoß genommen.

Wir drei Damen amüsierten uns gleich bei der ersten Probe, weil die Altersverhältnisse total verdreht waren. Eleanor Steber, die die «alte», etwa fünfunddreißigjährige Marschallin spielte, war die jüngste von uns, dann kam Risë Stevens als Rosenkavalier – «siebzehn Jahr und drei Monat» – und schließlich ich mit meinen fast fünfzig Jahren als fünfzehnjährige Sophie. Da konnten wir alle drei unsere Verwandlungskünste zeigen. Für mich nicht schwierig, weil meine Stimme sowieso immer sehr jung klang, das andere kann man ja mit dem Spiel machen und mit Schminke. Ich faßte die Sophie nicht als herziges Wiener Madl auf, sondern als trotziges junges Mädchen, das genau weiß, was es *nicht* will. «Spring aus dem Wagen noch, der mich zur Kirche führt...», «Geb halt dem Pfarrer am Altar ‹Nein› anstatt ‹Ja› zur Antwort...» Fast eine kleine Revolutionärin ist sie, wenn man bedenkt, wie brav und gehorsam zur Rokokozeit blutjunge Töchter in die Ehe gehen mußten. Wer so redet, gerade frisch aus der Klostererziehung entlassen, ist gar nicht so zart und süß, sondern recht handfest. Strauss' Musik ist das ja ebenfalls häufig, wenn sie Sophies Gesang begleitet und kommentiert. Außerdem paßte das Herzhafte besser zu meiner Stimme, und so hatte ich eine neue, bis dahin unbekannte Sophie geschaffen, und Richard Strauss' war's zufrieden gewesen.

Auf dem Weg dahin hatten allerdings einige Steine gelegen. In Dresden sang meine Vorgängerin Grete Merrem-Nikisch die Partie in der Höhe pianissimo und fadendünn, und als ich als Anfängerin kurzfristig für sie einspringen mußte, machte ich's nach, weil ich dachte, das müßte so sein. Ich könne das wohl nicht kräftiger, äußerte die Kritik, diese Höhe sei ja auch sehr schwierig... Oha! Das nächste Mal sang ich voll heraus und legte mir meine eigene Sophie zurecht. Den Dirigenten gefiel die sofort, aber das Publikum war nicht immer zufrieden; so unter Erich Kleiber in Holland, wo sie ihr gewohntes niedliches Persönchen zwitschern hören wollten. Die Wiener reagierten dann eher gemischt, und es gab die so beliebten Pro-und-Kontra-Gruppen, und in Berlin, London und München herrschte eitel Zustimmung wie überall sonst. Allerdings habe ich die Rolle sonst immer nur unter Strauss, Kleiber oder Krauss gesungen, die alle drei verstanden, das am Anfang des zweiten Aktes sehr dicke Orchester zu dämpfen, damit meine Stimme durchkam. Bei anderen Dirigenten hat's in Berlin Maria Cebotari mit ihrem viel voluminöseren Gesang übernommen.

Und nun also in New York unter Reiner. Die Musikwelt trauerte um Richard Strauss, der gerade in Garmisch gestorben war. Als einzige aus dem Ensemble hatte ich ihn persönlich erlebt und wußte, wie sehr ihm stets am Herzen lag, daß alles genauso gemacht wurde, wie er sich's vorstellte. Jetzt verlangte der Regisseur von Risë Stevens und mir bei der Rosenüberreichung Änderungen, die uns nicht zusagten, weil es Verschiebungen zur Musik gab. Überzeugen ließ er sich nicht, also blinzelten wir uns wie zwei Lausbuben zu und schmiedeten ein Komplott. «Am Abend in der Vorstellung machen wir's so, wie's Richard Strauss gewollt und komponiert hat.» Denn das hat er getan, den Blick in die Augen, das verlegene Riechen an der silbernen Rose, den Kuß. Das muß alles genau mit der Musik übereinstimmen, so was kann man nicht ändern, das ist einfach mitkomponiert. Außerdem hat's Strauss extra in der Partitur vermerkt.

Der Premierenabend kam, wir sangen und spielten, wie wir's für richtig hielten, der Beifall war enthusiastisch, und alles schwamm in Wonne, auch der Regisseur. Ich glaube, er hatte gar nicht gemerkt, daß da etwas ganz anderes abgelaufen war, als er's angeordnet hatte. Eigentlich hätte er ja toben müssen – aber nein, er war beglückt. Um so besser, so was kannte ich schon, die Oper lebt in jeder Beziehung von der Illusion. Die Begeisterung konnte einen wirklich alles vergessen lassen. Als ich wieder in meiner Garderobe war, kamen gleich die Gratulanten, angeführt von meinem großen Kollegen Lauritz Melchior, dem in aller Welt berühmten dänischen Heldentenor, mit seiner Frau. Als die Besprechungen erschienen, bekam ich Lobeshymnen wie nie zuvor zu lesen. Ich hatte mit meiner Sophie ins Schwarze getroffen. Zum erstenmal sei die Rolle den Amerikanern verständlich geworden – vielleicht sahen sie in ihr so eine Art resolutes Farmergirl, obwohl das deutsch sang. Von mir aus hätte es ja auch englisch versichern können: «In this most joyful day I praise thee my maker...» wie in London – noch wußte ich's auswendig. Die Aufführung war nebenbei auch noch eine technische Premiere. Zum erstenmal wurde eine Opernaufführung direkt vom Fernsehen übertragen, aber der Versuch glückte nicht ganz. Als wir das Ergebnis später vorgeführt bekamen, lachten wir uns halb krank, so komisch wirkte alles. Man hatte die Kamera zu hoch postiert, so daß wir alle wie Kretins mit riesigen Köpfen und kurzen Beinen wirkten. Aller Anfang ist eben schwer.

In New York residierten gefürchtete Kritikerpäpste, vor denen jeder zitterte und deren Wort in der Öffentlichkeit viel mehr galt, als ich das von Europa her kannte. Da war Oscar Thompson vom *International Herald Tribune* und allen voran Olin Downes bei der *New York Times*. Eine einzige schlechte Kritik von ihm, und es war aus; er entschied über eine Künstlerkarriere in den USA. Selbst soll er darüber gar nicht glücklich gewesen sein. «Wer bin ich», klagte er, «daß ich solche Macht habe?» Aber es war so. Sein und aller anderen einhelliges großes Lob nach dem «Rosenkavalier» hatte mich mit einem Schlag zum Star gemacht, dem die Musikwelt der Stadt zu Füßen lag.

Vierzehn Tage später kam zur Sophie noch Verdis Gilda mit Leonard Warren als herrlichem Rigoletto und Jan Peerce als Herzog. In der Bühnendekoration befanden sich winzig kleine Türen, und der Sparafucile Italo Tajo war ein riesenlanger Mensch. Als er mich im Sack auf die Schulter schwang, um mich hinauszutragen, schwitzte ich vor Angst, wie eigentlich bei jeder Rigolettoaufführung, auch anderswo. «Attenzione!» flüsterte ich meinen diversen «Mördern» zu, «die Tür! Etwas tiefer!» Schließlich mußte ich noch singen, bevor ich starb, und ich hatte auch nicht gern Beulen am Kopf zum Andenken. Diesmal ging die Probenarbeit auf Italienisch vor sich, das ich zwar singen, aber nicht fließend sprechen konnte. Ich schummelte mich mit Spanisch durch, weil sich die Vokabeln sehr ähneln. Auch beim Singen mußte ich aufpassen, nachdem ich in der Rolle kurz vorher in London Englisch parliert hatte und vorher Deutsch in Berlin und das innerhalb von drei Monaten. Man muß sich doch sehr umstellen, anders phrasieren und betonen; es ist viel zusätzliche Arbeit, die sich heute die Sänger sparen können, da, zumindest an den großen Häusern, jede Oper im Originallibretto dargeboten wird. Man kann darüber streiten, was besser ist, aber bei aller Liebe zur Werktreue finde ich doch, daß Opern mit viel Sprechgesang und verwickelter Handlung die Landessprache brauchen, damit das Publikum wirklich mitgehen kann. Wenn man sich als Sängerin bemüht, jedes Wort verständlich zu artikulieren, ist man auch unbefriedigt, wenn das ganz umsonst ist, alle Scherze verpuffen, und man sich auf pantomimische Künste eingeengt sieht.

Dabei kann es allerdings auch seltsam zugehen! Bei einer «Traviata» in der Osloer Oper sangen wir sogar dreisprachig. Der Vater Germont stammte aus Italien, ich aus Deutschland, Alfred und alle andern waren Norweger, und jeder sang in seiner Muttersprache.

Mich störte besonders, wenn zwar alle deutsch sangen, aber nach verschiedenen Textbüchern, zum Beispiel bei «Figaros Hochzeit». Die wurde überall nach der guten alten Levischen Übersetzung gesungen, und während der Hitlerjahre druckte man einfach den jüdischen Namen nicht ins Programm. Ab und zu fand sich aber irgendwo jemand, der eine neue Übersetzung zustande gebracht hatte, was bloß woanders keiner wußte. Da stand ich dann als «Gast-Susanne» während der einzigen Probe auf der Bühne und traute meinen Ohren kaum. «Was singt ihr denn da?» «Das ist unser Haustext!» Ach du lieber Himmel! Ich setzte mich in der Nacht hin und paukte den «Haustext», was blieb mir übrig? Auf die Idee, mich zu weigern und all die andern freundlichst den Normaltext lernen zu lassen, kam ich nie und die Herren Regisseure und Dirigenten übrigens auch nicht. Ich hatte eben kein Talent zur Primadonna.

Bei der Tausendjahrfeier im goldenen Mainz konnte dann auch Umlernen nichts mehr retten. Erich Kunz und mein lieber Dresdner Kollege Paul Schöffler kamen in letzter Minute aus Wien, und während der Ouvertüre sagte mein Figaro zu mir: «Du, Berger, was singst'n für'n Text? Ich singe Levi.» «Großer Gott, die haben hier 'nen Haustext, den singe ich.» Da ging schon der Vorhang auf, und wir legten los. Solange wir allein waren, ging's ja noch, da konnte ich auf Levi umschalten, aber sobald der Cherubin dazukam, war's aus. Die Souffleuse klappte ihr Buch zu und breitete bedauernd die Arme aus, was wir sangen, ergab vollends Quatsch, und wir konnten nur versuchen, möglichst zu nuscheln, was nun wieder mir schlecht gelang. Da ist die ursprüngliche Fassung in der Originalsprache doch noch vorzuziehen!

Mit Gilda hatte ich meinen guten Ruf in New York gefestigt, wobei mir wieder mein jugendlicher Stimmklang half. «She moves like a young girl and colours her vocal production in a way that is all sweetness, paleness and of a most touching innocence.» Und dann war da ja auch noch *the thrill,* der Triller am Ende der großen Arie. Der war meine Spezialität und jedesmal eine kleine Sensation, wenn ich die Gilda sang. Ich glaube, ich hatte mir schon in Dresden angewöhnt, ihn so lange auszuhalten, bis ich verschwand. Bestimmt aber dann in Berlin. Das ging an der Stelle sehr gut, weil das Orchester dort ohnehin nur plum, plum, plumplum macht. Beim Triller wird der Ton wie auf den Atem aufgesetzt und muß auf- und abhüpfen, gleich einer Kugel auf einem Springbrunnenstrahl. Ich versöhnte damit Publikum und Dirigenten, weil ich mich andererseits weigerte, in der Arie noch einen extra hohen Ton einzulegen, der gar nicht in der Partitur stand. Man war das von den Italienerinnen gewöhnt, die alle da oben rumpfiffen, nur damit die Koloraturen noch akrobatischer glitzerten. Das tat ich nie, auch bei der Traviata nicht, und verunsicherte damit die Dirigenten. In Brüssel war einer mal regelrecht schockiert, aber mir gelang es, ihn zu überzeugen, daß man sich doch besser nach Herrn Verdi richten sollte. «Dafür biete ich den langen Triller, der ist ja viel schwieriger als solch ein einzelner Zusatzpiepser, noch dazu, wenn ich dabei die Treppe hinaufsteige.» (Die war in jeder Inszenierung vorhanden!) «Das Publikum wird genauso rasen, das werden Sie erleben.» So war's dann auch.

In der zweiten New Yorker Vorstellung des «Rigoletto» befand sich die italienische Besetzung auf der Bühne mit mir als einziger Nichtitalienerin dazwischen. Die Aufführung war nicht so ganz glücklich, es wackelte alles mögliche, und prompt hieß es, an diesem

Abend «a little girl from Dresden saved the whole performance». Das «little girl» war ich.

Im Februar kam dann das Carnegie-Hall-Konzert, und ich war doch etwas aufgeregt vorher. Die über tausend Plätze waren ausverkauft, und als ich auf die Bühne kam, flogen keine Tomaten, sondern die Leute klatschten wild und standen alle auf, alle im riesigen Saal. Eine *standing ovation* schon vor Beginn, das hatte ich noch nie erlebt; ich fange jetzt noch an zu frieren, wenn ich dran denke. Na, wartet's doch erstmal ab! dachte ich, war aber doch so bewegt, daß ich kaum anfangen konnte zu singen, weil ich heimlich Tränen runterschlucken mußte.

Mit «Schon lacht der holde Frühling» von Mozart begann ich, das ist eine Riesenkoloratur-Arie, dann folgten Liedgruppen der deutschen Romantiker, und zum Schluß sang ich wieder Mozart, das «Exultate, jubilate» als Ganzes. Das hatten sie in New York noch nie gehört, sie kannten nur das Schluß-Halleluja daraus und waren nun hingerissen. Nach dem Konzert standen die Menschen in langer Reihe, um ein Autogramm zu bekommen. Der Gang, in dem ich saß, war eng, Polizei sorgte für Ordnung, und ich schrieb und schrieb und lächelte und sagte: «Thank you.» Manche waren ganz außer sich, weinten und wollten mir alles mögliche schenken oder mir nur die Hand schütteln. Ich war ja schon allerlei gewöhnt, aber nun ging ein solcher Riesenwirbel los, daß mir selber ganz schwindlig wurde. Die New Yorker Zustimmung war überwältigend. Man holte mich zu Interviews bei allen möglichen Zeitungen und in die Radiostationen, wo mein Gesang zum Schlager der Saison wurde. Der «Rosenkavalier» wurde auf Platten gepreßt, und auf großen Plakaten mit meinem Namen stand überall zu lesen: «A sensation at the met, a delight in concert, a hit on the radio.» Dafür, daß der Trubel mich nicht verschlang, sorgten Konzerte in vielen anderen Städten der USA, in die ich an spielfreien Tagen flog; dann war ich jedenfalls mal weg aus New York. Dabei lernte ich die großen Entfernungen kennen und auch Naturgewalten mächtigen Ausmaßes. Solche Schneestürme kannte Europa nicht.

Mitten in der Saison wurden nochmal neue Proben angesetzt, und üben mußte ich schließlich auch immer wieder; ich hatte wirklich keine Zeit, mich feiern zu lassen. In meinem hübschen Hotelappartement am Central Park fühlte ich mich sehr wohl. Der Schwung und das Tempo der großen Stadt rissen mich mit und beflügelten meine Arbeitslust genauso wie in Berlin. Das sind Städte, in denen man mit Freude arbeiten kann. Bevor die sommerliche Hitze einsetzte, flog ich heim mit einem Vertrag für die nächste «Met»-Saison in der Handtasche. Da kam die «Zauberflöte» dazu mit der Königin der Nacht, vor der mir doch etwas bange war. Über ein Jahr hatte ich die Arien nicht angerührt, um nicht an den schwärzesten Tag meiner Laufbahn erinnert zu werden. In London war's gewesen, als ich früh um elf bei der Probe mein hohes F an der Rampe schmetterte, daß Tiana Lemnitz, die die Pamina sang, noch zu mir sagte: «Wie du das machst, so am Vormittag!» «Ja, da singe ich am besten, da bin ich am frischesten.» Und nachmittags beim Einsingen ging's nicht mehr. Der Ton quietschte nicht und piepste nicht und machte keinen Kickser, er blieb einfach weg. Da übte und übte ich wie wahnsinnig in meiner Garderobe, es war schrecklich. Unglücklich und angstvoll kauerte ich hinter der Kulisse, bis der Mohr seine Strophe gesungen hatte, aber dann mußte ich raus. Vielleicht geschah noch ein Wunder – die ersten F kamen schwach, es sind ja ein paar, und das letzte gar nicht. Da bekam ich das erste und einzige Mal keinen Applaus nach dieser Arie, die Leute warten eben nur auf das hohe F, da kann man das andere noch so schön singen. Ein paar Statisten hinter der Bühne sagten, als ich vorbeiging: «Shame on you!», es war wie ein Alptraum. Ich ging zu einem Londoner Gesangsprofessor, der versuchen sollte, mir zu helfen und zugleich meine Stimme heller und breiter zu machen, wozu mir einige rieten. Das gelang auch, aber nun klang's hell und unpersönlich, so richtig weiß, nein, das wollte ich auf keinen Fall. Also sang ich wieder wie vorher, nur mit zusätzlichem Bangen. Dann kam Australien mit der neuen Technik und wiedergewonnener Sicherheit, und ich brauchte in New York eigentlich nichts mehr zu fürchten. Doch die Methode war noch so neu, nicht ganz in Fleisch und Blut übergegangen – würde sie mich auch bei der Königin nicht im Stich lassen? Sie hielt der Prüfung stand, und mir fielen gleich mehrere Steine vom Herzen, und bei jeder Aufführung sang ich meine Arien noch freier und besser.

In jedem meiner vier New Yorker Winter reiste ich durch die USA zu Gastauftritten von Chicago bis Dallas und einmal sogar nach Havanna und Honolulu. Ich genoß die Fahrt im Pullman-Wagen der Eisenbahn und flog auch nach Kanada, wo mich die Damen eines

Komitees gleich mit einem französischen Schwall empfingen, weil sie gehört hatten, daß ich mehrsprachig und daher auch des Französischen mächtig sei. Dabei war ich froh, daß ich mich grade daran gewöhnt hatte, englisch zu denken.

Für die erkrankte große Lotte Lehmann, die auch aus Deutschland gekommen und bereits seit 1934 an der Met engagiert war, übernahm ich in New York die Town-Hall-Konzerte am Sonntagnachmittag, und einmal veranstaltete man eine konzertante «Entführung» in englischer Sprache mit mir als Konstanze. Auch die Rosine im «Barbier» sang ich und nach vielen Jahren wieder Wagner, die erste Rheintochter und den Waldvogel. Seitdem beweisen die Amerikaner eine rührende Anhänglichkeit. Obwohl das alles solange her ist, bin ich dort bis heute nicht vergessen. Meine Platten sind weiter im Handel, und jedes Jahr bringt eine Rundfunkstation zu meinem Geburtstag eine Erinnerungssendung.

1983 bekam ich eine Einladung für das Galakonzert zur Hundertjahrfeier der Metropolitan Opera. Sollte ich? Eigentlich fühlte ich mich zu alt und krank, aber als alle zuredeten: «Da mußt du hin!» bin ich doch geflogen. Der Schwiegersohn meiner Dresdner Freundin Änne begleitete mich, und es wurde eine «herrliche Strapaze». Gleich am Flugplatz mußte ich mein erstes Autogramm geben, und dann feierten sie mich, als hätte ich gestern dort gesungen. Ganze Stöße meiner Platten schleppten sie zum Signieren herbei, daß ich nur immer staunte. Es war wirklich etwas viel für mich, doch war ich auch ergriffen und glücklich, und ich liebte sie, diese wunderbaren, treuen Anhänger, die mich nicht vergessen hatten.

Die Akustik im neuen Haus fand ich ausgezeichnet, jedenfalls von unseren schönen Plätzen in der Staatsloge aus. Beim Galadiner trafen wir drei «Rosenkavalierdamen» von 1949 wieder zusammen, und das Zuhören bei dem langen Programm strengte mich an und regte mich auf, wie es Musik immer tut. Ich bekam einen Schwächeanfall und hätte fast den langen Weg zur Bühne nicht gehen können, aber als wir Ehemaligen dann am Ende beim «teuersten Chor der Welt» in das Geburtstagsständchen einstimmten und der «Met» ein «Happy Birthday to you!» sangen, habe ich mich nur noch gefreut. War das schön! Ich stand noch einmal auf der Bühne der Metropolitan Opera und sang!

Doch zurück in die fünfziger Jahre! Nach meiner ersten «Met»-

Saison wollte man mich auch anderswo in der Welt hören, und obwohl ich's eigentlich zu Hause am schönsten fand, ging das große Reisen weiter, bis ich schließlich viermal um die Welt geflogen war und in allen Kontinenten gesungen hatte. Nur den schon perfekten Vertrag mit der Sowjetunion konnte ich leider nicht erfüllen, weil ich keine Zeit mehr hatte, als endlich alle Programmfragen geklärt waren. Und ich hätte so gern bei den musikalischen Russen gesungen!

«Erna Berger hat sich in die Welt verloren», registrierte man bedauernd in Berlin, solche Tourneen waren damals noch etwas Außergewöhnliches und wurden als aufregendes Abenteuer bestaunt. In fast allen Ländern war ich die erste deutsche Sängerin, die auftrat, und überall leistete ich Pionierarbeit, was die deutsche Musik betraf. Zwar warnten die Agenten: «Deutsche Kunstlieder können Sie in Übersee nicht singen, damit haben Sie niemals Erfolg, sowas wollen die Leute dort nicht hören.» «Sie kennen es ja gar nicht», widersprach ich und ließ mich nicht beirren, sondern bestand auf meinen Programmwünschen. Und das war richtig; das Publikum war anfangs vielleicht etwas verwundert – «man kam, einen Star zu feiern, und fand sich alsbald im Banne einer Künstlerin», wie in Südafrika, aber immer interessiert und beglückt. In Australien, diesem musikalischen Entwicklungsland, wo ich schon gewonnen hatte, einfach weil ich gekommen war, stand sogar ein Artikel über «Erna Berger und Hugo Wolf» in der Zeitung. Besonders freute mich der Brief eines Farmers, der mir schrieb: «Sie haben in zwei Stunden mehr für die Völkerverständigung getan als ein Diplomat in zwei Jahren.» Eine «singende Botschafterin», das war doch ein lohnender Beruf. Aber auch ein anstrengender.

Außer bei den zwei Australientourneen reiste ich immer allein und fühlte mich manchmal doch recht verloren ohne irgendwen, der mir ein bißchen die Wege ebnete. Etwa in Lima, als der Zoll sich weigerte, englische Pfunde, mein einziges Geld, anzunehmen, um das Übergewicht der Noten zu bezahlen, oder beim Versuch, rechtzeitig in zwei Tagen Brasilien zu erreichen. Die SAS hatte mich versetzt, und ich arbeitete mich mühsam über Hamburg, Amsterdam, Kanada und New York von Flugzeug zu Flugzeug nach drüben. Am zweiten Tag um Mitternacht war ich nach fünf Zwischenlandungen endlich bis Brasilien vorgedrungen. Im einfachen Flughafenhaus von Belem schlief ich mutterseelenallein mit dem Kopf auf meiner umgekippten

Notentasche, bis morgens um vier eine kleine Maschine startete. Ein verwegen blickender Gaucho setzte sich neben mich und spuckte haarscharf an mir vorbei in den Gang, die ersten Flöhe stachen, und jede Stunde gingen wir in einem kleinen Nest hinunter. Als ich glücklich mittags in Bahia die Hotelhalle betrat, stand da mein Manager mit einer dicken Mammi und gestikulierte wild herum: «Sie ist immer noch nicht da, was machen wir bloß?» Ich trat hinzu und breitete die Arme aus: «Acca! Da bin ich.» Vor lauter Freude wollten sie mir alles mögliche Gute antun, aber ich sagte nur: «Um Gottes willen, nein, ich will jetzt schlafen, um drei mit einem Kaffee geweckt werden, und dann brauche ich noch ein Zimmer zum Einsingen und ein geschlagenes Ei mit Zucker und Cognac.» Das war vor jedem Auftritt meine Standardnahrung.

Im heißen Australien waren die Säle im April eiskalt. Das Publikum saß in Decken gehüllt, mir stand der Atemhauch sichtbar beim Singen vorm Mund, und bei jedem Einatmen fühlte ich den frostigen Luftstrom bis in den Magen hinunter. Die winzige Heizsonne, die sie uns neben den Flügel gestellt hatten, ließ lediglich den Saum meines Abendkleides hin- und herwedeln. Ich bekam prompt eine Mandelentzündung und sang mich mit der Stimmpfeife im kalten Hotelbett ein. Fiebernd bewältigte ich mein Riesenprogramm mit schwierigen Koloraturen, wegen der gleichzeitigen Radioübertragung konnte ich nichts ändern. Als wir danach aus dem Gebäude traten, legte mir eine Zuhörerin spontan ihren wunderschönen warmen Schal als Geschenk um die Schultern, wahrscheinlich sah ich gar so erbarmungswürdig verfroren aus.

Mal Hitze, mal Kälte, andere Lebensgewohnheiten – etwa in den hübschen japanischen Hotels, wo ich mich kniend vorm Spiegel frisierte und schminkte, ungewohnte Speisen zu ungewohnten Mahlzeiten, durch Zeitverschiebung versäumter Schlaf, oft war's eine rechte Strapaze. Alles war verändert, nur meine Stimme sollte stets gleich bleiben, und bei meinen kurzen Gastrollen zu Hause paßte die Kritik scharf auf, ob ich noch genauso gut sang wie vorher.

Manchmal half mir meine langsame Reaktionsfähigkeit. Bevor sich eine Klimaänderung bei mir auswirken konnte, war ich schon wieder woanders. Die täglichen Tropengewitter in Bogotá störten mich gar nicht und merkwürdigerweise auch nicht die große Höhe. Den meisten geht in 2000 m Höhe die Luft aus, und die Bläser mußten denn auch bei Mozarts «Exultate» zweimal atmen, während ich durchsingen konnte. Das kannte ich allerdings schon von anderswo; den Bläsern hatte ich in punkto Atem meistens etwas voraus, und mehrmals erkundigten sich deshalb die Herren nach meiner Atemtechnik. Genau wie für Sänger ist auch für Trompeter nichts beruhigender, als wenn sie recht lange die Luft anhalten können.

Die anstrengendsten zwei Monate meines Lebens verbrachte ich in Japan, wo ich zweiundzwanzig Konzerte in achtzehn Städten gab und dazwischen bis zu acht Stunden im Zug saß oder ein Besichtigungsprogramm absolvierte. Aber da alles phantastisch organisiert war und ein ganzer Troß mit mir umherfuhr, fühlte ich mich gut betreut und hielt durch. Sogar mein geschlagenes Ei stand vorm Konzert bereit, nur nachher dachte vor lauter Musikbegeisterung niemand an meinen leeren Magen, so daß ich zum Selbstversorger wurde. Für alle Fälle hatte ich wenigstens Obst im Gepäck, und am Heiligen Abend saß ich spät abends allein mit einem kalten Hühnerbein in meinem Hotelzimmer und dachte doch etwas wehmütig an die Heimat.

Die Japaner waren ein wahres Traumpublikum. Diesmal hatte ich nicht um mein Programm kämpfen müssen und außer Klassikern und Romantikern auch Pfitzner und Reger, Strauss, Wolf, Debussy und Turina gewählt. Vieles davon war in Japan noch nie erklungen, und meine Zuhörer lauschten mindestens so konzentriert, wie ich sang. Sie saugten die Töne förmlich an, als hätten sie jahrelang danach gehungert; kein Mensch versuchte zwischen den Liedern zu klatschen, ich spürte eine völlig gleiche Musikauffassung und konnte die andächtige Stille förmlich hören. So etwas springt sofort auf den Künstler über, schon beim ersten Lied war der Kontakt da, und ich fühlte mich getragen. Woanders dachte ich doch manchmal: «Die hast du noch nicht ganz eingefangen», etwa bei den enthusiastischen, aber unruhigen Südamerikanern oder den etwas schwerfälligen Leuten in Südafrika.

Viele Japaner brachten Partituren zum Mitlesen ins Konzert und wollten hinterher mit mir über deutsche Musik und deutsches Musikleben reden. Als ich mich reich mit Geschenken – vom Kimono bis zum Rollbild – in Tokio verabschiedete, dachte ich dankbar: «Das war deine schönste Tournee!»

Trotz der knappen Zeit gelang es mir in allen Ländern, etwas mehr als nur Konzertsäle und Hotels zu sehen. Weil die Leute von Interviews wußten, daß ich die Natur liebte, versuchten sie mir in Australien und Afrika außer den üblichen Sehenswürdigkeiten auch Natur zu zeigen oder was sie dafür hielten. Känguruh- und Straußenfarmen, Volièren mit Hunderten von bunten Astrilden und Prachtfinken und zahme Koalas, die nach Eukalyptus dufteten. Ich taufte in Südafrika eine neue Katzenzüchtung auf meinen Namen und bewunderte in Japan die herrlichen Ikebana-Arrangements, die für mich aufgebaut wurden.

Nur in Australien hatte ich genügend Zeit, um viel von der dort weithin unberührten Landschaft zu sehen: die Blauen Berge, das milde Tasmanien, das von Blüten überquoll, weite Steppen und Wüsten, und einmal «genoß» ich sogar ein Sandsturmgewitter. Dabei flogen wir an der Küste entlang, unter uns das aufgewühlte Meer und neben uns der Himmel voller gelb-roter Sandwolken, zwischen denen die Blitze zuckten, ein abenteuerlich-phantastischer Anblick. Zur gleichen Zeit wußte ich meinen einfühlsamen Klavierbegleiter William Penn da unten mittendrin. Er fürchtete sich vorm Fliegen und war zwei Tage und Nächte durch die peitschenden Sandstürme unterwegs – eine Tortur.

Unvergeßlich bleibt mir auch der weiße Fudji in Japan, der über Bergen und Wolken schwebte, oder ein Flug von Lima nach Montevideo über die schneebedeckten Anden, die einen grünen Saum zum blauen Pazifik hin trugen, während sich auf der anderen Seite ockergelbe Wüstenflächen ausbreiteten. Ich war müde und hatte mich aufs Ausruhen im Flugzeug gefreut, aber dieser Anblick war zu großartig, um ihn zu verschlafen. Von Stunde zu Stunde wurde es unter mir brauner und grüner, wir flogen über Paraguays Steppen und Wälder. War ich wirklich dort vor dreißig Jahren durch den Urwald gelaufen? Kaum zu glauben. Ob es in Montevideo ein Wiedersehen geben würde? Ich hatte in all den Jahren keinerlei Verbindung gehabt – abwarten, bis nach dem ersten Konzert. War nicht auch vor vier Jahren in Porto Alegre eine Dame mit freudigem: «Sie ist es, sie ist es!» ins Künstlerzimmer gekommen und hatte sich als meine Gönnerin vom Schiff von 1924 zu erkennen gegeben?

Diesmal stand schon auf dem Flugplatz ein Bekannter: Der deutsche Pfarrer wollte seine kleine Kirchensängerin als erster begrüßen. Wenn ich gleich am nächsten Tag singen mußte, ließ ich mich eisern nach außen abschirmen, ich mußte mit dem ja jedesmal fremden

In *Casanova in Murano* von Mark Lothar mit Erich Witte, Staatsoper Berlin 1944 (UA)

Mit Michael Raucheisen, Berlin 1950/51

Mit Manfred Gurlitt, Japan 1952

Mit Günther Weissenborn, Bremen

Vor einer Auslandsreise, Hamburg 1949

In *Der Rosenkavalier* als Sophie mit Eleanor Steber (Marschallin) und Risë Stevens (Octavian), Metropolitan Opera New York 1949/50

Pianisten arbeiten und Ruhe haben. Das Privatleben begann erst nach dem letzten Takt. Nach dem Verbeugen schaute ich dann suchend in die ersten Reihen, würde ich «meine Kinder» überhaupt erkennen? Und dann drängten sie tatsächlich ins Künstlerzimmer, und es gab ein großes, gerührtes Umarmen. Ich redete sie gleich mit ihren Kindernamen an, Coquita, Quiita und Gaspard, und sie hatten ihr Deutsch nicht verlernt und sagten: «Wie wir die Plakate gesehen haben, wußten wir gleich: das ist unser ‹Frolan›. Und in der Zeitung hat auch gestanden, daß die weltberühmte Künstlerin schon früher in Uruguay war. Weltberühmt!» Erneute Umarmung. Leider war Vater Naville gestorben und die Mutter mit einer Tochter und dem Sohn Noë in Paraguay – «er hat schon eine Glatze», lachten die Schwestern, aber ich lernte die Ehemänner und Kinder der anderen drei auch noch kennen. Da ich mir für Montevideo zwei Wochen Zeit genommen hatte, konnten wir das Wiedersehen ausgiebig feiern. Beim Heimflug schloß sich ein Kreis: Das erste ferne Land, in das ich gereist war, sollte auch mein letztes sein. Ich war der Strapazen müde. Von nun an wird nur noch in Europa gesungen, nahm ich mir vor.

Zwischen den Weltreisen machte ich zweimal einen Abstecher nach Österreich. In Wien sollte Strawinskis Oper «The Rake's Progress» ihre deutsche Erstaufführung erleben, nachdem sie im Jahre 1951 in Venedig uraufgeführt worden war. Hollreiser dirigierte, Rennert führte Regie, Rudolf Schock spielte den Wüstling und ich seine Anne Trulove, die Meister Strawinsky nicht gerade mit umwerfendem musikalischem Ausdrucksvermögen versehen hat.

Als wir uns am 15. April 1952 nach der bejubelten Premiere verbeugten, hatte ich während der Probenzeit schon zehnmal auf der Bühne der Wiener Staatsoper gestanden. Da ich einmal in der Stadt war, könnte ich die Wiener ja auch noch in anderen Rollen erfreuen, fand die Intendanz, zumal sie mich sozusagen noch «gut hatten», denn den 1947 in London unterschriebenen Vertrag mit der Wiener Staatsoper hatte ich damals nicht erfüllen können. Keine der Besatzungsmächte war bereit gewesen, mich nach Wien zu fliegen, und mit dem Zug war es mir zu zeitraubend!

Da die Rake's-Proben nicht bezahlt wurden, waren mir die Auftritte auch aus finanziellen Gründen willkommen, ich bekam ja längst nirgendwoher mehr eine feste Gage. Also trat ich in allen großen Rollen auf, die das Wiener Repertoire bot, und sogar nach zwanzig

Jahren wieder als Puppe Olympia, deren Arie ich nur manchmal im französischen Original als Zugabe bei Konzerten gesungen hatte, wenn mir gerade danach war. Leider bekam ich drei Tage zuvor wieder mal eine eitrige Mandelentzündung und sang abends schon im «Rosenkavalier» mit ziemlichen Schmerzen. Der Arzt, den ich wie üblich erst hinterher in meinen Hals sehen ließ, sagte entsetzt: «Um Gottes willen, ich habe Sie doch eben singen hören, wie haben Sie denn das gemacht? Da ist ja alles vereitert.» Am nächsten Morgen taten auch die Ohren furchtbar weh, und der herbeigeeilte Doktor bestätigte trocken: «Ja, jetzt bekommen Sie eine Mittelohrentzündung. Am besten bleiben Sie im Bett.» Ich protestierte: «Das geht gar nicht, ich habe doch die Proben, und morgen Abend muß ich die ‹Puppe› singen.» Er spritzte mir das neue Wundermittel Penicillin, und ich sang und agierte, aber vollständig taub. Ich sah den Dirigenten seine Einsätze geben und die Leute klatschen, hörte aber absolut nichts, schauderhaft. Meine ständig entzündeten Mandeln wäre ich gern losgewesen, aber schon in Berlin hatte ein berühmter Professor gesagt: «Nee, nee, *das* mache ich nicht!» Vielleicht konnte sich die Stimme ja doch verändern, wenn der Raum im Hals innen anders wurde; da wollte keiner ran, und ich hatte natürlich auch Angst davor. So sind meine Mandeln bis heute drin.

Wenn ich in meinem Kalender-Büchlein blättre, steht da außerdem recht oft Husten und Schnupfen verzeichnet, Zahngeschichten, Leibschmerzen und jahrelang die Blinddarmreizungen. Ich sang schon recht oft in lädierter Verfassung, stand's aber mit viel Energie und «du mußt, du mußt», immer wieder durch. Zu einem Wiener «Traviata»-Abend malte ich sieben Sternchen, das höchste Lob, das ich mir selber gab, und schrieb dazu: «Mir geht's miserabel.» Das war typisch: auch wenn ich unglücklich war, sang ich mit sieben Sternen.

Im Dezember 1952 erhielt ich in New York ein Telegramm: «Furtwängler wünscht Sie für Salzburg als Zerlina. Hilpert.» Ich freute mich sehr, telegraphierte sofort meine Zusage und nahm mir insgeheim vor: das wird die letzte Rolle deiner Bühnenlaufbahn. Mit Mozart hat's begonnen, mit Mozart soll's enden. Kaum in Berlin angelangt, nahm ich erstmals Autofahrstunden. Ich wollte endlich von anderen unabhängig werden und meinen eigenen Wagen haben. Der Verkehr auf Berlins breiten Straßen war noch mäßig, und bald hatte ich die Prüfung auf einem Volkswagen bestanden. Am nächsten

Tag ging ich geradewegs zu Daimler-Benz am Kurfürstendamm, um mir mein Traumauto zu kaufen: ein helles Cabriolet. Aber siehe da, das gab's nicht, und die Wartezeiten waren lang. Ich ließ mich zu einer großen schwarzen Limousine überreden – ausgerechnet! – und wollte den Kauf am Abend mit dem Herrn Verkäufer feiern. Er holte mich mit einem Vorführwagen ab, übergab mir gleich das Steuer, und ich fuhr vorsichtig an die nächste Kreuzung heran, aber das nützte nichts. Der Radfahrer, der in vollem Karacho von links kam, knallte gegen's Auto und flog auf meinen Kühler. Da lag er wie so'n Frosch, der Mercedes-Herr neben mir griff ins Steuer, erwischte statt der Bremse das Gaspedal, und wir sausten mit vierzig an einen Baum. Unangeschnallt natürlich, Gurte waren noch nicht vorhanden, mein Nebenmann schnitt sich am Spiegel, und mir bluteten Lippe und Knie. Nur der Radfahrer segelte unverletzt aufs Pflaster. Im selben Moment tat's hinter mir den zweiten furchtbaren Knall, das war der explodierende Sekt, den wir für die Feier im Wagen hatten und der sich nun über meine Haare ergoß. In einem Feuerwehrauto ratterten wir ins nahe Krankenhaus, wo sie mich verbanden und auf eine Station bringen wollten. Wieder sträubte ich mich: «Nein, das geht nicht, ich habe übermorgen Probe mit Raucheisen, ich muß nach Hause.» Das rief großes Gelächter hervor, aber sie ließen mich heimbringen. «Ogottogott», jammerte dort meine Haushälterin, «daß ausgerechnet Ihnen sowas passieren muß!» und packte mich ins Bett. Da lag ich erst mal, beide Beine schwarz blutunterlaufen und alles tat weh. Am andern Tag standen dann sieben Männer um mein Bett und bedauerten mich, Raucheisen und Scherzer, der entsetzte Fahrlehrer, der Mercedes-Herr und drei Doktoren. Ich bekam Fieber und fühlte mich sterbenselend, und später stellte sich heraus, daß ich einen Bluterguß in Leber und Lunge hatte. Doch alles heilte schnell, nur meine Unterlippe blieb an einer Stelle dick, aber singen konnte ich wie vorher. Daimler-Benz lieferte prompt ein neues Auto, und als ich zum Fenster humpelte, um's zu betrachten, stand da ein wunderschönes hellblaues Cabriolet vor der Tür – der Unfall hatt's möglich gemacht.

Stolz startete ich pünktlich zu Furtwänglers Proben nach Österreich, vorsichtshalber mit einer versierten Autofahrerin neben mir. Dort angekommen, gab's gleich eine Kalamität mit einem abgebrochenen Schlüssel, und der mir unbürokratisch zu Hilfe eilende Herr von der Mercedes-Vertretung schlug vor, der Frau Kammersängerin während ihres Salzburger Aufenthalts richtiges Autofahren beizubringen. Die Bergstraßen ringsum seien dazu vorzüglich geeignet. Das war ein Wort. Mir imponierte immer, wer nicht nur Elogen über meine Kunst von sich gab, sondern mir dort half, wo mich gerade der Schuh drückte.

Bald fuhr ich mit Elan vorm Festspielhaus vor und stieg aus meinem flotten Cabriolet, während neben mir der immer bescheidene Furtwängler seine langen Beine aus einem VW-Käfer schälte. «Den großen Wagen fährt meine Frau», erklärte er und schmunzelte über sein schickes Zerlinchen.

Der «Don Giovanni» von 1953 wurde ein Glanzstück unter allen Salzburger Festspielaufführungen. Clemens Holzmeister hatte die Felsenreitschule mit ihren steilen Felswänden zu einer großartig düsteren Szenerie genützt, deren Wirkung ich so richtig erst beurteilen konnte, als ich sie später im Film sah. Während der Arbeit steckte ich so mittendrin, daß ich das Drum und Dran wenig beachtete. Diesmal brachten die Mitwirkenden allerdings Opfer für das so echte Bühnenbild: durch kalte, tropfnasse Felsgänge wanderten wir zu den Auftritten, ich als einzige aufrecht, während Furtwängler gekrümmt vor mir dahinschlich, wie auf dem Weg zu Alberichs unterirdischer Welt. In finsterer Kälte warteten wir dann auf unsere Auftritte.

Der Regisseur kam mir lächelnd entgegen – es war Herbert Graf vom New Yorker «Rosenkavalier». Leider mußte ich gleich wieder zu seinem ersten Vorschlag nein sagen: «Mit meinem Unfallknie kann ich unmöglich die steile Felsentreppe da beschwingt hinunterlaufen.» Vor Treppen hatte ich ohnehin immer Angst und probierte sie sorgfältig vor jedem Auftritt aus. «Tragt sie doch runter», schlug Furtwängler vor, «ein paar starke Männer aus dem Chor werden die Kleine doch heben können!» So kam ich schwungvoll getragen als Braut auf die Bühne, und weil allen das so gut gefiel, behielten wir's auch im nächsten Jahr bei.

Cesare Siepi war ein idealer Don Giovanni, verführerisch, unwiderstehlich und gefährlich zugleich, kein Wunder, daß ich als Zerlina seinem Werben unterlag, wenn ich auch einen lustigen und talentierten jungen Masetto zum Bräutigam hatte. Er hieß Walter Berry, dessen steile Karriere an der Wiener Staatsoper hier begann. Dazu Elisabeth Grümmer als Donna Anna und Elisabeth Schwarzkopf als Donna Elvira, Otto Edelmann als Leporello und Anton Dermota als

Don Ottavio und über allen Furtwängler, der das Ganze mit seinem feurigen Elan erfüllte – schon die Proben waren eine Freude. Zerlina auf italienisch bedeutete eine neue Erfahrung für mich. Leichter als auf Deutsch sang sich das ja wirklich, die Worte perlten locker aus der Kehle und verschmolzen ganz von selber mit den Tönen, schön! Wieder malte Furtwängler breit, und ich zog an und drängte, das ergab ein gutes Zerlina-Porträt. «Fröhlich, vital und verführbar», bleibt doch ein untergründiger Rest, wohl auch ihr selbst nicht durchschaubar. Verstellungskunst, Angst vor der eigenen Courage und eine handfeste Sinnlichkeit, ich fand's eine faszinierende Rolle!

Im nächsten Sommer drehte Paul Czinner den großen farbigen Dokumentarfilm, der diese Aufführung heute noch nachprüfbar macht und der jahrelang am Sonntagvormittag in großen Städten der Bundesrepublik lief. Zu den Aufnahmen mußten wir mitten in der Nacht auf der zwar überdachten, aber doch hellhörigen Bühne der Felsenreitschule spielen, weil nur da einigermaßen Ruhe vor Auto- oder Fluggeräuschen garantiert war. Die Arien waren am Abend bei der Vorstellung aufgenommen worden, und alle Ensembleszenen wurden extra wiederholt, weil Elisabeth Schwarzkopf beim Filmen nicht dabei war und Lisa della Casa die Rolle der Elvira übernommen hatte. Sie sang wunderschön und schaffte den Sprung ins fremde Ensemble glänzend, aber mir tat's doch leid, daß nicht die Schwarzkopf sang. Wie herrlich hatte sie ihre anstrengende Rolle gemeistert, wenn auch geplagt von Lampenfieber. «Halt den Daumen, Berger, halt den Daumen», flüsterte sie mir zu, bevor sie ihre große Arie mit den schwierigen Koloraturen begann: «Ah, fuggi il traditor...» Ich stand mit dem Rücken zum Publikum und nickte ihr zu: «Guut, gut!» während ich die Daumen in die Fäuste preßte. Vorher hatten wir schon einmal im leeren Treppenaufgang des Festspielhauses eine fröhliche Singschule abgehalten. «Meine Mutter sagt, die Berger hat so ein starkes g – wie machst du denn das?» «Soo», sagte ich, «ganz locker aufmachen, unten durch und hinaus: geeeeeeeee...» «Aha! Geeeeeeeee, geeeeeee...» Wir schmetterten um die Wette, bis andere dazukamen, und wir lachend wegliefen.

Ja, meine Kolleginnen und Kollegen! Ich sang so gerne Duette und Ensembleszenen und steigerte mich an den anderen. Was waren das aber auch für herrliche Stimmen in Berlin und Wien und auch im

Ausland! Es war schon eine besonders begünstigte Zeit, in der ich dabeisein konnte.

Am 18. August 1954 fand die letzte «Don Giovanni»-Aufführung der Festspiele statt, und ich dachte flüchtig an meinen Vorsatz. Das war nun also mein letzter Bühnenauftritt. Nie mehr spielen... Meinen Entschluß publik zu machen und mich in einer Abschiedsvorstellung feiern zu lassen, erwog ich gar nicht erst. So etwas paßte nicht zu mir. Vielleicht in einem Blumenmeer auf der Bühne stehen, wie ich das bei Kolleginnen erlebt hatte, tränenden Auges, von Rührung übermannt – ach nein!

Wußte ich außerdem so ganz genau, ob ich nicht doch nochmal der Versuchung erliegen und auftreten würde? Vielleicht ließen sich die anderen nur deshalb so lautstark feiern, damit sie nicht rückfällig werden konnten? Tatsächlich habe ich noch dreimal eine Ausnahme gemacht und in «Figaros Hochzeit» gespielt. Wenn mich einer mit der Susanna lockte, konnte ich einfach nicht widerstehen.

KAPITEL VI

Lieder- und Arienabende – «Königin des Liedes» – Michael Raucheisen und andere Begleiter – Schallplatten-Aufnahmen – «Bohème» mit Dietrich Fischer-Dieskau und Hermann Prey – Einladung zur Wiedereröffnung der Dresdner Oper – Die Dahlie «Professor Erna Berger» – Ehrenmitglied der Staatsoper Unter den Linden

Schon 1934 in meiner Anfangszeit an der Staatsoper Berlin fand auch mein erster Liederabend in Berlin statt. Für mich war es ganz selbstverständlich, daß ich nicht nur Opernrollen gestalten wollte, sondern auch Konzertarien und Lieder singen, die ich seit meiner Kindheit liebte. In wenigen Minuten ein Bild in Tönen zu malen, eine eigene kleine Welt zu erschaffen und die Menschen in diese Welt zu versetzen ist oft schwerer, als eine große Opernszene zu formen. Allein durch den Gesang, ganz ohne Kulisse, Kostüme und Schauspielkünste muß die Verzauberung gelingen.

Michael Raucheisen, *der* deutsche Liedbegleiter, lebte auch in Berlin und bot mir an, mit ihm zu arbeiten. Wir setzten uns mit meinem Mann zusammen und entwarfen ein Programm. Ich wollte gern etwas – damals – Modernes singen, und wir entschieden uns für die Gottfried-Keller-Weisen von Hans Pfitzner, die ich einige Zeit vorher in Dresden mit dem Komponisten am Flügel kreiert hatte. Maria Ivogün, Raucheisens Frau, der sie ursprünglich gewidmet waren, hatte sie aus irgendeinem Grunde nie gesungen, und Pfitzner war selig gewesen, daß sie endlich erklangen. Da ich wußte, wie gern er dieses Nebeneinander sah, wählten wir eine Schumann-Gruppe dazu. Nach der Pause folgten dann die «Lieder der Märchenprinzessin» des Polen Szymanowski, sehr hohe und wirklich hyperschwere Koloraturgesänge in spätromantischer Art. Sie bildeten eine gute Überleitung zu den sechs Brentano-Liedern von Richard Strauss, die ich zum Schluß sang. Drei davon eignen sich nicht ganz für meine Stimme, aber ich schaffte es.

Der Konzertabend dauerte mit Zugaben über drei Stunden, das war natürlich verrückt, ich hätte leicht zwei oder drei draus machen können. Aber mein Mann und ich waren noch unerfahren und dachten, wir müßten dem Publikum etwas bieten, und Raucheisen schwelgte, ihm konnte es niemals genug sein. Auf das Programm hatten wir drucken lassen: «Wir bitten, die einzelnen Liedgruppen nicht durch Beifall zu unterbrechen.» Das war damals etwas völlig Neues. Mich hatte es nie künstlerisch befriedigt, wenn durch Beifall zerrissen wurde, was musikalisch zusammengehört, besonders bei Zyklen und Gruppen. Zudem holte mich das Klatschen immer wieder aus der Stimmung und die Zuhörer auch. Nun waren wir gespannt, ob der Versuch glücken würde. Tatsächlich hatten es die meisten gelesen und beherzigt, und wenn einige anfingen zu applaudieren, machte ich schnell eine beschwichtigende Handbewegung. Bald war's selbstverständlich, daß bei Erna-Berger-Konzerten nicht nach jedem Lied Beifall gespendet wurde, und viele Künstler sind meinem Beispiel gefolgt. Ein kleiner Sieg für die Kunst!

Nach dem ersten Abend sagte dann Tietjen zu mir: «So Kleine, jetzt sind Sie nicht nur auf der Bühne die Nachfolgerin der Ivogün, sondern auch auf dem Konzertpodium. Ich gratuliere.» Sehr erfreulich, gewiß, aber wir fragten uns nun etwas ratlos: «Was soll ich nun als nächstes singen?» Eigentlich hätte ja eine Steigerung kommen müssen. Wie töricht von mir, alle Glanzpunkte an einem Abend zu bringen! Heute weiß ich, daß man solch ein Programm nicht zum Einstand, sondern allenfalls auf den höchsten Höhen der Karriere als Beweis seines Könnens bietet, so wie ich die Brentano-Lieder in New York gesungen habe.

Schließlich entschieden wir uns für klassische Arien. Zuerst Lotti, Händel, Mozart – als Schwerpunkt in der Mitte – und dann aus Opern, wie die Leute sie lieben. Wieder hatten wir die Zeit falsch berechnet, und es war viel zu viel. Ich mußte wirklich noch allerhand lernen! Dazu hatte ich dann Gelegenheit genug. Fünfunddreißig Jahre lang konnte ich auf dem Konzertpodium an Hunderten von Abenden Erfahrung sammeln. Genau gezählt habe ich sie nie, aber daß es weit mehr als auf der Opernbühne waren, steht fest. Nach der Salzburger

Zerlina habe ich fünf Jahre lang ausschließlich und eigentlich ununterbrochen in aller Welt Konzerte gegeben, bis ich meine feste Lehrtätigkeit in Hamburg begann und die Liederabende wieder nebenbei absolvierte. In Hamburg und Berlin meldete ich mich regelmäßig mit einem Liederabend, wenn ich von Tourneen zurückkam. Mein Berliner Publikum war mir das allerliebste, und die Wiedersehensfreude war jedesmal gegenseitig: «Es ist fast eine verschworene Gemeinde, die sich in Erna-Berger-Konzerten zusammenfindet.»

Endlich konnte ich nun ignorieren, daß mich das Publikum bisher stets als Koloratursängerin hatte hören wollen, wenn auch mit zumindest einigen klassischen Arien im ersten Teil. Abgesehen vom künstlerischen Aspekt, schätzte ich dieses Gemisch auch aus gesangstechnischen Gründen nicht, weil ich mich für Koloraturen anders einsang als für Lyrisch-Dramatisches.

Allmählich sprach sich's herum, daß ich keine typische Koloratursängerin war, und vor allem in Deutschland kamen immer mehr Leute, die speziell Schubert und Schumann von mir hören wollten oder Brahms und Wolf.

Wenn ich auch eine «klassische Sängerin» war, wie Furtwängler betonte, besitze ich doch eine romantische Seele und stellte mir bei jedem Lied, das ich sang, eine Stimmung vor. Die warme Sommernacht, in der Schumanns Nußbaum rauscht, eine unheimliche Walddüsternis bei Pfitzners «Nachtweib» und eine heitere Landschaft am Bach, in dem Schuberts arme Forelle zappelt. Und das alles in sekundenschnellem Wechsel zwischen den einzelnen Liedern. Von mir langsam reagierendem Menschen forderte das strenge Konzentration. Aber nur, wenn ich selbst «entrückt» war, konnte ich auch meine Hörer fesseln.

Die Liedgestaltung befriedigte mich oft mehr als eine geglückte Opernrolle, und der Ehrentitel «Königin des Liedes» freute mich sehr. Vielleicht lag das auch daran, daß der Themenkreis erweitert war. Immer nur Liebesfreud und Liebesleid – wovon sonst singt ein Sopran in der Oper –, das war nichts für mich. Ab und zu wollte ich auch gern einmal von etwas anderem künden. Einfach einen Sonnenuntergang besingen: «Sonne, du sinkst...», religiöse Ergriffenheit schildern wie die junge Nonne, oder die holde Kunst preisen, eine alltägliche Begebenheit wiedergeben: «Das ist ein schlechtes Wetter...», oder ein Märchenbild malen: «Ich bin die Nixe Binsefuß...», was mir und dem Publikum besonders viel Spaß machte. Genau wie bei den Opernpartien, die jeder Musikfreund auswendig kennt, versuchte ich auch von den allzu bekannten Liedern die Patina abzukratzen und auch das Allervertrauteste neu zu erfühlen, damit es jedesmal wie frisch erschaffen klang und niemals routiniert. Das ist mir ein einziges Mal passiert, und ich habe die Warnung nie vergessen. Bei einer »Fledermaus«-Aufführung lief alles wie von selbst, so leicht und schön, daß ich danach hochbefriedigt war. Und gerade da sagte mein Mann: «Ich weiß nicht, heute klang das ein bißchen langweilig, sehr schön, aber nicht mitreißend wie sonst, zu glatt und perfekt.» Ich hatte mir's einfach zu leicht gemacht, ohne Spannung, ohne Lampenfieber – eben mit Routine.

Schon nach zwei Jahren wurde uns beim Programmgestalten die Sopranliteratur knapp. Wollte ich den nörgelnden Vorwurf: «Muß es denn immer ‹Der Hirt auf dem Felsen› sein?» ein zweites Mal vermeiden, mußte ich Neues finden. Michael Raucheisen grub aus dem Schatz seiner Erfahrungen und seiner riesigen Notenbibliothek alles nur denkbar Geeignete aus, darunter vieles aus Vorklassik und Klassik, so daß wir viel musikalische Seltenheiten bieten konnten.

Fiel mir etwas ein bißchen schwer, weil es zu tief lag, sagte Raucheisen: «Könn' wir doch höher machen!», aber ich mochte nicht transponieren, sondern sang möglichst das Original aus Respekt vor dem Kunstwerk. Deshalb verzichtete ich auch möglichst auf für Männerstimmen geschriebene Lieder und entschloß mich nur zu einer Ausnahme: der «Schönen Müllerin» von Schubert, die ich in beiden Teilen der Stadt Berlin und in Essen sang, mit dem erzählenden Bach als Schwerpunkt. Die Berliner nahmen mir das begeistert ab. Im Gegensatz zu den Tenören, die meist etwas tiefer transponieren, konnte ich's im Original singen, genau wie Jenny Lind hundert Jahre zuvor.

Raucheisen war der ideale Begleiter. Er verstand es, wenn nötig, zart und durchsichtig zu sein und doch ein großes Orchester vorzutäuschen. Leider mußte er wegen Krankheit ein Jahr aussetzen, und daß er nicht mit auf Reisen kommen könnte, hatte er mir gleich von Anfang an erklärt.

So sang ich auch mit vielen anderen hervorragenden Pianisten, mit Günther Weissenborn, Sebastian Peschko, Gerhard Puchelt, Herta Klust, Ferdinand Leitner, «der Poet am Flügel». In Australien begleitete mich Henry Penn, in Japan Manfred Gurlitt. Ganz zuletzt in München begleitete mich auch einmal der junge Irwin Gage und bei Aufnahmen für den Bayerischen Rundfunk Gerald Moore, der Starbegleiter oder Begleiterstar – wie man es will – aus England.

1953 brauchte ich dringend einen ständigen «Flügelmann», der mit mir reiste. Ich fand ihn durch Zufall, als mir ein junger Grieche vorsang. Der besaß eine herrliche Tenorstimme, war aber leider unmusikalisch. «Aber der Begleiter ist gut», sagte ich, als er weg war, «den fand ich großartig, vielleicht wäre der etwas für mich. Wie hieß er gleich?» «Ernst-Günter Scherzer.»

Damals studierte ich gerade Hindemiths «Marienleben» in der neuen Fassung von 1948 ein und fragte Herrn Scherzer, ob er mit mir üben wolle, dann könnten wir uns gleich «beschnuppern». Hindemiths komplizierte Gesänge eigneten sich sehr gut dazu, ich mußte sie Notenzeile für Notenzeile regelrecht pauken, damit das saß. Wie bei den Opernrollen prägte ich mir anfangs nur das musikalische Gerüst ein, erst wenn ich das wie im Schlaf beherrschte, befaßte ich mich mit Tempo, Phrasierung, Ausdruck. Als dann diese wichtige Premiere kam, konnte ich mich doch nicht entschließen, mit einem völlig unbekannten Pianisten aufzutreten, und bat Gerhard Puchelt. Ich wußte nicht, wie Scherzer vor Publikum reagierte und das auf ihn, denn er spielte sehr temperamentvoll mit lebhaften Gebärden, das stört manche Leute, die das für überflüssige Mätzchen halten. Aber er war so gut, nie habe ich wieder einen solchen Triller gehört, da konnte er sich das bißchen Gefuchtel erlauben.

Natürlich tat mir's leid, daß ich ihn nur für die Proben – ja, beinahe – ausgenützt hatte, und ich fragte ihn: «Ich muß jetzt nach Dortmund und hierhin und dahin – haben Sie Zeit?» Darauf sind wir losgezogen und haben jahrelang miteinander gearbeitet, über zehn Platten zusammen gemacht und zahlreiche Rundfunkbänder. Nebenbei organisierte er auch gut, machte die Reisepläne und löste mich am Steuer ab.

Vor allem wurde er nicht müde, früh und nachmittags und abends mit mir zu arbeiten. Da ich mir angewöhnt hatte, an einem Konzerttag vor- und nachmittags außer Übungen jeweils das halbe Programm durchzusingen, ergab das mit dem Abend dann über sechs Stunden Gesang und ebenso langes Klavierspielen. Mir war dies unermüdliche Ausfeilen und Überprüfen ein Bedürfnis, und zwar probte ich das Programm von hinten nach vorn, so daß ich am

Nachmittag mit dem Lied aufhörte, das dann den Anfang des Konzerts bildete. «Was haben Sie am liebsten gesungen», wurde ich oft gefragt, «haben Sie einen Lieblingskomponisten, ein Lieblingslied?» «Eines nicht, aber viele, das was ich gerade singe» – aber ganz so stimmt das natürlich nicht. Da gab's schon besondere Vorlieben, die auch manchmal wechselten. Eine Zeitlang sang ich besonders gern Schumanns «Liederkreis» op. 39 nach Eichendorff mit der «Mondnacht», dann hatte ich wieder eine Mozart- oder Bach-Phase, in der ich am liebsten allen Leuten «Willst du dein Herz mir schenken..» ans Ohr gelegt hätte. Schuberts «O wie schön ist deine Welt» und dann Brahms natürlich. Mit seinem «Wiegenlied» beschloß ich jeden Liederabend, das war Tradition. Ich liebte den «silbernen Mond», der durch die Gesträuche blinkt, und die «ätherischen, fernen Stimmen», die ich einmal auf besonderen Wunsch Konrad Adenauers in ein Konzert einfügte. Ab und zu nahm ich auch ganz privat das eine oder andere Lied ins Programm, und nur einer der Zuhörer wußte, daß es allein für ihn erklang. «Wir wandelten, wir zwei zusammen...» War der letzte Programmpunkt vorüber, kamen noch die Zugaben, wie das bei Solistenkonzerten Sitte ist. Nach einem gut geglückten Abend war ich herrlich in Schwung, fabelhaft eingesungen sozusagen, dazu gelöst und ohne Hemmungen und stets zu Schwierigem aufgelegt. Nur ein paar kurze, kleine Liedchen als Zugabe, das gefiel mir nicht; ich sang mit Vorliebe große Opernarien, die geliebt-gefürchtete Susanne etwa, oder Heiteres wie Ännchen, Despina, Norina. Oder immer noch ein Lied und noch ein Lied, das kam ganz auf das vorangegangene Programm an und auf meine Zuhörer. Wenn sie wie eine Mauer standen und keine Lust verspürten heimzugehen, konnten wir manchmal fast kein Ende finden beim gemeinsamen Musizieren, das Publikum, der Begleiter und ich. Dann konnte es schon sein, daß ein Liederabend wieder genauso lange dauerte wie meine beiden ersten. Schließlich taten mir die Blumen leid, die auf dem Flügel welkten. Ich nahm sie und rauschte ab – sonst stünde ich vielleicht jetzt noch da und sänge.

Schallplatten sind eine herrliche Erfindung. Lag so eine runde Sache mit meinem Namen darauf fertig in meiner Hand, gefiel mir das sehr, die vorher dazu nötige Aufnehmerei aber gar nicht, die war mir ein Greuel. Kaum sah ich ein Mikrophon, benahm ich mich wie das Kaninchen vor der Schlange und fühlte meine Kehle immer enger werden. Keinen Ton würde ich herausbringen! Trotzdem sang ich schon 1930 in Dresden zum erstenmal «etwas auf Platte», denn natürlich schmeichelte auch mir, daß mein Gesang festgehalten wurde. Fast wie Märchenzauber schien mir, daß man der flüchtigsten aller Künste Dauer verleihen konnte, sie für die Nachwelt bewahren, damit die auch dem Sänger Kränze flechten konnte. Das war schon etwas Angst und Mühe wert, und außerdem konnte ich mich endlich selbst überprüfen. Geduldig litt ich jedesmal am Mikrophonfieber, bis ich mich endlich in den fünfziger Jahren entschloß, die Noten wegzulassen und wie auf der Bühne frei zu singen. Allein der Texte wegen, die nun mal meine schwache Seite waren, hatte ich vorher die Notenblätter vor mir aufgebaut, um ja nicht ins Stocken zu geraten oder ein Wort zu verwechseln. Solange wir noch auf Wachsplatten sangen, mußte abgebrochen und nochmal von vorn angefangen werden, sobald auch nur eine einzige Silbe falsch war. Darum starrte ich aufs Papier und fühlte mich entsprechend unfrei. Später konnten wir löschen und mittendrin weitermachen, das tat ich aber nur ungern wegen der zerstörten Stimmung, und so ist manches Lied nochmal und nochmal aufgenommen worden, wenn mir's gesanglich nicht gefiel. Ein Wolf-Lied sang ich fünfmal, bis ich nichts mehr auszusetzen hatte – die Techniker verzweifelten fast. Dazu kam, daß natürlich meist einer meiner Lieben dabei war und sich kräftig einmischte. Ich verstand ja, daß sie die einmalige Gelegenheit wahrnehmen wollten, auch ihr künstlerisches Empfinden und Musikverständnis verewigen zu können, aber mußte sie ein derartiger Vollkommenheitswahn ergreifen, daß sie unentwegt kritisierten und verbesserten? Das betrieben sie so lange, bis es Raucheisen zuviel wurde und er meinen Mann anfuhr: «Jetzt hören Sie aber auf! Sie machen die Frau ja verrückt!», und bis Frau von Schiller von der Deutschen Grammophon Gesellschaft später den Doktor kurzerhand hinauswarf, als wir Pfitzners «Alte Weisen» aufnahmen. Kaum war er verschwunden, sang ich den ganzen Zyklus in einem Schwung.

Anfangs mußten wir noch in einen großen schwarzen Kasten hineinsingen, vor dem wir uns bei Ensembleaufnahmen zusammendrängten. Nach den ersten mißglückten Versuchen hieß es da: «Bitte, Fräulein Berger, wenden Sie sich zur Seite, wenn Sie ein A singen, das ist zu kräftig für den Apparat.» Auch später bei Bandaufnahmen schlug der Zeiger wild aus, kein Tonträger war den Schwingungen, die ich beim G und A erzeugte, gewachsen. Warum gerade diese Töne bei mir so gut durchdrangen, weiß ich selber nicht, wahrscheinlich war das angeboren. Ich wurde immer wieder darauf angesprochen, auch in New York von der berühmten Frieda Hempel, die aus Leipzig stammte und von 1912 bis 1920 Mitglied der Met war, auch als Partnerin von Enrico Caruso. Sie lud mich ein, und ich mußte ihr zeigen, wie ich's machte.

Bei ihr sah es übrigens genau so aus, wie man sich das Heim einer Primadonna von einst vorstellt: überall Samt und Plüsch, die Räume vollgestopft mit Kränzen, alten Fotos, einem Bühnenkostüm, gerahmten Kritiken und Programmen, was man so hat. Bei mir gab's das nie, nur im Korridor unserer Berliner Wohnung prangte eine Photogalerie der Dirigenten, unter denen ich bis dahin gesungen hatte, nicht gerade von A bis Z, sondern genauer gesagt von B bis T, nämlich von Sir Thomas Beecham bis Arturo Toscanini. Leider ist sie 1943 verbrannt. In Australien schenkte mir die Firma Pyrox ihren neuen Wire-Aufnahmeapparat, bei dem die Töne auf magnetisierte Drahtspulen aufgezeichnet wurden, und wir experimentierten damit. Die hohen Töne der Sopranistinnen lassen sich besonders schwer einfangen, und es dauerte lange, bis sie einigermaßen naturgetreu wiedergegeben werden konnten. Deshalb klirren leider viele meiner Platten bei den Höhen, und wenn bei Neupressungen versucht wird, das wegzufiltern, verschwinden dabei auch manchmal die leuchtenden Obertöne und die Strahlkraft. Trotzdem freut's mich natürlich, daß mein Gesang immer wieder aufgelegt wird. Wenn ich meine alten Aufnahmen anhöre – selten und ungern, weil ich ja nichts mehr verbessern kann –, dann merke ich deutlich den Unterschied meiner Gesangstechnik vor und nach 1950. Manches hätte ich später anders gemacht. Doch es gibt Platten – auch was die technische Qualität betrifft –, die auch heutigen Ansprüchen gerecht werden und Gnade vor meinen Ohren finden: die «Vesperae solemnes» und das «Exultate» von Mozart etwa oder der komplette «Rigoletto» mit Schlusnus und Roswaenge und der Klose aus Berlin, einige andere Opernarien und viele Lieder.

Nach dem Krieg wollten mich sowohl die Electrola als auch die Deutsche Grammophon Gesellschaft verpflichten, und weil ich keinen Exklusivvertrag abschließen mochte, was bei Aufnahmen im Ausland leicht Schwierigkeiten ergab, sang ich bei der einen Plattenfirma Opernarien, bei der anderen Lieder. In England sind bei «His Masters Voice» Aufnahmen entstanden und in Amerika bei RCA Victor.

Auch für einige Mozart-Filme lieh ich meine Stimme, und was alles an Rundfunkaufnahmen und Mitschnitten existiert, weiß ich nicht. Ab und zu schreibt mir mal jemand: «Wir haben Sie heute im Radio die Marzelline singen gehört», oder jemand ruft an: «Im Fernsehen läuft gerade ein Stück mit einer alten Aufführung der ‹Neunten›, da stehst du im schwarzen Kleid und singst.»

Meist war ich bei den Aufnahmen in Eile und wußte oft gar nicht, wer etwa bei einem Opernquerschnitt mit dabei war. So sagte ich in Berlin, als ich zu «Bohème»-Aufnahmen kam und den ersten Akt mitanhörte: «Die beiden Baritone sind aber fabelhaft, die werden sicher mal ganz groß.» «Machen Sie einen Witz?» fragte der Aufnahmeleiter, «wissen Sie denn nicht, wer da singt? Das sind Fischer-Dieskau und Prey.» Ich kannte die beiden jungen Sänger damals noch nicht persönlich und hatte sie auch kaum gehört, nur Fischer-Dieskau auf der Bühne im Wolfram-Kostüm aus dem «Tannhäuser», worin er natürlich ganz anders aussah als nun da drüben vorm Mikrophon. Bei meinem Terminkalender hatte ich leider viel zu selten Gelegenheit, mir eine Oper vom Zuschauerraum aus anzuhören. Mit wem ich nicht zusammen auf der Bühne stand, den kannte ich nicht. Später habe ich mit den beiden lyrischen Baritonen in Berlin das «Italienische Liederbuch» von Wolf gesungen, wie vorher schon mit Walter Ludwig und Karl Schmitt-Walter.

Als 1950 die ersten Tonbandgeräte für den Privatgebrauch auf den Markt kamen, fingen wir gleich an zu probieren und machten private Mitschnitte meiner Berliner Konzerte. Vorn in der ersten Reihe, seitlich neben dem Flügel und sogar unter den Brettern des Podiums plazierten wir das Aufnahmegerät. Wir wollten gern das Spontane eines Konzertes einfangen, die Atmosphäre der Erwartung, Spannung und Freude, auch wenn das technisch nicht so vollendet klang wie im Studio. Dort nahm ich bei Plattenaufnahmen unwillkürlich ein rascheres Tempo, um den Mangel an Lebendigkeit auszugleichen, der sonst durch den Kontakt mit dem Publikum entstand.

Ich bin stets von neuem erstaunt, wie viele Menschen sich an meinen Gesang erinnern, so sehr, daß sie sich hinsetzen und mir schreiben, und auch wieviel Jüngere das tun, obwohl sie meine Kunst nur als Konserve kennen. Für Künstler, besonders wenn sie so Flüchtiges wie Töne vermittelt haben, ist nicht vergessen zu sein eine große Freude. Mein fünfundachtzigstes Lebensjahr, in dem ich diese Erinnerungen erzähle, brachte mir diese Freude gleich mehrmals.

Im Februar 1985 lud mich der Intendant der Dresdner Oper zur glanzvollen Wiedereröffnung der Semper-Oper in meine Heimatstadt ein, und ich sah mit Bewunderung und Anteilnahme das mir vertraute Haus neu und herrlich wiedererstanden. Während der Premiere konnte ich meine neunzigjährige Kollegin Liesel von Schuch begrüßen, für die ich einst als Olympia eingesprungen war, und auch die Palucca erkannte ich wieder, die berühmte Tänzerin. Am nächsten Tag wollten mich alte Bekannte sehen, darunter Fritz Buschs Sekretärin, aber auch die Presse und der Intendant – wie nett und aufmerksam, denn schließlich liegen meine Verdienste um die Dresdner Oper schon lange zurück. Der Intendant berichtete von den Schwierigkeiten mit der raffinierten, noch unerprobten Technik, die geschickt in den alten Bau integriert worden ist, und nahm meine aufrichtigen Glückwünsche entgegen: «Möge das neue Haus eine ebenso glückliche Zukunft haben, wie es die Vergangenheit des alten zu meiner Zeit gewesen ist, und wieder eines der bedeutendsten Musiktheater der Welt werden.» Das Presseinterview erschien dann in der dortigen Zeitung – leider etwas entstellt, aber diesen Ärger bin ich schon so gewöhnt, daß er nur noch meine nicht presseerfahrenen Freunde aufregt. Immerhin kamen zu Hause daraufhin wieder Stöße von Post an, diesmal viele aus der DDR. Dort hatte ich Mitte der fünfziger Jahre mehrere Tourneen gemacht und galt und gelte immer noch als «unsere Erna Berger».

Im Herbst 1985 konnte ich dann an einem strahlenden Sonnentag – dem einzigen, glaube ich, während der Bundesgartenschau in Westberlin – eine Neuzüchtung auf meinen Namen taufen. Die Dahlie «Professor Erna Berger» zeigt einen mittelgroßen, goldbronzenen Blütenkopf mit dichten, abgerundeten Kronblättern, fast wie ein Ball oder ein Pompon, und wird hoffentlich bald in vielen Gärten blühen, nicht nur bei Musikfreunden.

Zu Hause lag inzwischen eine Einladung aus Ostberlin. Man wolle mir die Ehrenmitgliedschaft der Staatsoper Unter den Linden verleihen und hätte mir gerne die Urkunde am 14. Oktober persönlich in einer Feierstunde überreicht. Das freute mich wirklich sehr, und ich

Auf dem zweiten Flug zur «Met», 1951   Mit der Katze Erna Berger, Südafrika 1953

Vor der Südamerika-Reise am 54. Geburtstag

In *The Rake's Progress* von Strawinsky als Anne Trulove mit Rudolf Schock und Toni Blankenheim, Gastspiel der Staatsoper Hamburg in Berlin 1952

In *Don Giovanni* als Zerlina mit Walter Berry, Salzburger Festspiele 1953 und 1954

Nach einem Liederabend in Prag, 1956

dachte: «Du lieber Gott, so kurz vorm Fünfundachtzigsten, das ist ja verrückt, das schaffst du nie, denkt denn keiner dran, wie alt du bist?» – und flog hin. Diesmal gab mir die Tochter meiner Schulfreundin das Geleit, und wir erlebten zwei bewegend schöne Tage zu meinen Ehren, daß wir am Schluß beide übereinstimmten: Es war überwältigend. Vom Empfang bis zum Abschied auf dem Flugplatz war alles vorzüglich und rücksichtsvoll organisiert, nur ein kurzes Interview, nur ein kleiner Kreis beim Essen, darunter meine lieben Kollegen Erich Witte, Kurt Rehm und Anneliese Müller, mein «Hänsel» von 1946. Mir schlug soviel Wärme entgegen, daß ich die gefürchtete Anstrengung fast nicht spürte, weil ich auf einer Wolke von Anerkennung und Herzlichkeit schwebte.

Im Foyer der Staatsoper war eine Erna-Berger-Ausstellung aufgebaut mit riesigen Posters meiner Rollenbilder und allem möglichen, das sie noch von mir hatten zusammentragen können, bis zu einer Liste mit meinen Körpermaßen für die Kostümschneiderei. Die eigentliche Feier fand im festlichen Apollo-Saal statt, wo mich die geladenen Gäste begeistert begrüßten – bis heute habe ich mich nicht daran gewöhnt, daß alle aufstehen und klatschen, wenn ich Kleine hereinmarschiert komme. Dann wurden von zwei jungen Sängern «meine» Lieder vorgetragen, und Günter Rimkus, der Intendant, hielt eine wunderschöne Rede, Peter Schreier dirigierte ein kleines Orchester und sang Mozarts «Wenn der Freude Tränen fließen...», und natürlich flossen sie bei mir auch. Als er mir danach einen großen Rosenstrauß überreichte, flüsterte ich: «Das klang so anders, was war denn das?» und er flüsterte zurück: «Erste Fassung!» Aha. Mit meiner Fassung war's nicht weit her, ich konnte am Ende kein Wort herausbringen und winkte nur allen dankbar zu.

Im Januar 1988 durfte ich nach München zur Wiedereröffnung des Prinzregenten-Theaters fahren. Herr Zino Davidoff aus Genf hatte dort einen Sessel gestiftet, der meinen Namen trägt.

Kapitel VII

Lehrtätigkeit – Meisterklasse für Gesang an der Hamburger Musikhochschule – Die fleißigen Japaner – Stimmtechnik – Letzte Liederabende 1968 – Mancherlei Schülerinnen – Gesangswettbewerbe – Ruhestand in Essen

Statt in den Ruhestand zu gehen, sprang ich 1959 mit viel Schwung in meinen Zweitberuf und verwandelte mich in eine passionierte Lehrerin. Ich übernahm an der Hamburger Musikhochschule eine Meisterklasse und wurde mit «Frau Professor» angeredet, was mich anfangs stets zum Lachen reizte und mir peinlich war. Mein Kammersängerinnen-Titel, der mir während des Krieges verliehen wurde, schien mir denn doch passender. Viel Erfahrung brachte ich für meine neue Aufgabe nicht mit, wenn sich das pädagogische Talent auch schon ab und zu gezeigt hatte. So bei einem jungen Mädchen in Dresden, das unbedingt bei mir lernen wollte und mich immer mit «Frau Nachtigall» anredete, während ich «Amsel» zu ihm sagte. Unter diesem Namen tirilierte sie bald im Berliner Opernchor. Am Kriegsende kam, wie ich bereits erzählt habe, Rita Streich zu mir nach Dahlem, wo ich in einer großen Villa nach meiner Ausbombung einen Unterschlupf gefunden hatte. In der Diele stand ein Flügel, und ich arbeitete mit ihr. Sie hatte eine schöne, hohe Koloraturstimme, sinnlicher als meine, von großer Musikalität. Da sie keine Lebensmittelkarten hatte, ging ich mit ihr zu Professor Robert Heger zur Staatsoper und ließ sie vorsingen. Sie wurde gleich für kleine Rollen eingestellt, bekam Lebensmittelkarten, und ich war diese Sorgen los. So begann für sie der Weg zum Erfolg.

Vor allem war ich bisher meine eigene Lehrerin gewesen, als ich den Versuch, meinen Stimmklang zu ändern, in London als Irrweg erkannte und dann in Australien beim Umstellen meiner Technik intensiv darüber nachdachte, was ich beim Singen eigentlich machte und wie ich es beeinflussen konnte.

Manchmal stellte ich mir für die Zukunft eine Lehrtätigkeit vor, vielleicht Anfang der fünfziger Jahre in meinem geliebten Berlin? Ich ahnte ja selbst nicht, daß ich noch zehn Jahre länger würde singen und Konzerte geben können. In der Schweiz nahm ich an den Braunwalder Kursen teil und dann 1957 an einem Sommerkurs an der Hamburger Hochschule, bei dem am Schluß alle in einem Konzert Farbe bekennen mußten, die Schüler, aber auch die Lehrer. Das wiederholte sich im nächsten Jahr, und diesmal saßen eines Tages Direktor Jarnach und eine Anzahl Herren in meiner Unterrichtsstunde und hörten zu. Ich ließ mich nicht stören und erfuhr dann, daß sie zum Hamburger Senat gehörten. Angetan von meiner suggestiven Art zu unterrichten, wie sie sagten, boten sie mir einen Vertrag an. Da sich die Berliner nicht meldeten, obwohl ich mit meiner Absicht, die Stadt zu verlassen, nicht hinterm Berge hielt, lehnte ich ein Detmolder Angebot ab und entschied mich für die Hansestadt. Ein wenig betrübte mich ja der Abschied von Berlin, aber lange dem Unabänderlichen nachzutrauern hatte ich nie Zeit, und ich gab mir auch diesmal einen Ruck und suchte in Hamburg eine Wohnung. An der Außenalster fand ich in einem geteilten Einfamilienhaus, was ich suchte: drei Räume für mich, zwar nicht sehr groß, aber mit Blick ins Grüne, und dazu zwei Mansardenzimmer für meine «Wunderkinder». Herta Wunder war meine Haushälterin, die mit ihrer verwitweten Schwester zusammenlebte. Sie war handfest und lustig, konnte fabelhaft kochen und auch einigermaßen mein Bedürfnis nach Ordnung befriedigen. Gleich nach Kriegsende war sie zu mir gekommen, als Gertrud, unser erstes Mädchen, eine Familie gründete, und blieb fünfundzwanzig Jahre.

Am großen, renommierten Musikinstitut der Hansestadt arbeiteten außer mir noch Clara Ebers, Margot Guilleaume, Frau Stein und viele andere im Fach Gesang. Als deutsches Tor zur Welt zog Hamburg besonders viele ausländische Schüler an. Sie bekamen alle von zu Hause Zuschüsse, nicht nur aus dem Elternhaus, sondern von ihren Heimatstaaten, so daß sie sorglos studieren konnten. Viele Deutsche hatten es da schwerer und arbeiteten nebenbei. Ob sie nun morgens Zeitungen austrugen oder abends Popmusik machten war gleichgültig, einem ernsthaften Gesangsstudium tat beides nicht gut. Dazu kam eine vollständige Bühnenausbildung von Italienisch bis zum

Fechten, was alles an der Hochschule direkt angeboten wurde. Erfreulich, wenn ich an meine Jugend denke, als man das noch nicht kannte und man sich das alles selber beibringen, anderen abschauen oder es gegen Bezahlung lernen mußte. Ich hatte einmal in Berlin eigens Ballettstunden nehmen müssen, um als «Christelflein» herumwirbeln und sicher auf Spitzen stehen zu können. Ich verstand gut, daß meine Schülerinnen und Schüler alles mitnahmen, was es zu lernen gab, nur durfte darunter die Hauptsache nicht leiden. Wenn sie vor lauter Nebenverdiensten und Nebenfächern das Singen vergaßen, wurde ich ärgerlich. «Das hier ist keine Korrepetitionsstunde», schalt ich, «ihr müßt täglich mehrere Stunden singen und vorbereitet zu mir in den Unterricht kommen; um euch Notenlesen beizubringen, bin ich nicht hier.» Ich hatte bis zu sechzehn Schüler und Schülerinnen im Semester, das bedeutete genaue Zeiteinteilung, und ich war oft recht erschöpft, wenn es in der Sommerpause nach Meran zum Wandern ging, denn ich gab in den ersten Jahren auch noch eigene Liederabende. Es waren sehr schöne Stimmen dabei, die zu entwickeln große Freude machte, auch lebendige, mit dem gewissen Etwas, das schon die echte Künstlerin ahnen läßt. Ich weiß noch, wie ich einmal ins Nebenzimmer gehen mußte, um meine Tränen zu verbergen, so sehr hatte mich eine zukünftige Pamina bei ihrem ersten Vorsingen bewegt. Eine Garantie für die große Karriere war das noch nicht. Selbst wenn die nötige Musikalität dazukam, mangelte es oft an Geduld – sie wollten schnell perfekt sein und schnell etwas verdienen – oder an Energie und Fleiß und ja, eben an der Besessenheit, die man zur künstlerischen Entwicklung braucht.

Am fleißigsten waren meine Japanerinnen, die sich sofort einstellten, als ich zu lehren begann. «Sie genießen in Japan einen legendären Ruhm», berichteten sie, «für uns kam keine andere Lehrerin in Frage.» Über zehn sind's im ganzen gewesen, und im Verhältnis zu dem, was sie an Stimme und Talent mitbrachten, erreichten sie von allen am meisten.

Von Anfang an bemühte ich mich, meine neue, bei mir selbst so erfolgreiche Technik zu vermitteln, und freute mich, daß ich damit etwas wirklich Hilfreiches weitergeben konnte. Anfänger nahmen sie auch problemlos auf, nur wer sich schon angewöhnt hatte, verkrampft oder gaumig zu singen, mußte umlernen. «Natürlich könnt ihr mir nicht einfach alles nachmachen», sagte ich, «denn jede Stimme

ist anders und muß ihre Schwächen anders überwinden, aber drei Voraussetzungen gibt es, die ihr blindlings nachahmen dürft: Freude, Fleiß und Stetigkeit. Ich habe sehr gern geübt, ich habe sehr viel geübt, und ich habe immer weiter geübt, mein Leben lang.»
Nach dieser Vorrede mußten alle in meinen Stunden viel Übungen singen und stets auf dem Vokal u. Der eignet sich viel besser als a, das sofort nach hinten rutscht und den Gesang breit und flach macht. Mein Kollege Martin, der häufig an meiner Tür vorbei kam und hörte, wie alle auf dieses leichte, lockere uuuu singen mußten, nannte es lachend «die u-Therapie der Berger». Mit Hilfe der u-Übungen verlagert sich der Sitz der Stimme nach vorn, eine der wichtigsten Voraussetzungen für guten Gesang. Eine Stimme, die vorn sitzt, klingt freier, und dann heißt es bewundernd: «Mühelos und federleicht... gleichsam spielend... bar jeder Anstrengung...» Und das stimmt. Ich strengte mich wirklich nicht an, nicht mit den Stimmbändern. Die Stimme ermüdet dann nicht, und manche Unsitte verschwindet von selbst. «Wenn ihr vorn singt, könnt ihr gar nicht mehr tuten oder röhren, und die Vokale klingen nicht verzerrt. Dann braucht ihr nicht zu befürchten, daß euer ö wie e klingt und das ü wie i.» Dazu neigen besonders Tenöre. «Habt ihr mal bei den Lohengrinen aufgepaßt, wenn die ihr «sießes Weib» ansingen, oder bei Tannhäuser, wenn er fleht: ‹Nun, sieße Göttin, laß mich ziehn!›» Das ü ist wirklich ein tückischer Vokal, speziell für hohe Stimmen, und ich atme jedesmal erleichtert auf, wenn einer die Klippe genommen hat. Ein Berliner Freund bat früher manchmal: «Ach bitte, sing doch nochmal die Konstanze: ‹Ach ich liebte, war so glücklich›, ich höre dein glücklich so gern!» Ich versuchte dabei, mich in das üü hineinzulegen und erst am Ende des Tons die restlichen Konsonanten dranzuhängen.

«Als nächstes müßt ihr euch einen endlos langen Atem antrainieren. Dazu könnt ihr Skalen singen, entweder eine Tonleiter rauf und runter und oben bei der Umkehrung noch einen extra Triller dazwischen oder erst zweimal, dann dreimal auf und ab in einem Atemzug.» Damit begann ich meist meine Übungen, und wenn mir das auch noch zu lahm war, sang ich oben noch etwas dazu: Dai, dai, dai, dai – düa, düa, düa und verdoppelte das noch oder sang Triolen, dazu braucht man riesig viel Luft. (Als mich Furtwängler 1930 in Bayreuth ansprach: «Ich habe gehört, Sie singen die ‹Königin› so schön», wollte ich ihm die Koloraturen vorsingen, aber er winkte ab: «Nein, nein, die Triolen bitte.») Oder ich übte Oktaven: du-ü-a, du-ü-a dreifach, ohne Atem zu holen, oder ich sang eine Art Leiter zum Ausziehen, setzte jedesmal einen Ton höher ein und schraubte mich so immer weiter hinauf, bis ich plötzlich dachte: «Nanu, warum geht denn das nicht mehr höher? Ach so, du bist ja schon beim hohen Cis.» Da war ich ganz durchatmet, das liebte ich sehr. Und dann Staccati, erst gebundene Arpeggien und im gleichen Atem Staccati, nicht leicht, aber schön.

Den Triller fand ich das Allerschwerste, den muß man wie oben aufhängen und dann runterziehen, ich spüre das direkt im Rücken, wenn ich's nur denke. Um die kleinen Schwingungen gleichmäßig auf der Atemsäule zu singen, muß die Spannung im Mund immer höher und höher werden, ich muß schmal anfangen und dann verbreitern, auch dabei staue ich unwillkürlich schon im Körper die Luft dazu, wenn ich davon spreche. Im Unterricht konnte ich's vormachen.

Die Arbeit mit den jungen Leuten hielt mich selber jung, jede stand mit ihrer andersgearteten Begabung wie ein neues Rätsel vor mir, und ich lernte selbst immer noch dazu. Vermutlich waren meine letzten Liederabende gesangstechnisch die besten. Die allerletzten fanden 1968 statt. Ein Klavierbegleiter meiner Schülerinnen hörte mich beim Unterricht vorsingen – die Pamina-Arie, nach der alle weinten – und sagte zu mir: Sie müssen noch einen Liederabend geben, viele ihrer Schüler haben Sie nie auf der Bühne gehört und ich auch nicht, das ist zu schade!» «Ja», antwortete ich, «hier im kleinen Kämmerlein geht das noch ganz gut, aber einen ganzen Abend im großen Saal?» Mir fehlte das rechte Zutrauen. Ich brauchte ja nichts Exponiertes zu wählen, meinte er, und könnte auch transponieren, worauf ich wieder abwehrte: «Nein, *das* habe ich mein ganzes Leben lang nicht getan, das mache ich bestimmt nicht, aber ich werde mir's überlegen.» Ich entschloß mich zu einer Wohltätigkeitsveranstaltung für den Studentenbund ASTA, das wirkte nicht ganz so offiziell, und Geld konnte der immer gebrauchen. Es wurde dann ein sehr schöner Abend, und kurz darauf ließ ich mich nochmal zu einem Auftreten im Münchner Cuvilliers-Theater überreden bei einem gemischten Rezitations- und Liederabend mit Liebeslyrik der Romantiker. Der schöne Ort der Veranstaltung hatte mich gelockt.

Daß Deutsch eine schwierige Singsprache ist, wußte jeder, und genau wie ich, hatten manche Probleme mit dem s. Bei mir hörte man's oft nicht, andere lispelten – nicht nur die Amerikaner – oder zischten. «Vergeßt eine Zeitlang alle Konsonanten, singt Melodiebögen und Linie und setzt die Wörter drauf, dann werden sie von selbst richtig», lautete mein Rezept.

Dabei fällt mir ein, daß ich noch gar nicht das Problem meiner trauten heimatlichen Mundart erwähnt habe, wahrscheinlich weil es für mich keines war. Vermutlich habe ich während der Dresdner Jahre sächsisch gesprochen, durch die Kinderjahre in Berlin vielleicht weniger ausgeprägt. Ich hatte später zwar immer einen mitteldeutschen Wortschatz, aber keinen sächsischen Akzent, außer wenn ich gern wollte, und ich mußte natürlich überall zum Vergnügen meiner Zuhörer sächsische Gedichte, Anekdoten, Parodien vortragen. Wenn ich mit Tante Käthes Worten begann, die konstatiert hatte: «Ich schpreche ein gepflegtes Sächsisch», lachten schon alle. Wortverständlich zu singen, scheint für eine zarte, bewegliche Stimme am leichtesten zu lernen, da sie aber häufig einer Sopranistin gehört, wird dieser Vorteil durch die Höhenlage wieder beeinträchtigt. Wo eine Reihe sehr hoher Töne aufeinanderfolgt, einer lange ausgehalten werden muß oder in Koloraturen oder einem Triller endet, hat der Komponist die Textunverständlichkeit in Kauf genommen, ja fast mitkomponiert. Er scheint vergessen zu haben, daß er für eine menschliche Kehle schrieb. Manche Lieder enthalten extrem hohe Stellen, Schumanns «Stille Tränen» zum Beispiel, da kann niemand mehr verständlich artikulieren. Und jede Sopranistin fürchtet Beethovens «Neunte», ganz gleich ob sie im Chor steht oder vorn als Solistin. Die künftigen Chorsängerinnen warnte ich besonders: «Paßt auf, daß ihr nicht zu begeistert schreit und euch überbrüllt. Benutzt zum Einsingen einen *un*akustischen, möglichst schallschluckenden Raum, damit ihr nicht verführt werdet, drauflos zu singen und außer Kontrolle zu geraten. Dann könnt ihr später auf der Bühne unbesorgt aussingen.»

Zu leise darf's aber auch nicht sein. «Warum flüsterst du jetzt? Hier steht pianissimo, das sind immer noch Töne, die klingen müssen. Sehr leise – aber doch bis in die hintersten Stuhlreihen oder bis zum Olymp. Doch, das kannst du lernen. Übe nur. Hauchen und tonlos flüstern sind Schauspielkünste, die taugen nicht für Sänger. Wenn du piano singst, müssen die Leute den Atem anhalten und meinen, sie hören eine Engelsstimme, dann ist es richtig.»

Wenn jemand etwas gar nicht lernt, kann sogar eine physische Ursache dahinterstecken. So riß bei einer Schülerin der Knoten erst, als sie eine Kieferoperation hinter sich hatte. Seitdem schickte ich die Schwierigen erst mal zum Hals-Nasen-Ohren-Arzt, bevor wir uns weitermühten.

Gar nicht ausführlich zu reden von den seelischen Kümmernissen, die sich auf die Stimmen schlugen, schließlich waren alle jung, und Liebesangelegenheiten beflügelten oder hemmten ihre Studien. Dann merkte die Frau Professor als erstes, daß etwas nicht stimmte, und mußte anhören, Rat geben, trösten. Manchmal fast unmöglich, so als eine junge Japanerin einfach keinen Ton mehr herausbrachte, weil sie nach alt-japanischer Tradition den Mann heiraten sollte – und auch heiratete –, den ihre Eltern für sie ausgesucht hatten und den sie gar nicht kannte. Die Konflikte zwischen japanischer Erziehung und inzwischen erlebter europäischer Freiheit belasteten die Mädchen schwer.

Einigen, die mit großem Eifer begannen, mußte ich leider bald ihre Grenzen klarmachen. Die zarte, kleine Stimme der einen eignete sich nun mal nicht für die Oper, sie würde nie übers Orchester hinwegkommen, und bei einer anderen dauerte es einfach zu lange, bis sie eine Ensembleszene oder Arie gelernt hatte, weil sie nicht musikalisch genug war. Da nützten auch Fleiß und Geduld nichts, so bitter das war, aber beim Theater muß es auch schnell gehen. Von der Stunde, da der Sänger erstmals die Noten seiner neuen Partie in der Hand hielt, bis zur ersten Probe sind oft nur wenige Wochen Zeit zum Lernen, möglichst ohne daß ein Repetitor ihm jede Zeile einzeln einbleuen muß. Das geschieht an der Oper nur einmal – es sei denn, die Stimme ist so umwerfend herrlich, daß alle Augen zugedrückt und jede Mühsal in Kauf genommen wird.

Ich tröstete meine bangen Schülerinnen: «Auch bei mir kam bei einer neuen Rolle mit unbekannter Musik jedesmal der Tag, an dem ich: ‹Unmöglich› dachte, ‹nie kannst du den Termin einhalten! Und stimmt denn überhaupt, was du da gelernt hast?›» Aber das ging den anderen ebenso. Pünktlich zur ersten Probe saßen die Töne fest in meiner Kehle und auch der Text, wenigstens meistens. An sich lernte ich schnell, soweit es einigermaßen melodisch war, einfach nach dem

Gehör, bei komplizierteren Partituren prägte ich mir später auch rein optisch das Notenbild ein, bei Strauss etwa und Pfitzner, und sang es dann im Geiste ab, aber das war selten. Später ging es in Fleisch und Blut über.

In mancher Beziehung würden es meine Schülerinnen und Schüler alle beim Theater schwerer haben als ich, das sah man in den sechziger Jahren schon kommen. Immer mehr wurde aus dem Musikkunstwerk Oper ein Regietheater mit obligatem Gesang, und die Regisseure zeigten bei all ihren vielen Ideen immer weniger Verständnis für die Möglichkeiten der Sänger. Ich war ja immer sehr zurückhaltend und begehrte selten auf, aber jetzt würde ich doch manchmal gern vorschlagen: «Singen Sie die große Arie doch bitte selbst liegend hinten auf der Bühne mit dem Rücken zum Publikum, lieber Herr Regisseur!»

Und natürlich tun mir die Sänger leid, so oft ich eine Premierenkritik lese. Unter der Überschrift: «Müller und Schulzes Tannhäuser in Paris», werden spaltenlang die Bemühungen der Herren Regisseur und Bühnenbildner gewürdigt, während es im letzten Absatz lakonisch heißt: «Der Dirigent wurde dem Werk gerecht, und die Sänger waren alle gut bei Stimme.» Aber auch heute braucht die Oper ja noch *Zuhörer,* die alle Musiker mit ihrem Beifall für derlei schnöde Mißachtung entschädigen.

Zwischendurch wurde ich bei Gesangswettbewerben in die Jury geholt und hatte in Wien die Freude, daß eine meiner japanischen Schülerinnen einen Preis gewann. Gut fand ich's an sich nicht, wenn Lehrer der Singenden in der Jury saßen. Selbst wenn die sich der Stimme enthielten, konnten sich unsachliche Gesichtspunkte bei der Beratung einschleichen. Zu Beginn mußte ich jedesmal beim ersten Durchgang einen kleinen Schock überstehen, nicht zu fassen, wer da alles meinte, konzertreif singen zu können! In meinem Innern stritten die Künstlerin und die Pädagogin miteinander; die eine war schnell zu einem Aus bereit, die andere hätte am liebsten jeden zweiten Kandidaten zum Unterricht gebeten. Wer den psychologischen Druck solcher beinahe sportlichen Wettkämpfe gut durchsteht und sein Können überzeugend vorführen kann, hat allerdings eine Chance zum großen Sprung nach vorn, die es früher nicht gab. Meine Freunde in München und Wien, die eifrig zuhörten, meinten denn auch seufzend: «Zu schade, daß es sowas in deiner Jugend noch nicht gab, du hättest einen

Preis nach dem anderen kassieren können», aber ich schüttelte den Kopf: «Wo denkt ihr hin! Dafür hätte ich doch gar keine Zeit gehabt.» Einige meiner Schülerinnen wollten von vornherein nur Konzertsängerinnen werden und studierten Lied- und Kirchenmusik. Alle aber mußten schon in der Hochschulzeit lernen, vor Publikum aufzutreten. «Malt euch nicht so an und steht still beim Singen», empfahl ich ihnen, «ihr seid nicht auf der Opernbühne. Da könnt ihr euch noch genug schminken und große Gesten machen.» Dann saß ich unten im Saal und preßte aufgeregt die Hände zusammen, denn Lampenfieber für andere haben zu müssen ist viel schlimmer als eigenes. Bei den Abschlußprüfungen gab's ein paarmal eine Eins, die beste Zensur im Fach Gesang, und ich freute mich ebenso wie die Schülerin. Eine ganz große Karriere hat keine von allen gemacht, aber das bleibt ja immer die Ausnahme. Mit vielen stehe ich heute noch in Verbindung und bekomme Opernbilder, Konzertprogramme und Kritiken zugeschickt – aber auch die Fotos ihrer Familien. Eine lebt in derselben Stadt wie ich und ist stets hilfsbereit und rührend um mich besorgt, andere rufen an und kommen zu Besuch. Und die herrlichen Seidenstoffe, die meine treuen Japanerinnen jedesmal mitbringen, und aus denen inzwischen fast alle meine Kleider bestehen, kann ich wirklich nicht mehr zählen.

Wo immer sie gesungen haben und noch singen oder lehren, ob im kleinen oder großen Kreis, haben sie sich und anderen damit Freude bereitet, davon bin ich überzeugt, und das ist in meinen Augen das Wichtigste.

Als ich siebzig Jahre alt wurde, zog ich mich endgültig in den Ruhestand zurück. Nur eine letzte Schülerin hatte ich in Hamburg noch bis zur Prüfung geführt, dann zog ich an den Rand des grünen Grugaparks in Essen, weil dort meine gute alte Schulfreundin Änne Schanz mit ihrer Familie lebt. Allzuviele der anderen Freunde, Verwandten und Kollegen waren schon gestorben.

Nun gab's nur noch Privatstunden für meine «Ehemaligen», die vor einem Auftritt Rat brauchten, immer mal wieder Fernseh- oder Rundfunkinterviews, viele Briefe mit Autogrammwünschen und das Überprüfen alter Bänder und Platten für Wiederauflagen. Der Kontakt zu meiner aktiven Zeit riß nicht ab.

Ich hatte nun auch mehr Muße, in Opern und Konzerte zu gehen, und genoß Salzburg und Bayreuth ohne meine Mitwirkung. Der

«Jahrhundert-Ring» beeindruckte mich sehr, solche genaue Personenregie wie bei Chéreau hätte ich mir früher oft gewünscht; einige Male fand ich eigene, seit Jahrzehnten unerfüllte Ideen verwirklicht. Nur wenn sicht- und hörbar gegen die Musik inszeniert wird, tut mir das weh. Viel Spaß macht mir das Zuschauen an kleineren Opernhäusern wie in Essen oder in Osnabrück, wo ich oft zu Gast bin. Die frischen jungen Stimmen, der Eifer und Elan sind erfreulicher als manches, was in großen Theatern an vermeintlicher Perfektion geboten wird.

Zu Hause höre ich wenig Musik, mein Verlangen danach ist gering, das wundert mich oft selber, schließlich war Musik mein Leben. Heute strengt sie mich an, und wenn ich abends eine Sinfonie oder eine Oper gehört habe, singe ich die ganze Nacht weiter und kann nicht schlafen. Deshalb heißt's nun: Musik nur am Vormittag – aber da habe ich keine Zeit, da muß ich kochen. Weil ich früher nie dazu kam, macht mir das nun Spaß, denn etwas Gutes esse ich immer noch gern.

Vor allem liebe ich die Ruhe, und wenn meine Freundin Änne zu mir kam und sagte: «Bei Dir herrscht ja eine Grabesstille», antwortete ich: «Nein, eine himmlische Ruhe – untermalt von Vogelgesang.» Musik als Hintergrundgeräusch hat mir noch nie gefallen, weder im Gasthaus noch im Auto oder zu Hause. Höre ich Musik, dann ist das auch jetzt noch eine Hauptbeschäftigung, und ich lese nicht nebenher oder unterhalte mich, genausowenig wie ich das im Konzert oder Opernhaus tun würde. An meiner im jugendlichen Überschwang gefaßten Überzeugung hat sich niemals etwas geändert: Musik ist eine heilige Kunst! Wenn im Vorspiel zu «Ariadne auf Naxos» die Figur des Komponisten über die «heilige Kunst» philosophiert, mußte ich als Zerbinetta ihn brutal mit einem schrillen Pfiff unterbrechen. Ich konnte gut auf zwei Fingern pfeifen und war sehr stolz darauf, aber bei der herrlichen Musik versagte diese Kunst auf den Proben, und ich ergriff statt dessen eine Trillerpfeife.

AUSKLANG

Zu meinem 80. Geburtstag gab ich ein Fernsehinterview, und man bedrängte mich, als Abschluß doch ein Lied zu singen. Ich weigerte mich, weil ich wußte, wie das Publikum jetzt eingestellt ist: gewöhnt an Playback, mit jungen, glatten Gesichtern! Bei mir würde es sehen, wie ich arbeite, mit keineswegs schönem Gesichtsausdruck. Nach langem Zögern ließ ich mich doch überreden und sang das herrliche Schubert-Lied «Im Abendrot», und ich muß sagen, ich habe es nicht bereut. Eine Flut von Briefen des Dankes und der Freude, daß ich noch einmal gesungen hatte, überschwemmte mich, und die Bitten um Autogramme reißen bis heute nicht ab.

Ich war überwältigt! Auf diese Weise gewann ich in meinen alten Tagen durch mein Singen noch viele liebe, neue Freunde, junge und alte. Wie wenigen Künstlern ist das vergönnt!

So lebe ich nicht nur in der Vergangenheit, sondern erfreue mich der lebendigen Gegenwart. Auch wenn ich nicht mehr singe.

Was vergangen kehrt nicht wieder
aber ging es leuchtend nieder
leuchtet's lange noch zurück.
Karl Försters (1784–1841)

Anhang

PERSÖNLICHE AUFZEICHNUNGEN
VON ERNA BERGERS TÄTIGKEIT 1951–1955
++++++ = sehr gut

1951

New York
5. Januar — Rosenkavalier – Premiere in der MET mit Risë Stevens, Helen Traubel: Marschallin, Fritz Krenn: Ochs, Dirigent: Fritz Rainer

Philadelphia
9. Januar — 2. Rosenkavalier-Aufführung

New York
11. Januar — Rosenkavalier-Aufführung in der MET ++++++
13. Januar — Der Barbier von Sevilla (ital.) in der MET ++++++

Boston
24. Januar — 11 Uhr vorm. Matinee Lieder + Arien

New York
25. Januar — Rheingold
27. Januar — Rheingold (Rundfunk)
31. Januar — Rosenkavalier-Aufführung in der MET
4. Februar — 1. Townhall-Lieder- + Arienabend ++++++ mit Mac Arthur – gute Kritiken, die besten!!!
11. Februar — Siegfried
14. Februar — 2. Townhall-Lieder- + Arienabend mit Mac Arthur (wenn möglich noch besser)
17. Februar — Götterdämmerung-Aufführung nachm. 15 Uhr, wurde übertragen
24. Februar — Rosenkavalier Broadcasting-Übertragung

La Crosse b. Chicago
26. Februar — Lieder-Abend ++++++

Chicago
4. März — Lieder- + Arienabend in der Orchestra-Hall ++++++

Winnetka/Canada
7. März — Lieder-Abend

Winnipeg
10. März — Lieder-Abend, Begleiter: Alexander Aster ++++++

New York 15. März	*Lieder + Arien* 14 Uhr in der Harlem-Philharmonie
Cleveland 17. März	*Lieder- + Arien-Abend* mit Berl, gut, besonders: Konstanze, Rigoletto und Louise ++++++
San Antonio/Texas 20. März	*Lieder- + Arien-Abend im Playhouse* mit Mac Arthur, sehr gut ++++++
Austin/Texas 22. März	*Lieder- + Arien-Abend* mit Mac Arthur, sehr gut ++++++
Harrisburg 12. April	*Lieder-Abend* mit Berl, sehr gut ++++++
Toledo/Ohio 17. April	*Lieder- + Arien-Abend* mit Leo Taubmann, schönes Konzert, reizende Menschen (Barksdale)
Dallas 29. April	*Barbier von Sevilla-Aufführung* im Adelphi-Theater
Berlin 10. Mai	*Lieder- + Arien-Abend* im Titania-Palast mit Michael Raucheisen, Schulz + Geuser, ganz groß! ++++++
Bonn 16. Mai	*Lieder- + Arien-Abend* mit Prof. Gießen
Heidelberg 18. Mai	*Lieder- + Arien-Abend* mit Prof. Gießen
Stuttgart 19. Mai 20. Mai	im Rundfunk gesungen *Lieder- + Arien-Abend*
Lindau 22. Mai	*Lieder- + Arien-Abend*
London 28. Mai 29. Mai 31. Mai	*Rigoletto-Aufführung* in engl., Gilda, im Covent-Garden *im Radio-Rundfunk gesungen* Schubert-Lieder, der Hirt a. d. Felsen, Suleika I., Ave Maria *im Radio-Rundfunk gesungen* Pfitzner/Keller: Mägdlein, Spröde, Mausefalle; Wolf: Warnung, Veilchen

Musikhochschule Hamburg, 1959–1971

Mit Karl Böhm, 1970

Mit Viorica Ursuleac, München 1978

Erna Berger 1968

Am 80. Geburtstag

Mit Max Lorenz Sommer 1974

Bremen
4. Juni Lieder + Arien mit G. Weissenborn in der «Glocke»
5. Juni Rundfunk-Aufnahme Pfitzner

Bielefeld
8. Juni Lieder- + Arien-Abend
mit G. Weissenborn, sehr schön ++++++

Hagen/W.
10. Juni Lieder- + Arien-Abend mit Wesselmann

London
13. Juni Rigoletto-Aufführung engl., Gilda, im Covent-Garden

Hamburg
15. Juni Lieder-Abend in der Musikhalle, großer Saal, sehr gut
NWDR: Wiese-Bänder ++++++

Leeds
9. Juli Rigoletto-Aufführung, engl.
11. Juli Rosenkavalier-Aufführung, engl.
14. Juli Rigoletto-Aufführung, engl.
16. Juli Rosenkavalier-Aufführung, engl.

Berlin
9. September Lieder- + Arien-Abend ++++++
Titania-Palast, 15 Zugaben
15. September Lieder- + Arien mit Fricsay, Frühlingsstimmenwalzer,
Mein Herr Marquis etc.
28. September Die Entführung aus dem Serail

Wien
3. Oktober Lieder- + Arien-Abend mit Loibner

Göttingen
5. Oktober Lieder- + Arien-Abend

Lübeck
8. Oktober nachm. + abends Orchester-Konzert
Gilda + Butterfly-Duett
9. Oktober nachm. + abends Orchester-Konzert
Gilda + Butterfly-Duett

Recklinghausen
12. Oktober Lieder- + Arien-Abend mit G. Weissenborn

Minden
14. Oktober Lieder- + Arien-Abend

Bahia
22. Oktober   *Lieder- + Arien-Abend* 21 Uhr mit Taubmann

Rio de Janeiro
24. Oktober   2. *Konzert in Süd-Amerika*
Lieder- + Arien-Abend, schönes, erfolgreiches Konzert

Porto Alegre
28. Oktober   3. *Konzert in Süd-Amerika*

São Paulo
30. Oktober   4. *Konzert in Süd-Amerika*
Lieder- + Arien-Abend begeisterte Kritiken, undiszipliniertes Publikum   ++++++
31. Oktober   5. *Konzert in Süd-Amerika*
Lieder- + Arien-Abend, schönes Konzert

Chicoutimi
11. November   *Lieder- + Arien-Abend* sehr schön   ++++++

Toronto
15. November   2. *Lieder- + Arien-Abend in Kanada*
im Eaton Auditorium
17. November   3. *Lieder- + Arien-Abend in Kanada*

New York
2. Dezember   *Lieder- + Arien-Abend* eingesprungen für Claudio Arrau (Pianist) schön
Schubert, Wolf, Purcell, Händel, Haydn, Suleika; Begleiter: Berl (riesiger Erfolg!)   ++++++
5. Dezember   *Joh. Seb. Bach-Konzert*

Berlin
14. Dezember   *Lieder- + Arien-Abend* im Titania-Palast, Kritiken fabelhaft   ++++++
21. Dezember   *Die Entführung aus dem Serail* Städt. Oper, viel besser! besonders die 1. Arie (viel gelernt)
30. Dezember   *Rosenkavalier* Städt. Oper

1952

New York
20. Januar   1. *Townhall-Konzert* «Empfang» schon vor dem Konzert, minutenlanger Applaus und helle Begeisterung!!
27. Januar   2. *Townhall-Konzert*
(mit Kontrabaß) sehr gut   ++++++
3. Februar   3. *Townhall-Konzert* sehr gut, das beste   ++++++!!
2 Turinas, 2 Debussy wiederholt (6 Zugaben)

Paducah/Kentucky
5. Februar   Konzert erkältet, aber gut

Berlin
2. März   Urania-Aufnahmen (bis 16 Uhr)

Wien

9. März	*1. Rigoletto-Aufführung* Staatsoper, große Begeisterung
11. März	*2. Vorstellung in der Staatsoper, Traviata*
15. März	*3. Vorstellung in der Staatsoper, Rosenkavalier* (gesungen mit Angina)
21. März	*4. Vorstellung in der Staatsoper, Die Entführung aus dem Serail*
23. März	*5. Vorstellung in der Staatsoper, Hoffmanns Erzählungen* (Olympia) mit Anton Dermota, schöne Kritiken für *Entführung* und Olympia (gelungen!! 5 Verbeugungen)
25. März	*6. Vorstellung in der Staatsoper, Die Entführung aus dem Serail,* mit Anton Dermota
26. März	*7. Vorstellung in der Staatsoper, Fidelio* – Festaufführung mit Clemens Krauss + Übertragung
31. März	*8. Aufführung in Wien, Hoffmanns Erzählungen*
3. April	*9. Aufführung in Wien, Traviata* besonders gut!! ++++++
18. April	*10. Aufführung in Wien, Fidelio*
25. April	*11. Aufführung in Wien, Premiere Rake's Progress* Dirigent: Hollreiser; Regie: G. Rennert
27. April	*12. Aufführung in Wien, Rosenkavalier*
28. April	*13. Aufführung in Wien, Rake's Progress*
30. April	*14. Aufführung in Wien, Traviata* ganz großer Erfolg, 9 Vorhänge nach Arie
4. Mai	*15. Aufführung in Wien, Rigoletto*
6. Mai	*16. Aufführung in Wien, Rake's Progress*
9. Mai	*17. Aufführung in Wien, Rake's Progress*

Berlin
17. Mai   *2. Aufnahme Urania*

Johannesburg

1. Juni	*1. Konzert in Afrika* in der «Plaza»
5. Juni	*2. Konzert in Afrika* in der «Plaza»
8. Juni	*3. Konzert in Afrika* in der City Hall ++++++

Pretoria
9. Juni   *4. Konzert in Afrika* (Programm wie 1. Konzert)

Durban
11. Juni   *5. Konzert in Afrika* im Prinzeß-Theater (Programm wie 1. Konzert)

Johannisburg
15. Juni — 6. *Konzert in Afrika*

Parys
22. Juni — 7. *Konzert in Afrika* mit Orchester. Exsultate, Traurigkeit, Martern-Arie, Violetta, Mimi, Louise. Zugabe: Butterfly

Kapstadt
24. Juni — 8. *Konzert in Afrika* in der City Hall

Port Elisabeth
26. Juni — 9. *Konzert in Afrika* in Feather Market-Hall

Parys
30. Juni — 10. *Konzert in Afrika*

München
20. Juli — *Rosenkavalier-Aufführung* unter Erich Kleiber mit M. Reining und E. Grümmer
22. Juli — *Deutsche Grammophon Gesellschaft* Aufnahmen mit M. Raucheisen. Schubert, Brahms, Pfitzner/Keller
23. Juli — *Deutsche Grammophon Gesellschaft* Aufnahmen abhören. Oktober + Winter/Keller
24. Juli — *Rosenkavalier-Aufführung*

Berlin
2. September — *Die Entführung aus dem Serail* Städt. Oper
10. September — *Lieder-Abend* ganz groß!   ++++++

Hamburg
17. September — *Bühnenprobe Rake's Progress*
18. September — *Orchesterprobe Rake's Progress*

Berlin
21. September — *Rosenkavalier-Aufführung* Städt. Oper
24. September — *Rigoletto-Aufführung* ital. mit Dirigent Rossi, besonders gut
ital. Gäste: Bariton und Tenor, J. Greindl, M. Klose; Regisseur: G. Rennert   ++++++
26. September — *Rake's Progress-Aufführung* mit Künstlern der Hamburger Staatsoper
27. September — *Rake's Progress* wie 26. 9. 1952
16. Oktober — *Die Entführung aus dem Serail* Städt. Oper
19. Oktober — *Rigoletto-Aufführung*   ++++++

Osaka
11. November — 1. *Konzert in Japan* große Begeisterung! 10½–13 Uhr Probe Japanischer Rundfunk; Prof. Gurlitt
12. November — 2. *Konzert in Japan*

Kyoto
14. November   *3. Konzert in Japan*

Tokio
15. November   *4. Konzert in Japan*

Niigata
18. November   *5. Konzert in Japan* junges begeistertes Publikum

Senday
22. November   *6. Konzert in Japan* 2000 Leute, große Begeisterung

Kanazawa
27. November   *7. Konzert in Japan*
                             sehr gut, leicht + gut gesungen   + + + + + +

Okajama
30. November   *8. Konzert in Japan* schön, alles bestens!   + + + + + +

Hiroschima
1. Dezember   netter Empfang; Interview Rundfunk
2. Dezember   *9. Konzert* (große Begeisterung)

Nagaja = 3.größte Stadt Japans
5. Dezember   *10. Konzert* schöner voller Saal   + + + + + +

Fukuoka
8. Dezember   *11. Konzert* großer Saal (Spalier)   + + + + + +

Schimerosaki
9. Dezember   *12. Konzert*   + + + + + +

Kagoschina
11. Dezember   *13. Konzert*   + + + +

Kumamoto
13. Dezember   *14. Konzert*

Tokio
17. Dezember   *15. Konzert – Lieder-Abend* u. a. Strauss, Pfitzner
18. Dezember   *16. Konzert*
19. Dezember   *17. Konzert mit Orchester* Traurigkeit, Martern-Arie,
                             Rigoletto, Traviata. *Zugaben:* Mimi + Butterfly

Matsusama
22. Dezember   *18. Konzert*

Koshi
23. Dezember   *19. Konzert*

Takamatsu
24. Dezember   *20. Konzert*

Kagasatsuka
26. Dezember   *21. Konzert mit Orchester*

Yokohama
28. Dezember   *22. Konzert*

Tokio
29. Dezember   *Abschieds-Party*
30. Dezember   *Flug nach New York*

1953

New York
2. Januar   *bei Elsa Maury privat!* eingesungen und Lunch + Bach-Probe
3. Januar   10–1 Uhr *Carnegie Studio* eingesungen + Bach-Probe; 4 Uhr *Townhall-Probe;* 6 Uhr *Carnegie-Studio* + Probe
4. Januar   *Carnegie-Studio* Bach
5. Januar   *Carnegie-Studio* Bach
25. Januar   *1. Townhall-Konzert* Schubert: Didone, Forelle, Heideröslein, Nacht + Träume (wiederholt), Ave Maria, Die junge Nonne, totus in corde L. *Klarinette:* David Weber. La pastorelle, Frühlingsglaube, Suleika I + II, Delphine, Der Hirt auf dem Felsen (wiederholt). *Zugaben:* Nixe Binsefuß, Mausefalle, where e'er you walk (braunes Berlin-Kleid mit schwarzem Schal)
                                                   ++++

Buffalo
26. Januar   *Konzert* Lieder + Arien

New York
31. Januar   *2. Townhall-Konzert* sehr gut (Programm wie I. Konzert 25. 1.) +++++
1. Februar   *3. Townhall-Konzert* Mozart + Richard Strauss; Schon lacht der holde Frühling, 5 Mozart-Lieder. *Zugabe:* Warnung, il pastora, Rosemarie + wiederholt. Richard Strauss: Junghexenlied, Nacht, Wiegenlied, Schlagende Herzen (2×). Exsultate, Alleluja (letzter Teil wiederholt), Despina, Susanna. Brahms: Wiegenlied. Mozart: Wiegenlied – (weißes «Ingried»-Kleid)
4. Februar   *Interview für New United Press*
12. Februar   *Rake's Progress – Kostümprobe*

Toronto
16. Februar   *Probe mit Mr. Kilburn* (ausgezeichnet)

Kingston/Kanada

17. Februar	Konzert	+++++

Stilwater/Oklahoma

19. Februar	Konzert	+++++

New York

22. Februar	11–13 Uhr Prof. Kerst
23. Februar	Probe Prof. Kerst + Berl = Begleiter
24. Februar	11 Uhr Probe Townhall
25. Februar	Townhall-Konzert
	Veranstalter: Baron Sydney
	Mia speranza + No, no, che non sei; *große Begeisterung!*
	(schwarzes Spitzenkleid)
8. März	Fritz Busch-Memorial (Andenken) Konzert
	Brahms: Immer leiser wird mein Schlummer.
	Mozart: Idomeneo
15. März	*Carnegie-Hall-Konzert für Freunde*
18. März	*PAA-Flug nach Berlin – großer Empfang*

Berlin

20. März	Probe Rigoletto
21. März	Rigoletto ital. gut!
29. März	Rigoletto (noch besser)

Wiesbaden

31. März	Probe Butterfly
1. April	Butterfly mit Dresdener Kollegen Martin Krämer. Riesenbegeisterung!

Berlin

5. April	Rigoletto

New York

13. April	Probe für *Wohltätigkeits-Konzert*
14. April	Carnegie-Probe
15. April	Carnegie-Konzert
16. April	Empfang von Haslach (Erfinder der Wasserorgel)
4. Mai	Flug Berlin
5. Mai	13.20 Uhr = Frankfurt;
	18.40 Uhr = Berlin

Berlin

9. Mai	Don Giovanni-Probe für Salzburg/Scherzer	
10. Mai	dito	
11. Mai	Probe/Raucheisen	
18. Mai	Furtwängler-Lieder-Abend Raucheisen	+++
21. Mai	Titania-Palast, Lieder-Abend (DM 1000,–)	

Salzburg

10. Juli	1. Probe Don Giovanni
13. Juli	früh + spät = Proben mit W. Furtwängler
14. Juli	dito
15. Juli	dito
16. Juli	dito
18. Juli	Dr. Rücker = 1. Akt + 2. Akt
20. Juli	Proben
21. Juli	dito
22. Juli	dito
23. Juli	dito
24. Juli	Hauptprobe
25. Juli	Generalprobe
27. Juli	Don Giovanni-Premiere sehr schön!
3. August	2. Aufführung Don Giovanni noch besser!
8. August	3. Aufführung Don Giovanni
18. August	4. Aufführung Don Giovanni
28. August	5. Aufführung Don Giovanni

Berlin

13. September	Probe/Weissenborn
15. September	Probe vorm.
	abends: *Titania-Palast Schubert – Furtwängler*
18. September	*Titania-Palast Lieder-Abend*/Weissenborn
23. September	Electrola. *Entführung:* Finale, Quartett, Duett

Bielefeld

29. September	Konzert, Oetkerhalle

Düsseldorf

1. Oktober	Konzert/Schumann

Essen

2. Oktober	Konzert/Städt. Saalbau, großer Saal

Berlin

6. Oktober	Deutsche Grammophon Gesellschaft
	Aufnahme deutsch + italienisch
7. Oktober	Aufnahme Traviata
8. Oktober	Abhören Deutsche Grammophon Gesellschaft
9. Oktober	Aufnahmen Deutsche Grammophon Gesellschaft
	Letzte Rose, Traviata letzte Arie, ital. + deutsch
12. Oktober	Aufnahmen Deutsche Grammophon Gesellschaft
	Olympia französisch + deutsch

Hamburg

21. Oktober	Lieder-Abend mit G. Weissenborn

Kiel

22. Oktober	Lieder-Abend mit G. Weissenborn
1. November	Flug Berlin–New York über Düsseldorf, London

New York
8. November — Townhall-Konzert

Havanna
17. November — 1. *Konzert*
sehr gut. – Programm: Gluck, Mozart, Schubert Il re pastore, Wolf, Turina, Philine + Louise. 4 Sprachen: deutsch, spanisch, französisch, italienisch
+++++
19. November — 2. *Konzert*
Exsultate, andere Schumann, andere Schubert, Hirt a. d. Felsen, Brahms, R. Strauss, Mimi, Norina

Berlin
23. November — Mimi/*Bohème*
2. Dezember — Proben für 9. Beethoven (für Aufbau der Philharmonie)
7. Dezember — *Generalprobe/Puchelt* Marienleben
9. Dezember — *Titania-Palast* Marienleben von Paul Hindemith
19. Dezember — *Electrola* Schubert, Norina, Susanna/deutsch

1954

Berlin
9. Januar — *Probe: Hindemith/Puchelt*
11. Januar — *NWDR* Hindemith: Marienleben
17. Januar — *NWDR mit Puchelt*/Marienleben

Göttingen
21. Januar — *Orchester-Konzert*/Weissenborn, Bach

Kassel
22. Januar — *Orchester-Konzert* Bach

Köln
5. Februar — *NWDR:* Lieder von Brentano, Orphelia-Lieder

Salzgitter
12. Februar — *Konzert* mit Weissenborn schön!

Holzminden
14. Februar — *Orchester-Konzert* Exsultate, Despina, Susanne; Schöpfung, Hanna-Arie aus Jahreszeiten

Hann.-Münden
16. Februar — dito

Berlin
22. Februar   Generalprobe
25. Februar   Titania-Palast Lieder-Abend mit Raucheisen   +++++!!
26. Februar   Zusage: c-Moll-Messe/Mozart, Salzburg

Dortmund
5. März   Lieder-Abend

München
9. März   Probe mit Scherzer + Lieder-Abend
                            1 Stunde Applaus!   +++++

Offenbach
12. März   Konzert

Wiesbaden
16. März   Lieder-Abend
                            wunderschöner Saal – große Begeisterung!   +++++

Münster
18. März   Lieder-Abend
28. März   Flug 12.05 Frankfurt–Bogota über Paris, Madrid, Lissabon, St. Maria/Azoren, Bermuda, Baranquilla

Bogotá
30. März   Probe Dirigent: Roots
31. März   abends im Rundfunk Interview – spanisch
1. April   1. Lieder-Abend wunderbare Kritik!   +++++
6. April   2. Lieder-Abend
                            (glücklich, weil alles gut ging)   ++++++
8. April   Orchester-Konzert
                            Bach: weichet...; Mozart: Exsultate, Alleluja wiederholt; Zugabe von Händel, Where are you walk
                                                                          ++++

Medellin
9. April   Konzert große Begeisterung   +++++

Lima
19. April   Lieder-Abend   +++++

Montevideo
21. April   Lieder-Abend Radio-Interview   +++++
27. April   9 Uhr Mathias Wiemann liest im Austria-Club Märchen
                            11 Uhr Probe
29. April   Lieder-Abend im Austria-Club: Gluck, Veracini, Schubert, Schumann, Mendelssohn, Richard Strauss
3. Mai   Lieder-Abend «Solis» alle sind beglückt + reden von Vollendung

	Pergolesi, Pastorella, Du bist die Ruh, Ave Maria, Der Tod, das ist..., Dort an der Weiden, Exsultate, Verborgenheit, Elfenlied, Mausefalle, 4 Debussys
Schweinfurt	
20. Mai	*Stadthalle* gesungen DM 1500,– incl.
Bad Kissingen	
22. Mai	gesungen DM 1500,–
Bad Nauheim	
27. Mai	gesungen DM 1400,–
Berlin	
5. Juni	mit Scherzer geprobt: ganzer Liederkreis
8. Juni	mit Scherzer geprobt: Oboussier-Lieder
21. Juni	Überreichung der Urkunde «Musikpreis der Stadt Berlin»
1. Juli	Electrola-Aufnahmen Hirt auf dem Felsen mit Geuser + Scherzer
14. Juli	Aufnahmen für SFB Wolf-Lieder mit Scherzer
16. Juli	Titania-Palast 4 Mozart-Lieder (Th. Heuss-Wahl)
Salzburg	
24. Juli	*Generalprobe Freischütz angesehen*
25. Juli	*Eröffnung der Festspiele*
27. Juli	abends 11 Uhr Probe *Don Giovanni*
28. Juli	10 Uhr vorm. *Don Giovanni*-Orchesterprobe, abends Generalprobe *Così*
1. August	*Generalprobe Don Giovanni*
3. August	*Premiere Don Giovanni*
5. August	*Generalprobe Ariadne* mit Seefried
6. August	*2. Aufführung Don Giovanni*
10. August	*3. Aufführung Don Giovanni*
13. August	*4. Aufführung Don Giovanni*
18. August	*5. Aufführung Don Giovanni*
21. August	*abends 2. Filmnacht, erstmals aufgenommen 2. Akt Arie*
Berlin	
9. September	*Bohème angesehen*
10. September	*Bohème 1. + 2. Akt. 3. + 4. Akt Bild/Aufnahme*
16. September	*Probe mit Weissenborn* ital. Liederbuch
17. September	*Gesangsprobe mit Fischer-Dieskau*
18. September	*Probe mit Weissenborn* ital. Liederbuch
19. September	*Hochschule für Musik* ital. Liederbuch *mit Weissenborn + Fischer-Dieskau*
23. September	*Probe Chemin Petit Klavier Arie:* (zu Hause)
24. September	*Probe Oboussier-Lieder/Scherzer*
26. September	*Reger- + Brahms-Lieder mit Chemin Petit*

Zürich
3. Oktober   *Lieder-Abend*

Bern
5. Oktober   *Lieder-Abend* (herrliche Kritik in Presse)

Ascona
7. Oktober   *Orchester-Konzert* Dirigent: Otmar Nussio

Zürich
8. Oktober   *Interview mit SFB*
                        Rückfahrt über Andermatt nach Berlin
11. Oktober   *Radio Bern – Sendung:* 6 Wolf-Lieder, Hirt a. d. Felsen

Ansbach
13. Oktober   *Lieder-Abend*

München
15. Oktober   *Lieder-Abend.* Herr Oboussier ist dort zur Uraufführung seiner Lieder der Ferne
16. Oktober   *Sendung:* 8 Wolf-Lieder

Gelsenkirchen
17. Oktober   *Lieder-Abend.* Zugaben: Barbier, Louise, Reger, Mozart, Forelle, Semele, Mausefalle   +++++

Bremen
21. Oktober   *Glocke* (Columbus) *Lieder-Abend*
                        alles ausverkauft + Podium   ++++++

Heide/H.
22. Oktober   *Lieder-Abend*   ++++++

Hannover
24. Oktober   *Lieder-Abend*   ++++++

Hamburg
26. Oktober   *Lieder-Abend* Musikhalle, großer Saal – Riesenbegeisterung. Debussys = sehr gut. Philine, Mignon, Rosine, Susanne, Semele etc. Zugaben *(wurde aufgenommen von Herrn Wiese NDR)*

M.-Gladbach
28. Oktober   *Lieder-Abend*

Herne/W.
30. Oktober   *Lieder-Abend* (Aula + Podium besetzt)

Kassel
1. November   *Lieder-Abend* Stadthalle = 2000 Personen   ++++++

Stuttgart
3. November   Lieder-Abend Metropol-Palast   ++++++

Hanau
5. November   Lieder-Abend Kammermusiksaal   ++++++

Freiburg
15. November   Orchester-Konzert Stadthalle. Dirigent: Prof. Heinz
                     Dressel, a. G. Herr Schleunig. 4. Mahler-Symphonie
                     sehr schön, Riesenbegeisterung

Wiesbaden
16. November   Orchester-Konzert (wie Freiburg)

Berlin
21. November   Probe für 2. Dezember mit M. Raucheisen, Flöte,
                     Schulz-Quartett. Telemann, Händel, Mozart, Beethoven
29. November   Electrola-Aufnahme Madame Butterfly
2. Dezember   Titania-Palast, Konzert mit Raucheisen, Quartett +
                     Oboe, 1.+. Flöte Haußmann, Schulz-Quartett
                                                                +++++

Ludwigshafen
10. Dezember   Konzert

Baden-Baden
13. Dezember   Orchester-Konzert. Et incarnatus, Exsultate, 3 Strauss-
                     und Brentano-Lieder (Herr Voigt)   +++++

Berlin
30. Dezember   Probe-Hochschule 9. Symphonie
31. Dezember   Probe-Hochschule 9. Symphonie. Eugen Jochum-Bruder dirigiert

1955

Berlin
1. Januar   Hochschule für Musik 9. Symphonie
19. Januar   Probe mit Scherzer ital. Liederbuch
20. Januar   dito
21. Januar   RIAS-Aufnahme
24. Januar   Probe mit Scherzer/Bajazzo

Hamburg
26. Januar   Rundfunk-Aufnahmen: Pamina, Susanna, Cherubin,
                     Zerline

Berlin
5. Februar   Probe mit Scherzer Müller-Lieder

Hannover
13. Februar — *Chor-Konzert*. Wolf, Pfitzner, Strauss; Jessika Köttrick (Dresden)

Bielefeld
15. Februar — *Electrola-Aufnahmen* (Herr Gauß + Tischbein) in der Oetker-Halle mit Schubert, 2 Arien Marie *(Verkaufte Braut)*
16. Januar — *Ensemble-Aufnahmen* mit Rudolf Schock + Frick
17. Januar — *Beginn Duette mit Schock*

Berlin
28. Januar — *Proben mit Scherzer: Schubert*
3. März — *Einladung Empfang (Così) Kultusminister-Konferenz*
4. März — *Generalprobe: Schöne Müllerin*

Basel
8. März — *Probe Stadtkasino* (sehr gut) mit Dr. Hans Münch. Bach: Weichet nur betrübte Schatten, Mozart: Exsultate
9. März — *Orchester-Konzert* Wiederholung: Alleluja

Zürich
11. März — *Verdi-Requiem* Kapellmeister Erismann
13. März — dito

Lindau
16. März — *Lieder-Abend*

Frankfurt
17. März — *Lieder-Abend* (DM 1500,–)
18. März — *Hessischer Rundfunk – Aufnahmen* Keller-Pfitzner, Mörike, Wolf (Dr. Pastor)

Opladen
20. März — *Lieder-Abend* (Müller-Lieder)

Bocholt
22. März — *Lieder-Abend* (DM 1500,–)

Marl
24. März — *Lieder-Abend*

Düsseldorf
26. März — Schumann-Saal (+ Podium) *Lieder-Abend* Telemann, 4 Mozart, 4 Schubert, Hirt auf dem Felsen, Oboussier, Strauss, Debussy ++++++ (DM 1500,–)

Essen
28. März — *Lieder-Abend* (Müllerin) Kaiser-Hof (DM 1500,–)

Gevelsberg
30. März   Lieder-Abend (DM 1500,–)

Opladen
1. April   Lieder-Abend
2. April   Lieder-Abend
3. April   Lieder-Abend

Köln
5. April   Probe – Orchester-Konzert
                             Matthäus-Passion mit Hoengen
6. April   1. Aufführung Matthäus-Passion
7. April   2. Aufführung Matthäus-Passion
8. April   3. Aufführung Matthäus-Passion

Berlin
21. April   Schulz-Quartett
24. April   Hochschule für Musik – Matinee Mozart ital. Arien
                             4 Lieder: Il re pastore, Der Liebe himmlisches Gefühl,
                             Aspiegarti, Exsultate
25. April   Aufnahme der Deutschen Grammophon-Gesellschaft
                             Liederkreis, Schumann, Mörike, Wolf
26. April   Deutsche Grammophon-Gesellschaft
                             Aufnahme: nur Wolf
27. April   Deutsche Grammophon-Gesellschaft Aufnahme
1. Mai   Probe Scherzer für Frühlingskonzert

Salzgitter-Lebenstedt
3. Mai   Orchester-Konzert mit Weissenborn
                             Exsultate, Schöpfung, Hanna aus Jahreszeiten

Berlin
8. Mai   Hochschule für Musik Frühlingslieder-Arien zu Gunsten
                             des Aufbaus der Philharmonie   +++++

Wien
12. Mai   Lieder-Abend Brahms-Saal   ++++++

Frankfurt
15. Mai   Lieder + Arien   +++++

Bad Nauheim
18. Mai   Lieder-Abend rosa-weißes Nylonkleid (seelischer
                             Kummer, daher so schlecht)   +++

Bad Homburg
20. Mai   Konzert

Göppingen
22. Mai   11 Uhr vorm. Matinee   +++++

Bad Salzuflen		
24. Mai	*Lieder-Abend*	++++++

Bad Kissingen	
26. Mai	*Konzert* Generalmusikdirektor Tuttein. Exsultate, Il re pastore, Martern-Arie – Zugaben: Pamina ++++++

Flensburg	
1. Juni	*Orchesterprobe mit H. Steiner*

Westerland		
2. Juni	*Orchester-Konzert.* Exsultate, Cherubin, Susanna Zugabe: Martern-Arie	+++++

Bad Kreuznach	
7. Juni	*Lieder-Abend*

Baden-Baden	
10. Juni	*Bandaufnahmen* Mendelssohn-Lieder, Hirt auf dem Felsen, Weber Cansonette ital.

Freudenstadt	
13. Juni	*Lieder-Abend*

Mainz	
24. Juni	*Festspiele.* Susanne/Figaro; Generalmusikdirektor Zwissler

Harburg	
27. Juni	*Lieder-Abend* sehr schön gelungen, reizendes Publikum

inzwischen privat nach Norwegen

Konstanz	
14. Juli	Bürgersaal Orchesterprobe

Überlingen		
15. Juli	*Lieder-Abend* schön, große Begeisterung	++++++

Insel Mainau	
16. Juli	*Lieder-Abend.* Exsultate, Il re pastore, Inez de Castro (blaues Kleid)

inzwischen zur Kur in Badgastein

Bad Pyrmont		
11. August	*Lieder-Abend*	+++++

Mit Anton Dermota, Düsseldorf 1980

Als Ehrenmitglied der Deutschen Staatsoper Berlin mit Intendant Günter Rimkus,
Berlin/Ost Oktober 1985

Erna Berger im Oktober 1983

Bayreuth
13. August — *Lieder-Abend* für Wagner-Fond (nach 25 Jahren), ich singe gut, teilweise sehr gut, große Begeisterung!
+++++

Berlin
27. August — *Waldbühne* 3 Uhr + 8 Uhr, Wohltätigkeits-Konzert (Altershilfe) Il re pastore
30. August — *Generalprobe Wildschütz*

Düsseldorf
2. September — *Electrola-Probeaufnahmen* (12 Uhr), abends 20 Uhr, Susanne, Butterfly-Duett mit R. Schock
Konzert in der Rheinhalle Düsseldorf

Dresden
5. September — *Liederabend* Bühlaus Kurhaus-Saal (gen. Kulturscheune; Staatsoper nach dem Krieg) (türkis Kleid)
++++++

Leipzig
7. September — *Lieder-Abend* Kongreßhalle ++++++

Magdeburg
9. September — *Lieder-Abend* Kristallpalast ++++++

Berlin
14. September — Probe mit *Scherzer* Müllerin
16. September — dito

Bad Meinberg
20. September — *Lieder-Abend*

Berlin
25. September — *Hochschule für Musik* Müllerin gesungen +++++

Leverkusen
30. September — *Lieder-Abend* (Herbstkleid)

Nordhorn
3. Oktober — *Lieder-Abend* (Herr Scheede) anschl. Rotary Club +++++

Rheinhausen
5. Oktober — *Konzert*

Berlin
7. Oktober — *Electrola-Aufnahme Figaro* mit E. Grümmer
11. Oktober — Probe mit *Scherzer* Schumann, Schubert

Castrop-Rauxel
13. Oktober				Konzert im Kino

Berlin
15. Oktober				Probe mit Scherzer Schumann

Itzehoe
22. Oktober				Konzert im Stadttheater, nachm. Konzert im Hotel

Rendsburg
24. Oktober				Konzert im Theater, gut! 5 Zugaben! Danach mit dem
					Bürgermeister und Gattin zusammen

Flensburg
26. Oktober				Konzert Deutsches Haus, 1400 Personen,
					viel-viel Blumen!							++++

Heide/H.
28. Oktober				Konzert

Hamburg
1. November				bei Susi Anders geübt
2. November				Konzert, tolle Kritiken! Musikhalle, großer Saal. Tele-
					mann, Schumann, Liederkreis, Pfitzner, Keller,
					Strauss, Brentano (Herbstkleid)			+++++

Stade
3. November				Konzert im Rathaussaal

Hannover
5. November				Werk-Konzert Continental-Gummi-Werke
5. November				Konzert in der Stadthalle. Dirigent: Thierfelder
					Nun blüht die Flur, Cherubin II, Pamina, Ännchen II,
					Rosine mit Wiederholung

Berlin
10. November				Probe mit Scherzer
11. November				Probe mit Scherzer
12. November				Probe mit Scherzer
13. November				Probe mit Scherzer, Reger + Händel
14. November				Probe mit Scherzer, Reger + Händel, Wolf
15. November				½ 9 Uhr Fernsehen Ost-Berlin
					½ 4 Uhr Fernsehen Ost-Berlin
					3 Mozart, 3 Schubert, 3 Wolf

Bremen
18. November				Konzert in der «Glocke»
19. November				Sendung Radio Bremen Mozart + Wolf

Verden an der Aller
21. November Konzert

Bamberg
23. November Lieder-Abend

Stuttgart
26. November Lieder-Abend

Köln
1. Dezember *Rundfunk* gesungen: 2 Weber, Cansonetten, Gott im Frühling – Schubert 4 Reger, Bödicker – Weihnacht 2 Alleluja, Wolf, Hindemith, Schlußgesang
2. Dezember *Generalprobe* im Gürzenich-Saal, Dirigent: Piz
4. Dezember *Wiederholung*

Augsburg
10. Dezember Konzert +++++

Berlin
30. Dezember *geübt:* Frauenliebe und -leben

Erna Berger in Covent Garden

Als Marzeline in *Fidelio*	30. 4. 1934 8. 5. 1934
Als Woglinde in *Rheingold*	1. 5. 1934 9. 5. 1934 3. 5. 1935 15. 5. 1935
Als Woglinde in *Götterdämmerung*	7. 5. 1934 13. 5. 1935 28. 5. 1935
Als Waldvogel in *Siegfried*	4. 5. 1934 9. 5. 1935 22. 5. 1935
Als Königin der Nacht in *Die Zauberflöte*	2. 5. 1938 6. 5. 1938 16. 6. 1938 6. 10. 1948 17. 10. 1948 4. 11. 1948
Als Konstanze in *Die Entführung aus dem Serail*	13. 5. 1938
Als Sophie in *Der Rosenkavalier*	4. 5. 1938 10. 5. 1938 12. 5. 1938 28. 10. 1949 11. 7. 1951 (Gastspiel in Leeds) 16. 7. 1951 (Gastspiel in Leeds)
Als Gilda in *Rigoletto*	21. 5. 1949 8. 10. 1949 25. 10. 1949 7. 11. 1949 28. 5. 1951 13. 6. 1951 9. 7. 1951 (Gastspiel in Leeds) 14. 7. 1951 (Gastspiel in Leeds)

Freundlicherweise mitgeteilt von Francesca Franchi, Archive Office, Covent Garden London

PRESSESTIMMEN

Erna Bergers Sensationserfolg
Das Konzert der berühmten Koloratursängerin Erna Berger in der Carnegie Hall war ein Sensationserfolg für die Künstlerin. Schon bei ihrem Erscheinen wurde sie vom Publikum überaus herzlich begrüßt, der Beifall steigerte sich nach jeder Programmnummer, und am Schluß gab es wahre Ovationen für die ausgezeichnet disponierte Sängerin.

Erna Berger hatte an den Beginn und an das Ende ihres Programms eine Mozart Arie gestellt, es war ihr Bekenntnis zu dem Komponisten, der ihrer Art und ihrem Vortrag so sehr entspricht und mit dessen Werken sie sich den Weltruf errungen hat. Der Ruf aus dem Publikum nach der Arie der «Königin der Nacht» ist wohl zu verstehen, denn die Sängerin brachte schon die erste Arie «Motet; Exsultate, Jubilate» zu großartiger Wirkung. Der helle, silberklar klingende Sopran ist immer treffsicher, der Übergang zur hohen Lage besonders ausdrucksvoll und bleibt selbst im leisesten piano deutlich vernehmbar. Erna Berger hat eine typische Mozartstimme, die Leichtigkeit und Tragfähigkeit ist wie geschaffen für die Interpretation dieser Arien. Bemerkenswert das seelenvolle timbre, das bei Koloraturstimmen sehr selten so schön zu hören ist. Mit dem Alleluja, das die Arie abschließt und in dem Koloraturen kristallklar und rein klangen, erwies sich die Berechtigung des großen Rufes, der Erna Berger begleitet. Die nachfolgenden Lieder brachten die Bestätigung des ersten Urteils.

Erna Berger sang die drei Mozartlieder «Ridente la calma», «Dans un bois solitaire» und «Abendempfindung», jedes mit dem richtigen Empfinden. Bezaubernd kam «Heidenröslein» von Schubert zur Geltung, einfach intoniert im Anfang und im Ausdruck, wie es der Komponist vorgeschrieben hat «Lieblich». In der gleichen Gruppe hörte man «Frühlingsglaube» und «Die Forelle»; nebenbei bemerkt hat die Gesangsstimme bei der Forelle den Einsatz, und das kleine Vorspiel, das der Pianist verwendete, entspricht nicht ganz dem Charakter des Liedes.

Im weiteren Verlauf des Abends sang die Künstlerin drei Lieder von Brahms und drei von Hugo Wolf. Das «Elfenlied» (Wolf) wurde entzückend gebracht, schelmisch im Ausdruck, und den Abschluß des offiziellen Programmes bildete die Arie «Schon lacht der holde Frühling» von Mozart. Erna Berger nimmt die schwierigsten Passagen scheinbar vollkommen mühelos, die Tonleitern sind wie Perlen, immer rein in den Intervallen und niemals seelenlos.

George Schick begleitete am Klavier als sicherer und musikalischer Partner, sein «piano» klingt in den zartesten Nuancen. Die Begeisterung war am Schluß des Konzerts groß und Erna Berger mußte eine ganze Anzahl Zugaben bewilligen, unter anderem die Gilda-Arie aus «Rigoletto». *New Yorker Staats-Zeitung und Herold, 8. 2. 1950*

Erna Berger sang

Liebe und Sympathie schlugen Erna Berger entgegen, als die Vielgefeierte jetzt nach ihrer großen Auslandstournee wieder vor ihr Hamburger Publikum trat. Es gibt auch unter den Großen nicht viele, die zu so sommerlicher Zeit noch eine solche Anziehungskraft ausstrahlen. Es ist das Einmalige und Besondere an Erna Berger, wie sich der Zauber, die Schlichtheit und Wärme ihrer Persönlichkeit mit ihrer Kunst verbindet. So schön und geschmeidig wie je entfaltet sich ihr flötenheller Sopran, der in den höchsten Lagen so mühelos zu Hause ist. Wunderbar die fast instrumentale Klarheit ihrer melodischen Linien bei Bach, das feine Pastell in der Zeichnung der Arie aus Haydns «Jahreszeiten». Aber wie zart und intim beseelt sich diese Stimme bei Schubert, besonders auch im Zusammenklang mit dem edlen Klarinettenton Rudolf Irmisch'. Der zweite Teil des Programms gab Gelegenheit, in Liedern von Pfitzner und Strauss die große Gestalterin zu bewundern, den Ausdruck des menschlichen Echten, mit dem Erna Berger auch diesmal wieder ihr Publikum in der Musikhalle so reich beschenkte. *hj*
Die Welt, Hamburg 16. 6. 1951

Erna Berger sang

Vor Antritt einer neuen Amerikatournee verabschiedete sich Erna Berger in der Musikhalle. Wir haben heute nicht viele Sängerinnen, die wir ins Ausland senden können. Um so schöner, einer Künstlerin zu begegnen, die das Erbe einer großen Gesangskultur so lebendig und warmherzig, so bewußt und so unmittelbar als Ausdruck ihrer eigenen Persönlichkeit bewahrt.

Wer anders als Erna Berger könnte es wagen, Gegensätze wie Hugo Wolfs «Verlassenes Mädchen» und die spukhafte Neckerei der «Hexe Binsefuß» so unmittelbar nebeneinander zu stellen, ohne die innere Einheit des Programms zu gefährden! Bei Erna Berger sind das nur verschiedene Strahlenbrechungen eines reichen Temperaments, das alle Stufen zwischen Scherz und Ernst glückhaft umspannt und künstlerisch realisiert.

Stimmlich in bester Form, den edlen Ton in allen Lagen weich gerundet, kultiviert und strahlend klar, beschenkte sie ihre Hörer mit kostbaren Liedergruppen von Schubert, Schumann, Brahms und Hugo Wolf, umrahmt von Gluck- und Mozart-Gesängen, die auch in der Stilprägung zum erlesenen Genuß wurden. Das Publikum, das gekommen war, einen Star zu feiern, fand sich alsbald im Banne einer Künstlerin. Am Flügel: Günther Weissenborn als geschmackvoll mitgestaltender Partner. *hj*

Die Welt, Hamburg 23. 10. 1953

Die dank vollendet beherrschter Atemtechnik, bewundernswert ruhig und sicher geführte Stimme, deren Reinheit und Klarheit ungetrübten Genuß gewährt, strahlt heute wie je in voller Frische und umspannt einen erstaunlich weiten dynamischen und Ausdrucksbereich. Keine Höhe scheint ihr schwierig, kein Bogen zu weit geschwungen. Und das Fesselndste ist vielleicht die Wandlungsfähigkeit, die ihr erlaubt, den berühmten italienischen Belcantostücken von Giordani, Lotti, Caccini und Scarlatti in gleichem Masse gerecht zu werden wie Liedern von Mozart, «dem Hirten auf dem Felsen» von Schubert, den «Gesängen der Ferne» von Robert Oboussier oder den «alten Weisen» von Hans Pfitzner und Liedern von Richard Strauss.

... Zu welch blühender Pracht die Künstlerin ihren silbernen Sopran beim Ausformen großer melodischer Linienzüge zu entfalten vermag, zeigte sich besonders eindringlich in dem den naiven Zauber der Schubertschen Natur- und Alpenmelodik zu köstlichster Wirkung bringenden Vortrag des «Hirten auf dem Felsen», bei welchem sie in dem Klarinettisten Hans Rudolf Stalder einen ganz ausgezeichneten Partner zur Seite hatte. Aber auch der farbig und mit lebendiger Anteilnahme musizierende Begleiter am Klavier, Ernst-Günther Scherzer, trug viel zum schönen Gelingen des durch zahlreiche Zugaben bereicherten Liederabends bei. *Neue Zürcher Zeitung, 2. 5. 1957*

Durch die Kunst jung geblieben

Die Berliner Sopranistin Erna Berger – die den 2. Abend «Meister des Liedes» im Funkhaus Hannover bestritt – scheint ein Genie des Fleißes zu sein. Wer mit 60 Jahren ein umfangreiches Programm noch so überlegen zu meistern versteht, wer altitalienische Arien mit so federnder Sensibilität und Energie des Ausdrucks erfüllt, wer in Gluck- und Händel-Stücken den Wohllaut des Melos noch so verschwenderisch strömen lassen kann, wer Mozart-Lieder mit den feinsten Schattierungen spielender Dynamik zu entfalten und im Vortrag der Schubertschen Suleika-Lieder die Geheimnisse zwischen Ton und Dichtung noch so vorbildlich aufzudecken weiß, der muß mit einem ganz besonderen künstlerischen Verantwortungsbewußtsein, mit einem Fanatismus ohnegleichen an sich gearbeitet haben, um sich die Elastizität der Stimmführung so überraschend zu erhalten.

Die zahlreichen Musikfreunde, die ins Funkhaus gekommen waren, kamen denn auch aus dem Staunen nicht heraus, wie makellos Erna Berger ihre von früher her bewunderte Kunstfertigkeit bis in unsere Tage herüber gerettet hat. Es gibt wenig Sänger, die durch die Kunst so jung geblieben sind, wie sie. Der Humor in der Musik war von jeher eine starke, eine besonders liebenswerte Seite ihrer phänomenalen Gestaltungsmöglichkeiten. An diesem Abend sang die Koloratursopranistin als Auflockerung ihres vielseitigen Programms Telemanns tragikomische Kantate auf den Tod eines kunsterfahrenen Kanarienvogels. Sie holte durch die belkantohafte Geschmeidigkeit ihrer Stimmführung, durch die geistige Konzentration auf die stilistischen Gesetze der alten Musik das Beste aus dieser «Trauermusik» heraus. Ja, man bedauerte angesichts einer so herrlich einfühlsamen und humorvoll mitfühlenden Wiedergabe, daß dieses Werk des guten alten Telemann nicht noch mehr überzeitliche Qualitäten ausstrahlt. Mit welcher Bravour sang Erna Berger über die beträchtlichen «Längen» dieser tragikomischen Begebenheit hinweg. Es gelang ihr und

ihrem vorzüglichen Klavierpartner Sebastian Peschko mehr Musik aus dem «Nachruf auf einen Kanarienvogel» herauszuholen als in Wirklichkeit drinsteckt. Nicht zuletzt war die Wiederbegegnung mit Erna Berger deshalb so beglückend, weil sie in Peschko einen gleichrangigen Mitgestalter hatte, dessen reiche Erfahrungen und künstlerische Befähigungen das einheitliche Bild eines unvergeßlichen Liederabends entscheidend mitprägten. *F. Lt.*
Hannoversche Allgemeine Zeitung, 8. 1. 1962

Noch unvergleichlich

Daß Kammersängerin Erna Berger, derzeit Professorin an der Musikhochschule in Hamburg, bei ihrem Konzertpublikum noch in bester Erinnerung ist, bewies ein Liederabend, den sie in der neuen Berliner Philharmonie gab: die Begrüßung war überaus herzlich, und zum Schluß feierte man die Sängerin mit einem wahren Blumensegen und stürmischen Beifall, in den auch ihre Begleiter – Martin Mälzer, Klavier und Herbert Stähr, Klarinette – einbezogen wurden.

Im ersten Teil sang Erna Berger den Liederkreis op. 29 von Robert Schumann (12 Lieder von Eichendorff) und beeindruckte durch die Mannigfaltigkeit des Ausdrucks, die keine Wünsche offenließ. Die Ausarbeitung selbst der kleinsten Details zeigte, daß sich die glänzend disponierte Künstlerin wie immer sorgfältigst und ernsthaft vorbereitet hatte. Mittelpunkt des Programms war Schuberts «Hirt auf dem Felsen» – op. 129 –, bei dessen Wiedergabe Weichheit und Leichtigkeit der Stimme sowie Lebendigkeit und Heiterkeit des Ausdrucks bestachen. Wie eh und je war jedes Textwort zu verstehen.

Sechs Lieder von Johannes Brahms (Wir wandelten – An eine Aeolsharfe – An die Nachtigall – Lerchengesang – Der Tod, das ist die kühle Nacht – Feldeinsamkeit) beschlossen das Konzert, das eine begnadete Sängerin zu einem künstlerischen Erlebnis besonderer Art werden ließ. Die glockenreine Stimme sowie die Innigkeit des Vortrages ließen erkennen, daß Erna Berger nach wie vor zu den Besten des Liedgesanges zählt. Mit dem langanhaltenden Schlußapplaus brachten die Konzertbesucher nicht nur ihren Dank zum Ausdruck, sondern auch die Hoffnung, diese großartige Sängerin demnächst wieder einmal sehen und hören zu können.

A. Pletsch, Gießen 2. 5. 1964

Erna Berger
Ein Opernabend (Arien von Mozart, Donizetti, Rossini, Puccini) – Rudolf Schock, Tenor, und verschiedene Orchester und Dirigenten
Dacapo C 047–28556 M 1 (1 M 30)

Über die exzeptionellen Gesangskünste und Musikalität Erna Bergers sind zu ihrem 70. Geburtstag unzählige Wortarien der Bewunderung geschrieben worden. Sie wären anläßlich dieser Platte zu wiederholen. Einer sorgfältig edierten Platte mit genauen Aufnahmedaten, einem für die Künstlerin repräsentativen Programm und einem guten Mono-Klangbild. Nur der «Giovanni» fehlt unter den sieben Arien aus Mozart-Opern. Dazu die beiden Kavatinen aus Donizettis «Pasquale» und Rossinis «Barbier» und als kleiner Seitensprung in das lyrische Fach die Mimi-Arie. In diesen Aufnahmen von 1932 bis 1959 sind 27 Jahre Sängerleben und Karriere konserviert. Und festgehalten ist damit die für einen Koloratursopranisten singuläre Konstanz der Gesangs- und Stimmqualität bis ins Alter hinein. Gewiß ist es interessant, das noch mädchenhaftere Timbre der 32jährigen, die «Königin der Nacht» der 37jährigen zu hören, aber faszinierend wird die Sache, wenn die 47jährige mit langem Atem, großen Crescendi und mühelosem Dauer-C der dreigestrichenen Oktave die «Martern»-Arie aus der «Entführung» noch aus dem Ärmel zu schütteln scheint. Das besonders, da Erna Berger ja im Grunde keine dramatische Koloratursängerin war. Mit 59 Jahren hat sie mit der Cherubin-Kanzone aus dem «Figaro» und der Despina-Arie aus «Così fan tutte» endgültig bewiesen, daß sie anscheinend das Geheimnis der ewigen Jugend besitzt. Die Stimme klingt jung und schön, wie in besten Jahren. Welches Ausmaß an persönlichen Entsagungen, an Fleiß und lebenslangem, harten Stimmtraining sich hinter einer so bewahrten Qualität verbirgt, kann nur geahnt werden.

Herta Piper-Ziethen in *fono forum*, Februar 1971

Schallplatten- und Rundfunkaufnahmen

Vorbemerkung

Die Stimme Erna Bergers ist vielfach, aber nicht ihrem Rang entsprechend auf Schallplatten dokumentiert. Man wünschte sich mehr Gesamtaufnahmen von Opern wie auch von Kantaten, Messen und Oratorien sowie eine größere Zahl von Liedproduktionen. Sie wären wohl entstanden, hätte es nicht den Krieg und seine Folgen gegeben. Abgesehen davon hat die Schallplatte sich erst etwa Ende der 50er Jahre zum «Massenmedium» entwickelt. Vorher hörte man die großen Sänger hauptsächlich im Radio – und dort oft in eigenen Produktionen der Rundfunkanstalten. Erna Berger ist besonders häufig vor die Mikrophone gebeten worden. Manches vom Rundfunk Aufgenommene ist später auf Platten erschienen, bis in die jüngste Zeit hinein. Wenn – wie zu erwarten ist – die Lied-Edition mit Michael Raucheisen am Klavier fortgeführt wird, kann man mit vielen weiteren Veröffentlichungen aus Funkarchiven rechnen. Unter Sammlern kursieren im übrigen Mitschnitte von Rundfunkaufnahmen Erna Bergers, die niemals auf Platten überspielt worden sind.

Damit der Leser ein umfassenderes Bild vom Schaffen Erna Bergers und der Sammler Hinweise erhält, soll hier die Rundfunkarbeit Erna Bergers einbezogen werden. Allerdings kann weder hinsichtlich der Funk- noch hinsichtlich der Plattenaufnahmen Vollständigkeit angestrebt werden, denn die Fülle der aufzuzählenden (und zu ermittelnden) Titel würde den vorgegebenen Rahmen sprengen. Bei den Platten sollen eher frühe, nicht mehr so bekannte Produktionen im Vordergrund stehen; auf die heute im Handel befindlichen wird am Schluß hingewiesen.

I. Schallplatten
(außer Operngesamtaufnahmen)

1. Oper

Das *Lied des jungen Hirten* aus «Tannhäuser» ist wohl das älteste erhaltene Tondokument (Bayreuther Festspiele 1930 unter Elmendorff).

Als erste Solo-Aufnahme sieht Erna Berger die *Kavatine der Rosina* aus dem «Barbier von Sevilla» an. Danach entstanden in den 30er Jahren eine Reihe weiterer Aufnahmen, die heute noch in Überspielungen auf dem Markt sind (s. unten IV 4), sowie auf Wunsch Leo Blechs und gegen die Überzeugung Erna Bergers («Ich bin doch im Leben keine Eva...») das *«Meistersinger»-Quintett* (mit E. Ruziczka, M. Hirzel, C. Jöken, K. A. Neumann).

Aus den 30er Jahren sollen noch erwähnt werden: das Duett *Reich mir die Hand, mein Leben* aus «Don Giovanni» (mit H. Schlusnus), die *Tirolienne* aus Donizettis «Regimentstochter», *Letzte Rose* («Martha»), *Terzett* und *Schlußduett* aus dem «Rosenkavalier» mit T. Lemnitz und V. Ursuleac (mit ihr auch das *Briefduett* aus «Figaro») sowie aus «La Traviata» *Lebt wohl, ihr Gebilde* und *'s ist seltsam ... Von der Freude Blumenkränzen* (1940) und das *Schlußduett O laß' uns fliehen*... (mit J. Patzak), schließlich eine Arie aus «Ines de Castro» von Weber, die Arie *Dein bin ich* aus Mozarts «Il re pastore», den *Walzer* der Musette und die Arie *Man nennt mich jetzt Mimi* aus «La Bohème» (1940).

Die ersten Aufnahmen nach dem Krieg machte Erna Berger 1947 in London: *Frühlingslüfte* ... aus «Idomeneo» und *Martern aller Arten* («Entführung»). 1948 spielte sie die große Szene und Arie der Violetta (1. Akt «La Traviata») in italienischer Sprache ein, 1953 Rezitativ und Szene der Norina *(Wollt ihr den Zauber kennen – Auch ich versteh' die feine Kunst,* «Don Pasquale»).

1950 nahm Erna Berger in den USA mit Risē Stevens und Eleanor Steber *Rosenüberreichung, Terzett* und *Schlußduett* aus dem «Rosenkavalier» auf.

1953–55 produzierte die Firma Electrola Querschnitte aus «Figaro», «Entführung», «La Bohème», «Madame Butterfly» und «Verkaufte Braut» mit Erna Berger (sowie E. Grümmer, E. Köth, L. Otto, R. Schock, D. Fischer-Dieskau, H. Prey, G. Frick u. a.), die mehrfach neu aufgelegt und auszugsweise 1985 neben älteren und späteren Aufnahmen in der Kassette «Erna Berger zum 80. Geburtstag» erneut veröffentlicht worden sind.

1959 hat Erna Berger die Solonummern von Cherubino und Despina aus «Figaro» und «Così fan tutte» aufgenommen (in Stereo).

1974 sind Mitschnitte der Berliner Staatsoper aus der «Entführung» (1942 und 1944) bei BASF herausgekommen (mit Peter Anders). Die Berliner Staatsoper erwägt weitere Veröffentlichungen aus ihren Beständen, auch mit Erna Berger, zur 250-Jahr-Feier des Hauses (1992).

Hirt auf dem Felsen, La Pastorella, Ave Maria, Die Forelle, Die junge Nonne, Du bist die Ruh', Nacht und Träume, Schumanns Zyklus *Frauenliebe und -leben* sowie seinen *Liederkreis op. 39, Quatre mélodies* von Debussy, die *Gottfried-Keller-Lieder* («*Alte Weisen*») von Pfitzner, die *Brentano-Lieder* von R. Strauss, die *Weihnachtslieder* von Cornelius und weitere Titel von J. S. Bach, Mendelssohn-Bartholdy (hier u. a. *Auf Flügeln des Gesanges*), Schubert und Schumann.

Eine ganze Platte war Hugo Wolf gewidmet.

EMI/Electrola hat 1974 eine Auswahl ihrer Aufnahmen erneut in der Reihe «Dacapo» veröffentlicht.

Bertelsmann brachte Lieder von Beethoven, Brahms, Schubert und Schumann heraus, Quadriga die *Liebesliederwalzer* von Brahms (mit G. Pitzinger, W. Ludwig und R. Watzke).

1959 sang Erna Berger für EMI mit Hermann Prey das *Italienische Liederbuch* von Hugo Wolf.

1975 erschien bei BASF ein «Liederabend» mit Aufnahmen von 1944 (darunter 3 *Ophelia-Lieder* von R. Strauss sowie Mozarts *Exsultate, jubilate* mit der Klavierbegleitung von M. Raucheisen); 1976 folgte Hindemiths *Marienleben* (Konzertmitschnitt von 1953, mit G. Puchelt am Klavier).

Weitere, derzeit gehandelte Platten werden unten verzeichnet (IV 3).

---

2. Lied

Aus der Schellackzeit sollen genannt werden: Brahms' *Wiegenlied, Solveighs Lied* von Grieg, Mozarts *Wiegenlied,* Schuberts *Ave Maria* und *Ständchen (Leise flehen meine Lieder,* mit Streichquartettbegleitung), Regers *Mariä Wiegenlied.*

In den 50er Jahren erschienen bei der Deutschen Grammophon und bei Electrola jeweils mehrere Langspielplatten (mit M. Raucheisen bzw. E.-G. Scherzer am Klavier). Sie enthielten: Schuberts

---

3. Geistliche und konzertante Musik

An geistlicher Musik sind auf Platten erschienen:

Mozart, *Et incarnatus est* (aus der Messe in c-Moll, KV 427, 30er Jahre), Mozart, *Vesperae solennes de confessore,* KV 339, mit M. Höffgen, H. Wilhelm, F. Frantz), Mozart, *Exsultate, jubilate,* KV 165, Mozart, *Benedictus sit Deus,* KV 117. Die Werke KV 339, 165 und 117 sind 1956 aufgenommen, mehrfach bei EMI/Electrola und später bei Schwann erschienen;

es spielen die Berliner Philharmoniker unter Rudolf Forster, es singt der Chor der St.-Hedwigs-Kathedrale, Berlin. Einen Mitschnitt von Beethovens *Symphonie Nr. 9* hat EMI herausgebracht (s. unten IV 2).

4. Unterhaltungsmusik

In diesem Genre hat Erna Berger wenig gesungen. Franz Grothe hat für sie (und den Jenny-Lind-Film «Die schwedische Nachtigall») das *Lied der Nachtigall* und das *Postillon-Lied* komponiert, die in Schellack und später auf Langspielplatten erschienen sind. 1956 hat Erna Berger sie noch einmal für den Bayerischen Rundfunk eingespielt.

Weiter sind ein kleiner «Fledermaus»-Querschnitt (mit P. Anders u. a.), die Lieder der Adele aus der «Fledermaus», ein «Vogelhändler»-Potpourri (s. unten IV 4a), der *Frühlingsstimmenwalzer* von J. Strauß (1949) sowie – mit P. Anders – zwei Duette (1934) aus dem Film «Musik und Liebe» (*Mir hat ein Märchen heut' geträumt* und *Nun ist Frieden uns beschieden*) produziert worden, außerdem das Duett *Wer uns getraut* aus dem «Zigeunerbaron» (mit Ch. Kullmann, 1934).

II. RUNDFUNKPRODUKTIONEN
(außer Operngesamtaufnahmen)

1. Oper

Bestimmte «Zugnummern» sind von mehreren Anstalten produziert worden (und teilweise außerdem von den Plattenfirmen). Hier kann nur auf einige besonderes interessante Titel hingewiesen werden:

Offenbach, *Arie der Olympia* aus «Hoffmanns Erzählungen» (SWF, 1949), Mozart, *Dein bin ich* aus «Il re pastore» (NDR, 1950), Mozart, *Ach, ich fühl's* aus «Zauberflöte» (NDR, 1955), Mozart, *Ruhe sanft ...* aus «Zaide» (RIAS, 1949), Verdi, *Arie* und *Kanzone* des Pagen Oscar aus «Maskenball» (NDR, 1950), Weber, *Arie* und *Kavatine* des *Ännchen* aus «Freischütz» (SWF, 1949), Thomas, *Polonaise* der Philine aus «Mignon» (SWF, 1949).

2. Lied und Konzert

Viele, wenn nicht alle deutschen Radiostationen haben Liedaufnahmen mit Erna Berger produziert und damit auch die Grundlage für zahlreiche Platteneditionen geschaffen. Manche Titel tauchen immer wieder auf. Erna Berger war geradezu die «klassische Sängerin» für *Die Forelle, Ave Maria, Heidenröslein, Gut' Abend, gut' Nacht* und manche Mozart-Lieder. Einiges ist leider gelöscht worden, das meiste wird glücklicherweise aufbewahrt – auch beim Deutschen Rundfunkarchiv sowie in den Rundfunkanstalten auch Österreichs und der DDR.

Wegen der Fülle des Vorhandenen – insbesondere aus der Zeit des «Reichsrundfunks» – werden nur einige, insbesondere spätere Aufnahmen hervorgehoben:

Bei RIAS Berlin liegen Eigenproduktionen aus den Jahren 1947–1962 vor, darunter vier Lieder aus Hindemiths *Marienleben* (Konzertmitschnitt von 1954 unter der Leitung des Komponisten), Lieder von Mark Lothar (1962) sowie Lieder von Haydn, Mozart, Schubert u. a., weiter die Konzertarie *Voi avete un cor fedele* (1958) von Mozart und das *Exsultate, jubilate* unter Fricsay (1950).

Der NDR hat etliche Eigenaufnahmen und einen Liederabend von 1962 im Archiv (am Klavier S. Peschko; Werke von Telemann [Kanarienvogelkantate!], J. Chr. Bach, Pergolesi, Veracchini, Mozart, Schubert u. a.) – interessant auch eine Version von Schuberts *«Hirt auf dem Felsen»* mit Orchester- statt Klavierbegleitung (1950).

Weihnachtslieder gibt es bei RIAS Berlin (1956) und beim NDR (1961).

Der SWF hat 1949 die Mozart-Konzertarie *Schon lacht der holde Frühling* mit Orchester aufgenommen.

Der Rundfunk der DDR bewahrt neben vielen Aufnahmen aus der Zeit vor 1945 etliche Titel aus Eigenproduktionen (die letzten von 1957) sowie das *Konzert für Koloratursopran* des russischen Komponisten Glière auf (1946, mit den Berliner Philharmonikern unter Celibidache), vielleicht auch Pfitzners Kantate *Von deutscher Seele* (1941, unter Pfitzners Leitung, mit Hoengen, A. Seider, Ludwig Weber).

Die letzten Liedaufnahmen hat Erna Berger 1966 mit Gerald Moore und 1968 mit Irwin Gage (Konzertmitschnitt aus dem Cuvilliés-Theater München) für den Bayerischen Rundfunk gesungen (Beethoven, Brahms, Mendelssohn-Bartholdy, Mozart, Schubert, Schumann, Wolf).

III. OPERNGESAMTAUFNAHMEN
(Platte und Funk)

Hier werden alle Gesamtaufnahmen registriert, an denen Erna Berger – soweit feststellbar – mitgewirkt hat. Man kann davon ausgehen, daß es noch mehr Rundfunkaufnahmen gegeben hat. Unter Sammlern ist die Rede von einem «Rigoletto» der 30er Jahre mit W. Ludwig als Herzog, einer «Madame Butterfly» mit J. Katona als Pinkerton und einer «Heimlichen Ehe» (Cimarosa) mit M. Guilleaume. Zuverlässiges hierzu war nicht zu ermitteln.

Einige der unter «Schallplatte» rubrizierten Aufnahmen waren ursprünglich nur für den Rundfunk hergestellt.

Die im Augenblick erhältlichen Aufnahmen sind unter IV 1 zu finden.

1. *Schallplatte*

Flotow, MARTHA (als Lady Harriet), 1944
Johannes Schüler, Chor und Orchester der Staatsoper Berlin (mit Tegethoff, Anders, Greindl, Fuchs)

DG, BASF

Gluck, ORFEO ED EURIDICE (als Euridice), 1952
Artur Rother, Chor und Orchester der Städtischen Oper Berlin (mit Klose, Streich)

BASF

Humperdinck, HÄNSEL UND GRETEL (als Gretel), 1943
Artur, Rother, Orchester der Staatsoper Berlin (mit Schilp, Waldenau, Arndt-Ober, Hanns-Heinz Nissen)

Urania (USA) und BASF (Auszüge)

Mozart, DON GIOVANNI (als Zerlina), 1954
Wilhelm Furtwängler, Chor der Wiener Staatsoper, Wiener Philharmoniker (mit Siepi, Grümmer, Schwarzkopf, Dermota, Berry, Ernster), Mitschnitt der Salzburger Festspiele

EMI

(Mitschnitte anderer Aufführungen von 1953 und 1954 bei anderen Firmen)

Mozart, DIE ZAUBERFLÖTE (als Königin der Nacht), 1937
Sir Thomas Beecham, Chor der Staatsoper Berlin, Berliner Philharmoniker (mit Lemnitz, Beilke, Roswaenge, Hüsch, Strienz u. a.)
EMI, Calig

Strauss, ARIADNE AUF NAXOS (als Zerbinetta), 1935
Clemens Krauss, Orchester des Senders Stuttgart (mit Ursuleac, Roswaenge u. a.)
BASF, Acanta

Verdi, RIGOLETTO – deutsch (als Gilda), 1944
Robert Heger, Chor und Orchester der Staatsoper Berlin (mit Schlusnus, Roswaenge, Klose, Greindl, Hann u. a.)
DG

Verdi, RIGOLETTO – italienisch (als Gilda), 1950
Renato Cellini, Robert-Shaw-Chor, RCA-Victor-Orchester (mit Warren, Peerce, Nerriman, Tajo u. a.)
RCA

2. *Rundfunk*

Donizetti, DON PASAQUALE (als Norina), Berlin 1937

Heinrich Steiner, Orchester des Berliner Rundfunks (mit Kandl, Sinimberghi, Schmitt-Walter)

Händel, RODELINDE (als Rodelinde), Bern 1959
Heribert Esser, Kammerorchester Bern (mit Traxel, Prey u. a.)

Leoncavallo, DER BAJAZZO (als Nedda), Hamburg 1955
Herbert Sandberg, Chor des NDR, Hamburger RO (mit de Luca, Prey, Marschner u. a.)

Mozart, ENTFÜHRUNG AUS DEM SERAIL (als Konstanze), Stuttgart 1939
Karl Böhm, Chor und Orchester des Reichssenders Stuttgart (mit Ludwig, Beilke, Buchta, Sven Nilsson) – die Aufnahme ist nur mit (unbeträchtlichen) Lücken erhalten

Mozart, ENTFÜHRUNG AUS DEM SERAIL (als Konstanze), Hamburg 1946
Hans Schmidt-Isserstedt, Chor der Hamburgischen Staatsoper, Sinfonieorchester des NDR (mit Ludwig, Wulf, Pfeifle, Herrmann)

IV. Schallplatten – heute im Handel
(Februar 1988)

Die folgende Aufstellung orientiert sich im wesentlichen am Bielefelder Katalog Klassik 2/1987. Einige Aufnahmen, die dort nicht verzeichnet, aber erfahrungsgemäß erhältlich oder beschaffbar sind, werden mit einem Stern (*) markiert. Die Situation ist ständig im Fluß: manche Platten werden gestrichen, andere (wieder) in die Kataloge aufgenommen.
Einzelheiten zu den Operngesamtaufnahmen sind oben unter III aufgeführt.

1. *Operngesamtaufnahmen*

Mozart, «Don Giovanni»
　EMI 153–290 667
Mozart, «Die Zauberflöte»
　Calig 30 845/46 (früher EMI)
Offenbach, «Hoffmanns Erzählungen»
　Helikon Acanta 21 804

R. Strauss, «Ariadne auf Naxos»
　Helikon Acanta 21 806
Verdi, «Rigoletto»* (in ital. Sprache)
　RCA VLS 00698

2. *Symphonie*

Beethoven, Symphonie Nr. 9 (1937)
Berliner Philharmoniker, W. Furtwängler (Konzertmitschnitt aus der Queen's Hall, London, mit G. Pitzinger, W. Ludwig, R. Watzke) EMI 27 01231

3. *Liedaufnahmen*

a) Erna Berger singt Lieder von Händel, Weber, Mendelssohn-Bartholdy, Brahms, Strauss, Pfitzner (1949)
Bellaphon 630.01.001
b) Erna Berger singt Lieder von Schubert und Pfitzner (1949)
Bellaphon 630.01.002
c) Die Serie LIED-EDITION der Firma Acanta enthält Liedaufnahmen des «Reichsrundfunks» mit Michael Raucheisen am Klavier und prominenten Sängern der Kriegszeit. Erna Berger ist in folgenden bisher publizierten Kassetten mehrfach – teilweise dominierend – (mit insgesamt 38 Titeln) vertreten:

Brahms	Ac 23 524
Grieg*	Ac 23 524
Liszt*	Ac 23 563
Nicolai	Ac 23 542
Pfitzner	Ac 23 532
Strauss	Ac 23 546
Weber*	Ac 23 566

4. *Recitals in der Serie «Lebendige Vergangenheit»*

Diese Serie wird von der österreichischen Firma Preiser Records veröffentlicht und vom Auslandssonderdienst von EMI/Electrola vertrieben.

a) «Erna Berger» LV 234
Frag' ich mein beklomm'nes Herz (Rossini, «Der Barbier von Sevilla» – 1932)
Gualtier Maldé, o du geliebter Name (Verdi, «Rigoletto», Szene und Arie der Gilda – 1932)
Nein, das ist wirklich doch zu keck! (Nicolai, «Die lustigen Weiber von Windsor», Duett Frau Fluth/Frau Reich, mit Charlotte Müller – 1933)
Welches Glück, ich atme freier (Auber, «Fra Diavolo», Rezitativ und Arie der Zerline – 1934)
Es hing die Nacht schon in den Zweigen (Bizet, «Die Perlenfischer», Kavatine der Leila – 1934)
Mein Herr Marquis, ein Mann wie Sie – Spiel' ich die Unschuld vom Lande (J. Strauß, «Die Fledermaus», Arien der Adele – 1934)
Will ich allein des Abends in Paris mich ergeh'n (Puccini, «La Bohème», Walzer der Musette – 1934)
Eines Tages sehen wir (Puccini, «Madame Butterfly», Arie der Butterfly – 1934)
Der Winter mag scheiden (Grieg, «Peer Gynt», Solveighs Lied – 1934)
Zeit – Verkündigerin der besten Freuden/ Weine du nicht/Dein süßes Bild, Edone (Oboussier, 3 Lieder, begleitet von Cembalo und Oboe – 1938)

b) «Ensemble-Aufnahmen» LV 120
Nie werd' ich deine Huld verkennen (Mozart, «Entführung», Finale; Erna Berger als Konstanze, Adele Kern, Max Hirzel, Carl Jöken, Eduard Kandl – 1933)
Hm, hm, hm! Der Arme kann von Strafe sagen (Mozart, «Zauberflöte», Quintett; Erna Berger als 1. Dame; Adele Kern, Else Ruzicka, Max Hirzel, Karl August Neumann – 1933)
Mir ist so wunderbar (Beethoven, «Fidelio», Quartett; Erna Berger als Marzelline, Henriette Gottlieb, Marcel Wittrisch, Willi Domgraf-Faßbaender – 1932)
Sie flieh'n mich? Wie grausam! (Verdi, «Rigoletto», Menuett und Perigordin, 1. Akt; Erna Berger als Gräfin Ceprano [!], Karl August Neumann, Eduard Kandl u. a. – 1933)
Holdes Mädchen, sieh mein Leiden (Verdi, «Rigoletto», Quartett; Erna Berger als Gilda, Margarete Klose, Marcel Wittrisch, Willi Domgraf-Faßbaender – 1933)

Nur Scherze sind's und Possen (Verdi, «Maskenball», Quintett; Erna Berger als Page Oscar, Else Ruziczka, Eduard Kandl u. a. – 1933)
Noch ein Weilchen, Marie (Smetana, «Verkaufte Braut», Sextett; Erna Berger als Marie, Else Ruziczka, Emma Zador, Walter Beck, Walther Großmann, Eugen Fuchs – 1933)

c) Julius Patzak II   LV 1318
darin: Potpourri aus dem «Vogelhändler» von Zeller mit Erna Berger und Julius Patzak (1934)

---

5. Einzelaufnahmen in Anthologien

Flotow, *Letzte Rose* aus «Martha»
In: Das Goldene Sonntagskonzert (3)
                 Bellaphon 620 05 002
Mozart, *Briefduett* aus «Figaro», mit E. Grümmer (1955)
In: Elisabeth Grümmer. Ein Porträt
                 EMI 2912103

R. Strauss, *Ist ein Traum . . .*, Duett Sophie/Oktavian aus «Rosenkavalier», mit Risë Stevens (1950)
In: Hundert Sänger, hundert Jahre (zum 100jährigen Bestehen der Metropolitan Opera New York)
                 RCA RL 85 177 GX
R. Strauss, *Mir ist die Ehre widerfahren*, Duett Sophie/Oktavian aus «Rosenkavalier», mit Elisabeth Grümmer (Mitschnitt der Münchener Opernfestspiele 1952 unter Erich Kleiber)
In: Prinzregenten-Theater München. Historische Aufnahmen 1947–1962
                 Orfeo I 120 842
Verdi, *Teurer Name, dessen Klang . . .* aus «Rigoletto»
In: Das Goldene Sonntagskonzert (7)
                 Bellaphon 620 05 005

Zusammengestellt von
Günther Hamann

Opern- und Konzertprogramme

Hanneles Himmelfahrt, Dresden 1927 163
Jonny spielt auf, Dresden 1927 164
Die ägyptische Helena, Dresden 1928 165
Ariadne auf Naxos, Dresden 1932 166
Ein Maskenball, Städtische Oper Berlin 1932 167
Der Freischütz unter Wilhelm Furtwängler, Staatsoper Berlin 1934 170
Die Perlenfischer unter Leo Blech, Staatsoper Berlin 1934 170
Die Zaubergeige unter Werner Egk, Staatsoper Berlin 1936 170
Bohème, Staatsoper Berlin 1941 171
La Traviata, Staatsoper Berlin 1942 172
Der Freischütz, Staatsoper Berlin 1943 173
Rigoletto, Staatsoper Berlin 1943 174
Die Entführung aus dem Serail, Staatsoper Berlin 1943 175
Figaros Hochzeit, Staatsoper Berlin 1943 176
Programm Berlin, 26. Dezember 1943 177
Programm New York, 6. Februar 1950 178
Rigoletto, Schallplatten-Aufnahme New York 1950 179
(«This first American recording of a complete opera...»)
Programm Honolulu, 5. April 1950 180
Don Giovanni, Salzburg 1953 181
Programm Berlin, 27. Januar 1954 183
Musikwoche Braunwald, 1956 184
Programm Hamburg, 24. September 1957 185
Programm Berlin, 27. und 28. April 1960 188
Programm Berlin, 19. April 1964 189

Sächsische Staatstheater
Opernhaus

Donnerstag, am 17. Februar 1927
Anfang ½8 Uhr
13. Vorstellung für die Donnerstagreihe A
Uraufführung:

Hanneles Himmelfahrt

Oper in zwei Akten von **Paul Graener**
Text nach der Dichtung von **Gerhart Hauptmann** bearbeitet von **Georg Grüner**

Musikalische Leitung: **Fritz Busch**   In Szene gesetzt von **Alfred Reucker**

Personen:

Hannele	Erna Berger
Gottwald, Lehrer	Curt Taucher
Schwester Martha, Diakonissin	Helene Jung
Tulpe ⎫	Elfriede Haberkorn
Hedwig ⎬ Armenhäusler	Maria Cedron
Pleschke ⎪	Adolph Schoepflin
Hanke ⎭	Hanns Lange
Seidel, Waldarbeiter	Justus Bahn
Dr. Wachler, Arzt	Wilhelm Oberkampf

Erscheinungen:

Der Maurer Mattern, Hanneles Vater	Ludwig Ermold
Eine Frauengestalt (Hanneles verstorbene Mutter)	Helene Jung
Eine Diakonissin	
Ein großer schwarzer Engel	Gino Neppach
Drei lichte Engel	Maria Cedron / Erna Andreae / Elfriede Haberkorn
Der Fremde	Curt Taucher
Der Dorfschneider	Heinrich Teßmer
Armenhäusler	Adolph Schoepflin / Hanns Lange / Paula Seiring / Gertrud Matthes / Ida Moeder
Kinder	Marietta von Gundlach / Lotte Sommer / Hilde Hartmann

Frauen und Kinder; vier weißgekleidete Jünglinge, große und kleine Engel

Vor dem zweiten Akt: **Sinfonisches Zwischenspiel „Der Hüter der Schwelle"**

Einstudierung der Chöre: **Karl Pembaur**

Bühnenbild: **Max Hasait** und **Arthur Pätz** — Tradition: **Leonhard Fanto**

Pause nach dem ersten Akt

Sämtliche Plätze müssen vor Beginn der Vorstellung eingenommen werden

Textbücher sind für 0,30 RM vormittags an der Kasse und abends bei den Türschließern zu haben

Gekaufte Karten werden nur bei Änderung der Vorstellung zurückgenommen

Kassenöffnung ½7 Uhr   Einlaß ¾7 Uhr   Anfang ½8 Uhr
Ende gegen ½10 Uhr

Sächsische Staatstheater
Opernhaus

Sonntag, am 6. November 1927
Anfang ½8 Uhr
☞ Außer Anrecht ☜

Jonny spielt auf

Oper in zwei Teilen von **Ernst Krenek**

Musikalische Leitung: **Hermann Kutzschbach**　　In Szene gesetzt von **Otto Erhardt**

Personen:

Der Komponist Max	Curt Taucher
Die Sängerin Anita	Elisa Stünzner
Der Neger Jonny, Jazzband-Geiger	Waldemar Staegemann
Der Violinvirtuose Daniello	Rudolf Schmalnauer
Das Stubenmädchen Yvonne	Erna Berger
Der Manager	Adolph Schoepflin
Der Hoteldirektor	Ludwig Eybisch
Ein Bahnangestellter	Ernst Meyerolbersleben
Erster ⎱	Heinrich Tessmer
Zweiter ⎰ Polizist	Robert Büssel
Dritter	Julius Puttlitz
Ein Stubenmädchen	Erna Frese
Ein Groom	Alice Loos
Ein Nachtwächter im Hotel	Martin Tschampel
Ein Polizeibeamter	Wilhelm Oberkampf
Ein Ladenmädchen	Marianne Ehrlich

Zwei Chauffeure. Zwei Gepäckträger. Hotelgäste. Hotelpersonal. Reisende.
Bahnhofspersonal. Publikum

Die Handlung spielt teils in einer mitteleuropäischen Großstadt, teils in Paris und teils an einem Gletscher in den Hochalpen, in der Gegenwart.

Bühnenbilder: Entwürfe: **Oskar Strnad** – Einrichtung: **Max Bafalt**
Kostüme nach Entwürfen von **Oskar Strnad**
Rundfunk: **Walther Thiele** (Funkstelle Telegraphenamt)
Einstudierung der Chöre: **Karl Pembaur**

Tänzerische Einstudierung: **Ellen v. Cleve-Petz**
Ausführende: Susanne Dombois, Hilde Brumot, Hilde Schlieben, Marianne Ehrlich, Gino Neppach, Fritz Schulze und die Tanzgruppe

Flügel J. G. Irmler, aus dem Magazin **J. Ries**, Dresden-A., Seestraße 21
Die **Damenkostüme** sind von der Firma **Hiesch & Co.**, Dresden-A., Prager Straße 8
Die **Herrenkostüme** von der Firma **Willy Krüger**, Dresden-A., Schloßstraße 6, angefertigt

Pause nach dem ersten Teil

Sämtliche Plätze müssen vor Beginn der Vorstellung eingenommen werden
Textbücher sind für 0.80 RM vormittags an der Kasse und abends bei den Türschließern zu haben
Gekaufte Karten werden nur bei Änderung der Vorstellung zurückgenommen

D. V. Nr. 5977—6023

Krank: Claire Born

Kassenöffnung ½7 Uhr　Einlaß ¾7 Uhr　Anfang ½8 Uhr　Ende nach 10 Uhr

Neue Opern-Anrechte für Parkett, 1. und 2. Rang sind an der Opernhauskasse noch erhältlich

Im Opernhaus:
Gastspiele des russischen Balletts Diaghileff
(ehemaliges Kaiserlich Russisches Ballett)
am 11. und 12. November 1927, abends ½8 Uhr
am 13. November 1927, nachmittags 3 Uhr und abends ½8 Uhr

Sächsische Staatstheater
Opernhaus 202

Montag, am 4. Juni 1928
vormittags ½12 Uhr

Generalprobe

Die ägyptische Helena

Oper in zwei Aufzügen von Hugo von Hofmannsthal

Musik von Richard Strauß

Musikalische Leitung: **Fritz Busch** In Szene gesetzt von **Otto Erhardt**

Personen:

Helena	Elisabeth Rethberg
Menelas	Curt Taucher
Hermione, beider Kind	Anneliese Petrich
Aithra, eine ägyptische Königstochter und Zauberin	Maria Rajdl
Altair	Robert Burg
Da-ud, sein Sohn	Guglielmo Fazzini
Die erste \ Dienerin der Aithra	Erna Berger
Die zweite /	Sigrid Rothermel
Erster	Angela Kolniak
Zweiter \ Elf	Eva Johnn
Dritter /	Elfriede Haberkorn
Vierter	Sigrid Rothermel
Die alles-wissende Muschel	Helene Jung

Dienerinnen der Aithra; Elfen. — Krieger, Sklaven, Eunuchen

Der erste Aufzug spielt auf der kleinen Insel der Aithra, unweit von Ägypten; der zweite in einem einsamen Palmenhain zu Füßen des Atlas

Dramatische Einstudierung: **Marie Gutheil-Schoder**

Bühnenbilder und Kostüme nach Entwürfen von **Leonhard Fanto** — Einrichtung: **Max Hasait**

Einstudierung der Chöre: **Karl Pembaur** — Einstudierung der Tänze: **Ellen v. Cleve-Petz**

Nach dem ersten Aufzug eine längere Pause

Die kostümliche Ausstattung ist von der Firma Theaterkunst
Hermann J. Kaufmann, Berlin

Sämtliche Plätze müssen vor Beginn der Vorstellung eingenommen werden

Festspiele der Staatsoper Dresden
vom 6. Juni bis 1. Juli 1928

Mittwoch, am 6. Juni 1928, Anfang 7 Uhr — Uraufführung:

„Die ägyptische Helena"
Oper in zwei Aufzügen von Hugo von Hofmannsthal
Musik von Richard Strauss

Wiederholungen: 8., 10., 11., 21. und 29. Juni 1928

Sächsische Staatstheater
Opernhaus

Mittwoch, am 13. April 1932

Anfang 7½ Uhr

17. Vorstellung für Mittwoch-Anrecht B

Neu einstudiert

Ariadne auf Naxos

Oper in einem Aufzuge nebst einem Vorspiel von Hugo v. Hofmannsthal

Musik von Richard Strauß

Musikalische Leitung: **Fritz Busch** Inszenierung: **Josef Gielen**

Personen des Vorspiels:

Der Haushofmeister	Robert Büssel	Ein Lakai	Julius Puttlitz
Ein Musiklehrer	Rudolf Schmalnauer	Zerbinetta	Erna Berger
Der Komponist	Elisa Stünzner	Primadonna (Ariadne)	Viorica Ursuleac
Der Tenor (Bacchus)	Tino Pattiera	Harlekin	Paul Schöffler
Ein Offizier	Ludwig Eybisch	Scaramuccio	Hanns Lange
Ein Tanzmeister	Martin Kremer	Truffaldin	Ludwig Ermold
Ein Perückenmacher	Horst Falke	Brighella	Heinrich Teßmer

Lakaien, Garderobefrauen, Theaterarbeiter

Personen der Oper:

Ariadne	Viorica Ursuleac	Zerbinetta		Erna Berger
Bacchus	Tino Pattiera	Harlekin		Paul Schöffler
Najade	Margit Bokor	Scaramuccio	als Intermezzo	Hanns Lange
Dryade	Helene Jung	Truffaldin		Ludwig Ermold
Echo	Angela Kolniak	Brighella		Heinrich Teßmer

Tänzer: Peter Pawlinin, Fritz Schulze, Gábor Cossa, Till Kentore

Tänzerische Leitung: Ellen v. Cleve-Petz

Rahmendekoration und Bühnenbild des Vorspiels: **Adolf Mahnke**

Trachten und Bühnenbild der Oper: **Ernst Stern**

Nach dem Vorspiel findet eine Pause statt

Sämtliche Plätze müssen vor Beginn der Vorstellung eingenommen werden

Krank: Maria Cebotari, Willy Bader

Gekaufte Karten werden nur bei Änderung der Vorstellung zurückgenommen

Textbücher sind für 1,00 ℛℳ vormittags an der Kasse und abends bei den Türschließern zu haben

B. V. B. Gr. I Nr. 2001—2300

Kassenöffnung 6½ Uhr Einlaß 6¾ Uhr Anfang 7½ Uhr Ende nach 9¾ Uhr

Städtisches Opernhaus-Restaurant
Inhaber Hermann Lindner

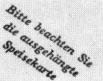

Theatersoupers zu zeitgemäßen Preisen
In allen Räumen Bier
Gesellschaftszimmer und Festsäle

Fernsprecher: C 4 Wilhelm 793

Turnus II

Mittwoch, den 28. September 1932

In neuer Einstudierung und Inszenierung zum 1. Male

EIN MASKENBALL
Oper in 3 Akten (6 Bildern) von F. M. Piave
Musik von Giuseppe Verdi
Musikalische Leitung: Fritz Busch a. G.
Inszenierung: Carl Ebert   Bühnenbild: Caspar Neher

Kassenöffnung 18½ (6½) Uhr   Anfang 19½ (7½) Uhr
Ende nach 22½ (10½) Uhr

Das Fundbüro der Städt. Oper, Erdgeschoß (Zimmer 23), Eingang Sesenheimer Straße, ist werktags von 10—2 Uhr geöffnet
Eigener Untergrundbahnhof mit direktem Eingang zur Städtischen Oper

---

Zu Beginn der kommenden Spielzeit ist eine beschränkte Anzahl von Neuaufnahmen von Schülerinnen und Schülern im Alter von 6 Jahren an für die
Kurse für Bühnentanz
in Aussicht genommen. — Der Unterricht kostet 12,— RM im Monat. Anmeldungen
und Anfragen sind zu richten an: Ballettmeisterin Lizzie Maudrik

GLÜCKLICH IST D

»Ein Maskenball«
Vorspiel
Mitglieder des Orchesters der
Staatsoper Berlin
EJ 292   RM 6,—

VERKAUFSSTELLE LEIPZIGER STRASSE 23

der den Kunstgenuss des heutig
ELEC
in seinem Heim nach Beliebe
haus der Welt vermag eine sol
ELECTROL
Unverbindl. Vorspiel in allen »A

Graf Richard, Gouverneur	Koloman v. Pataky
René	Hans Reinmar
Amelia, Renés Gattin	Maria Németh
Ulrica, eine Wahrsagerin	Sigrid Onégin
Oscar, Page des Grafen	Erna Berger
Silvano, ein Matrose	Rudolf Gonszar
Samuel } Verschworene	Fred Destal
Tom	Gotthold Ditter
Ein Richter	Wilhelm Guttmann
Ein Diener	Thorkild Noval

Zeit: Ende des 17. Jahrhunderts

Nach »Ein Maskenball«

KUTSCHERA

Bismarckstraße 109
am Schiller-Theater   2 Minuten von hier

Theatersouper .... 1,50 RM
Portion Mokka mit Schlagsahne ... 0,70 RM

VORANZEIGE
Am 4. Oktober findet

um 4 Uhr nachmittags und 8
abends die erste große

Herbst-Modensch

statt.   Eintritt frei / Kein Gedeck
Conference: Resi La

An der Kasse gekaufte Eintrittskarten werden nur im Falle der Abänderung einer Vorstellu
besetzung begründen keinen Anspruch auf Preisermäßigung oder auf Rücknahme oder Um
Beginn der Vorstellung. — Die Stammsitzkasse ist woch

OPERNBESUCHER

nds durch die Darbietungen auf
ROLA
ederholen kann. Kein Opern-
etzung zu bieten wie das grosse
PROGRAMM
ten Electrola-Verkaufsstellen«:

Weitere Aufnahmen aus dieser Oper
von
Riavez · Franci · Elisabeth Rethberg
Lotte Schöne u. v. a.

VERKAUFSSTELLE KURFÜRSTENDAMM 35

Chöre: Hermann Lüddecke

Choreographie: Lizzie Maudrik

Technische Leitung:
Maschineriedirektor Kurt Hemmerling

Im 6. Bild: Menuett:
Damen: Abramowitsch, Sydow, Uhlen
Herren: Egenlauf, Frank, Groke

Masken:
Damen: Hettwer, Hirth, M. u. H. Höpfner, Juré, Kubbe, Lindner, Mewal
Herren: Egenlauf, Jäger, Kamaroff, Otto, Sorge, Wois

Große Pause nach dem 3. Bild

Inhaltsangabe umseitig

Wochenspielplan:

onnerstag, 29. September, 20 (8) Uhr, Turnus II: Die Banditen.

eitag, 30. September, 19 (7) Uhr, Turnus II: Siegfried.

nnabend, 1. Oktober, 20 (8) Uhr, Turnus II: Petruschka. — Gianni Schicchi.

Sonntag, 2. Oktober, 20 (8) Uhr, Turnus II: Ein Maskenball.

Montag, 3. Oktober, 20 (8) Uhr, Außer Turnus (Volksvorstellung): Friedemann Bach.

Dienstag, 4. Oktober, 20 (8) Uhr, Turnus III: Bohème.

---

ren Beginn gegen Erstattung zurückgenommen. Änderungen in der angekündigten Rollen-
trittskarten. — Die Tageskassen sind geöffnet von 10—2 Uhr vormittags und eine Stunde vor
et von 10—2 Uhr vormittags und abends von 6—8 Uhr.

1934
Dienstag
20.
März

Anfang 19½ Uhr
Ende 22½ Uhr
Kassenöffnung
18½ Uhr

172. Stamm-Vorstellung

Neuinszenierung

Der Freischütz

Romantische Oper in 3 Aufzügen von Friedrich Kind
Musik von Carl Maria von Weber
Musikalische Leitung: Wilhelm Furtwängler   Inszenierung: Heinz Tietjen

Ottokar, regierender Graf . . . . Herbert Janssen
Kuno, gräflicher Erbförster . . . . Walter Großmann
Agathe, seine Tochter . . . . Maria Müller a. G.
Ännchen, eine junge Anverwandte . . . . Erna Berger a. G.
Caspar, erster Jägerbursch . . . . Michael Bohnen
Max, zweiter Jägerbursch . . . . Marcel Wittrisch
Samiel, der schwarze Jäger . . . . Franz Sauer
Ein Eremit . . . . Alexander Kipnis
Kilian, ein reicher Bauer . . . . Gustav Rödin
Brautjungfern . . . . J. Menzel, L. Hanß, H. Borchardt
Ein Bauer . . . . Leonhard Kern
Dekorationen nach Entwürfen des Leiters des Maleraleliers der Staatstheater: Karl Doll
Kostüme nach Entwürfen des Direktors des Garderobewesens der Staatstheater: Kurt Palm
Technische Einrichtung: Rudolf Klein
Kleine Pause nach dem 1. Akt, größere nach der „Wolfsschlucht"

1934
Donnerstag
21.
Juni

Anfang 20 Uhr
Ende 22 Uhr
Kassenöffnung
19 Uhr

252. Stamm-Vorstellung

Erstaufführung

Die Perlenfischer

Oper in einem Vorspiel und zwei Aufzügen von Carré und Cormon
Musik von Georges Bizet
Musikalische Leitung: Leo Blech   Inszenierung: Franz Ludwig Hörth

Zurga, ein Fischer . . . . Heinrich Schlusnus
Nadir, ein Jäger . . . . Marcel Wittrisch
Nurabad, ein Schiffer . . . . Leonhard Kern
Leila, eine Bajadere . . . . Erna Berger a. G.
Fischer und Fischerfrauen — Händler und Händlerinnen — Tanzmädchen und Fakire
Choreographie: Rudolf von Laban
Bühnenbild und Kostüme: Edmund Erpf   Größere Pause nach dem 1. Akt — Kein Vorspiel

---

Sonnabend
15.
Februar

Anfang 20 Uhr
Ende 23 Uhr
Kassenöffnung
19 Uhr

Erstaufführung:
Unter Leitung des Komponisten

Die Zaubergeige

Oper in drei Akten (6 Bildern) nach Pocci von Ludwig Andersen und Werner Egk
Musik von Werner Egk
Inszenierung: Rudolf Hartmann   Gesamtausstattung: Rochus Gliese

Kaspar . . . . Jaro Prohaska
Gretl . . . . Erna Berger
Der Bauer . . . . Otto Helgers
Ninabella . . . . Käte Heidersbach
Amandus . . . . Gustav Rödin
Guldensack . . . . Fritz Krenn
Amalie . . . . Margery Booth
Cuperus . . . . Ivar Andresen
Fangauf . . . . Josef Knapp
Schnapper . . . . Eugen Fuchs
Der Bürgermeister . . . . Hans Wrana
Richter . . . . Fritz Marcks
Lakaien . . . . Gerhard Witting, Franz Sauer
Offizier . . . . Ferdinand Bürgmann
Im 5. Bild: Tanz à la Spagnola, getanzt von Damen u. Herren d. Tanzgruppe,
Choreographie und Einstudierung: Lizzie Maudrik
Bühnentechn. Einrichtung: Rudolf Klein   Pausen nach dem 2. u. 4. Bild

Montag, den 1. Dezember 1941

17—19¹/₂ Uhr
KdF.-Theatergemeinde

BOHÈME

Szenen aus Henry Murgers „La Vie de Bohème" in vier Bildern
von G. Giacosa und L. Illica

Musik von Giacomo Puccini

Musikalische Leitung: Hans Lenzer *Spielleitung:* I. Eden

Gesamtausstattung: Benno von Arent

Rudolf, Poet	⎫	.... Erich Witte a. G.
Schaunard, Musiker	⎬ Freunde	.... Otto Hüsch
Marcel, Maler		.... Karl August Neumann
Colline, Philosoph	⎭	.... Wilhelm Hiller
Bernard, Hausherr		.... Fritz Marcks
Mimi		.... Erna Berger
Musette		.... Vera Schröder
Parpignol		.... Hermann Hentschel
Alcindor		.... Gerhard Witting
Sergeant bei der Zollwache		.... Ernst Winkelbach
Ein Zollwächter		.... Robert Steininger

Studenten, Grisetten, Näherinnen, Bürger, Verkäufer in Läden und Hausierer, Soldaten, Kellner, Gassenjungen, Kinder usw. Handlung: um 1830 in Paris

Chöre: Karl Schmidt *Bühnentechnische Einrichtung:* Rudolf Klein

Kein Vorspiel — Pause nach dem zweiten Bild

Vor dem Vorhang erscheinen nur darstellende Künstler

2.	**Cavalleria rusticana** **Bajazzo*** 16³/₄-19¹/₂	5.	Mozart-Woche anläßlich des 150. Todestages **Figaros Hochzeit*** 16¹/₄-19¹/₂	7.	**Madame Butterfly** 17-19¹/₂ Gut- und Umtauschscheine ungültig
3.	**Die verkaufte Braut*** 17-19¹/₂	6.	Mozart-Woche **Die Zauberflöte** 16¹/₂-20 AUSVERKAUFT	8.	KdF.-Theatergemeinde **Fidelio** 17-19³/₄
4.	**Iphigenie auf Tauris*** 17¹/₂-19¹/₂				*Ersatz-, Gut- und Umtauschscheine gültig

171

Montag, den 6. April 1942

18¹/₂—21 Uhr
Ausverkauft

LA TRAVIATA

Oper in vier Bildern von Giuseppe Verdi · Text von Piave

Musikalische Leitung: Johannes Schüler *Spielleitung: I. Eden*

Violetta Valery	Erna Berger
Flora Bervois	Margery Booth
Annina	Olga Rieser
Alfred Germont	Helge Roswaenge
Georg Germont, sein Vater	Heinrich Schlusnus
Gaston, Vicomte von Létoriéres	Fritz Marcks
Baron Douphal	Otto Hüsch
Marquis vón Aubigny	Hans Wrana
Doktor Grenvil	Felix Fleischer
Joseph, Diener bei Violetta	Gerhard Witting

Ort der Handlung: Paris und seine Umgebung

Chöre: Karl Schmidt *Gesamtausstattung: Leo Pasetti*
Bühnentechnische Einrichtung: Rudolf Klein

Größere Pause nach dem zweiten Bilde
Vor dem Vorhang erscheinen nur darstellende Künstler

Beim Klingelzeichen zum Beginn des Vorspiels werden die Eingänge zum Zuschauerraum geschlossen

7. **Cosi fan tutte** 17³/₄-21 Ersatz-, Gut- und Umtauschscheine gültig In der Neuinszenierung 8. **Salome** 19¹/₄-21 Ersatz-, Gut- und Umtauschscheine gültig	9. **Carmina Burana Joan von Zarissa** 18¹/₄-21 Ersatz-, Gut- und Umtauschscheine gültig In der Neuinszenierung 10. **Salome** 17¹/₂-19¹/₄ Ersatz-, Gut- und Umtauschscheine gültig In der Neuinszenierung 11. **Jenufa** 18¹/₄-21 Ersatz-, Gut- und Umtauschscheine gültig	12. Geschl. Veranstaltung **11 UHR** **Figaros Hochzeit** 17³/₄-21 Gut- und Umtauschscheine ungültig KdF.-Theatergemeinde 13. **Figaros Hochzeit** 17³/₄-21	

An der Kasse gekaufte Karten werden nur im Falle der Abänderung der Vorstellung gegen Erstattung des Kassenpreises zurückgenommen. Anspruch auf Zurücknahme besteht nur, wenn die Eintrittskarten bis zum Beginn der Vorstellung zurückgegeben werden oder die Kasse bis zum Beginn der Vorstellung von der Nichtbenutzung der Karten in Kenntnis gesetzt ist (Rückgabe in diesem Fall im Laufe des folgenden Vormittags). Änderungen in der angekündigten Rollenbesetzung begründen keinen Anspruch auf Preisermäßigung oder auf Zurücknahme oder Umtausch der Eintrittskarten.

STAATSTHEATER BERLIN

STAATS-OPER
UNTER DEN LINDEN

Sonntag, den 21. Februar 1943
16—19 Uhr In der Neueinstudierung **Ausverkauft**

DER FREISCHÜTZ
Romantische Oper in 3 Aufzügen von Friedrich Kind
Musik von Carl Maria von Weber

Musikalische Leitung: Johannes Schüler   *Inszenierung:* Heinz Tietjen

Ottokar, regierender Graf .... Willi Domgraf-Faßbaender
Kuno, gräflicher Erbförster .... Walter Großmann
Agathe, seine Tochter .... Tiana Lemnitz
Ännchen, eine junge Anverwandte .... Erna Berger
Caspar, erster Jägerbursch .... Ludwig Hofmann
Max, zweiter Jägerbursch .... Franz Völker
Samiel, der schwarze Jäger..................... Ernst Spangenberg
Ein Eremit .... Josef Greindl
Kilian, ein reicher Bauer .... Erich Zimmermann
Brautjungfern ...... Hilde Ahlendorf, Rut Schneider, Maria Zimmermann
Jäger .... Ernst Spangenberg, Otto Reimann
Meister der Schützengilde .... Paul Zeidler

Jäger und Gefolge des Grafen — Landleute und Musikanten

Chöre: Gerhard Steeger   *Bühnentechnische Einrichtung:* Rudolf Klein

Größere Pausen nach dem 1. und 3. Bild

Vor dem Vorhang erscheinen nur darstellende Künstler. Diese stellen eine Gemeinschaft innerhalb des Kunstwerkes dar; es wird deshalb gebeten, bei Beifallskundgebungen von dem Rufen einzelner Namen abzusehen.

Beim Klingelzeichen zum Beginn der Ouvertüre werden die Eingänge zum Zuschauerraum geschlossen

STAATSTHEATER BERLIN

STAATS-OPER
UNTER DEN LINDEN

Sonntag, den 4. Juli 1943
18½—21 Uhr **RIGOLETTO** Ausverkauft
Oper in drei Akten (vier Bildern) von Giuseppe Verdi
Text von Piave

Musikalische Leitung: Robert Heger   *Spielleitung: I. Eden*

Herzog von Mantua	Peter Anders
Rigoletto, sein Hofnarr	Heinrich Schlusnus
Gilda, dessen Tochter	Erna Berger
Graf von Monterone	Walter Großmann
Graf von Ceprano	Felix Fleischer
Die Gräfin, seine Gemahlin	Rosemarie Spilca
Marullo ⎱ Höflinge	Otto Hüsch
Borsa ⎰	Fritz Marcks
Sparafucile, ein Bravo	Wilhelm Hiller
Maddalena, dessen Schwester	Rut Berglund
Giovanna, Gildas Gesellschafterin	Beate Asserson
Ein Gerichtsdiener	Hans Wrana
Ein Page der Herzogin	Ruth Schlüter

Herren und Damen vom Hofe, Pagen, Hellebardiere
Ort: Mantua und Umgegend
Im 1. Bild: Tänze, ausgeführt von Damen und Herren der Tanzgruppe
Choreographie: Lizzie Maudrik   *Chöre: Gerhard Steeger*
Gesamtausstattung: Leo Pasetti
Bühnentechnische Einrichtung: Rudolf Klein

Kurze Pause nach dem 1. und 3. Bild, große Pause nach dem 2. Bild
Vor dem Vorhang erscheinen nur darstellende Künstler. Diese stellen eine Gemeinschaft innerhalb des Kunstwerkes dar; es wird deshalb gebeten, bei Beifallskundgebungen von dem Rufen einzelner Namen abzusehen.
Beim Klingelzeichen zum Beginn des Vorspiels werden die Eingänge zum Zuschauerraum geschlossen

STAATSTHEATER BERLIN

STAATS-OPER
UNTER DEN LINDEN

Donnerstag, den 8. Juli 1943

18½—21 Uhr *Veranstaltet vom Reichspropagandaamt und dem Oberbürgermeister der Reichshauptstadt*

DIE ENTFÜHRUNG AUS DEM SERAIL
Oper in 3 Akten (5 Bildern), Musik von Wolfgang Amadeus Mozart

Musikalische Leitung: Johannes Schüler   *Inszenierung:* Wolf Völker

Gesamtausstattung: Emil Preetorius

Selim Bassa	Felix Fleischer
Belmonte	Peter Anders
Constanze, Geliebte des Belmonte	Erna Berger
Blonde, Mädchen der Constanze	Irmgard Armgart
Pedrillo, Bedienter des Belmonte und Aufseher über die Gärten des Bassa	Albert Pfeifle a. G.
Osmin, Aufseher über das Landhaus des Bassa	Herbert Alsen a. G.
Leute aus dem Gefolge des Bassa	Ruth Schlüter, Rosemarie Spilca, Hans Wrana, O. Hüsch
Ein Stummer	Albert Burkat
Anführer der Leibwache	Otto Reimann

Weiber — Gefolge — Wachen

Die Szene ist auf dem Landgute des Bassa

Chöre: Gerhard Steeger

Bühnentechnische Einrichtung: Rudolf Klein

Große Pause nach dem 3. Bild

Vor dem Vorhang erscheinen nur darstellende Künstler. Diese stellen eine Gemeinschaft innerhalb des Kunstwerkes dar; es wird deshalb gebeten bei Beifallskundgebungen von dem Rufen einzelner Namen abzusehen.

Während der Ouvertüre, welche ohne Unterbrechung in den ersten Akt übergeht, bleiben die Eingangstüren zum Zuschauerraum geschlossen

STAATSTHEATER BERLIN

STAATS-OPER
AM KÖNIGSPLATZ

Dienstag, den 20. Juli 1943
17½—21 Uhr KdF.-Theatergemeinde

FIGAROS HOCHZEIT

Komische Oper in vier Akten. — Deutsche Bearbeitung nach der Überlieferung und dem Urtext von Georg Schünemann

Musik von Wolfgang Amadeus Mozart

Musikalische Leitung: *Johannes Schüler* Inszenierung: *Edgar Klitsch*

Graf Almaviva .... Gerhard Hüsch
Die Gräfin, seine Gemahlin .... Tiana Lemnitz
Figaro, Kammerdiener des Grafen .... Willi Domgraf-Faßbaender
Susanne, Kammermädchen der Gräfin,
  Figaros Braut .... Erna Berger
Cherubin, Page des Grafen .... Vera Schröder
Marzelline, Haushälterin im Schlosse des Grafen .... Beate Asserson
Bartolo, Arzt in Sevilla .... Wilhelm Hiller
Basilio, Musiklehrer .... Heinrich Teßmer a. G.
Don Curzio, Richter .... Fritz Marcks
Antonio, Gärtner, Susannes Oheim .... Hans Wrana
Bärbchen, Antonios Tochter .... Rosemarie Spilac
Bäuerinnen .... Ruth Schneider, Hela Raupach
Spanischer Bauerntanz: die Damen: Boregaard, van Dyk, Große, Podlasly, Baumann
  die Herren: Robst, Scheibe, Burkat, Radebold, Zobel
Cembalo: Gustav Großmann
Chöre: *Gerhard Steeger* Choreographie: *Lizzie Maudrik*
Bühnenbild: *Karl Doll* Kostüme: *Kurt Palm*
Bühnentechnische Einrichtung: *Rudolf Klein*

Größere Pause nach dem 2. Akt, kleinere Pause nach dem 3. Akt
Beim Klingelzeichen zum Beginn der Ouvertüre werden die Eingangstüren zum Zuschauerraum geschlossen.

Vor dem Vorhang erscheinen nur darstellende Künstler. Diese stellen eine Gemeinschaft innerhalb des Kunstwerkes dar; es wird deshalb gebeten, bei Beifallskundgebungen von dem Rufen einzelner Namen abzusehen.

PRESSE

Konzertdirektion Robert Kollitsch, Berlin W 30, Geisbergstr. 38 • Telefon: 25 31 03

Philharmonie   Sonntag, 26. Dezember 1943
                 11 Uhr

Kammersängerin

ERNA BERGER

Am Flügel: **FERDINAND LEITNER**

Vortragsfolge:

Händel	Aus der Oper Semele Arie der „Semele"
Mozart	Mia speranza adorata
Schubert	Aus Metastasio' „Didone" Arie der „Didone"
Weber	Arie der „Ines de Costro"

Lotti	Pur dicesti
Donizetti	Aus der Oper Don Pasquale Arie der „Norina"
Verdi	Aus der Oper Der Maskenball Arie des Pagen „Lasst ab mit Fragen"
Verdi	Aus der Oper Der Corsar Arie der „Guilnara"

KONZERTFLÜGEL STEINWAY & SONS

Bitte beachten Sie die Rückseite

CARNEGIE HALL • Monday Eve., Feb. 6, 1950 at 8:30 o'clock

ERNA BERGER

SOPRANO, METROPOLITAN OPERA COMPANY

ERNA BERGER, one of the world's most famous coloratura sopranos, will make her American recital debut at Carnegie Hall on Monday evening, February 6th. Miss Berger has appeared in opera, recital and as soloist with orchestra in every major European opera house and concert hall, under such leading conductors as Toscanini, Furtwangler, Richard Strauss, Fritz Busch, Knappertsbusch, Kleiber and others. She is now a valued member of the Metropolitan Opera Company, as some of the following press comments prove:

"... Marked beauty of singing tone ... enhanced by most imaginative shadings and nuances of sound."
Olin Downes — N. Y. Times, Nov. 22, 1949

"A singing actress of the great tradition ... For those who seek vocalism pure she is a delight and for those who appreciate the dramatic amenities she is equally refreshing. What a pleasure it is to attest the qualities of her musicianship and stage artistry, as well as the beauty of her singing."
Virgil Thomson — N. Y. Herald-Tribune, Dec. 5, 1949

"... Musical intelligence one rarely encounters in the canary land of coloratura. Her superb florid passages were no surprise to those who know the Mozart singing of which she is capable."
Irving Kolodin — N. Y. Sun, Dec. 5, 1949

Program

I

Motet, Exsultate, jubilate . . . . MOZART

II

Ridente la calma
Dans un bois solitaire . . . . MOZART
Abendempfindung

Heidenroeslein
Fruehlingsglaube . . . . SCHUBERT
Forelle

INTERMISSION

III

Geheimnis
Es trauemte mir . . . . BRAHMS
Lerchengesang

Im Fruehling
Das verlassene Maegdlein . . . . WOLF
Elfenlied

IV

Schon lacht der holde Fruehling . . . . MOZART

BALDWIN PIANO   **H.M.V. RECORDINGS**

Tickets: Orchestra $3.00, $2.40; Dress Circle $1.80; Balcony $1.20;
First tier box seats $3.00; Second tier box seats $2.40 (Tax included)

Management: **NATIONAL CONCERT AND ARTISTS CORPORATION**
MARKS LEVINE   •   O. O. BOTTORFF
711 FIFTH AVENUE, NEW YORK 22, NEW YORK
Jeannette F. Green, Manager, Recital Division

RIGOLETTO
Cast

GILDA, *Rigoletto's daughter*	*Erna Berger, Soprano*
MADDALENA, *Sparafucile's sister*	*Nan Merriman, Mezzo-soprano*
THE DUKE OF MANTUA	*Jan Peerce, Tenor*
RIGOLETTO, *his Court Jester*	*Leonard Warren, Baritone*
SPARAFUCILE, *a Bravo*	*Italo Tajo, Bass*
COUNT MONTERONE	*Richard Wentworth, Bass*
MARULLO	*Arthur Newman, Baritone*
BORSA — **GENTLEMEN OF THE COURT**	*Nathaniel Sprinzena, Tenor*
COUNT CEPRANO	*Paul Ukena, Bass*
AN USHER	*Arthur Newman, Baritone*
GIOVANNA, *Gilda's nurse*	*Mary Kreste, Mezzo-soprano*
COUNTESS CEPRANO	*Joyce White, Soprano*
A PAGE	*Joyce White, Soprano*
CHORUS OF COURTIERS, PAGES, *etc.*	*The Robert Shaw Chorale*
	Robert Shaw, Conductor

RCA VICTOR ORCHESTRA
Renato Cellini, Conductor

THE RECORDING

© RCA

This first American recording of a complete opera by RCA Victor was made in the late Spring of 1950 in New York City. In planning and carrying through this recording, our main consideration was to secure not merely a depiction of Verdi's score, but rather to stress the inherent drama and theatrical realism of this musical masterpiece.

Consequently, we feel that in making these records, the listener will be impressed not only by Verdi's music but also by the exciting theatrical qualities of Verdi's score. The recording was accomplished by A. A. Pulley, chief recording engineer, Louis W. Layton, recording engineer, and Richard Mohr, recording director.

Alice Berezowsky, author and trained musician, was chosen to write these historical and descriptive notes on *Rigoletto* because of her talent and ability to tell about music in language which can be understood by the layman and not just the musician and musicologist. Her previous work for RCA Victor—the album *Boris Godounoff*, released in August, 1945 (DM-1000)—received such critical acclaim as: "astonishingly good" (New York Times), "... intelligent notes are required reading for anybody interested in the opera" (New Yorker Magazine), "a model of musicology" (Manchester Guardian, England), "excellent, interesting and accurate" (Ricordi, publishers, Rome), "new historical and biographical material, beautifully presented" (Revue Musicale, Paris), and "highly enlightening... extremely well done" (Musical Observer, London).

ARTISTS SERVICE OF HONOLULU
(GEORGE D. and DEAN S. OAKLEY)
PRESENTS

ERNA BERGER
Distinguished Lyric Coloratura Soprano
RUTH BACON AT THE PIANO

Dillingham Hall, Honolulu — Wednesday, April 5, 1950

PROGRAM

I.

O del mio dolce ardor .... Christoph von Gluck
 O thou beloved, whom long my heart desireth, My every thought doth win me
 At length the air thou breathest, To yet fonder remembrance,
 my soul inspireth . . . And in the flame that all my bosom fireth . . .

Pastorale, from "Rosalinda" .... Francesca Maria Veracini
 Come maiden, let us wander over the hilltops yonder,
 There on my pipe I'll play, and twine thee a garland gay . . .

Pur dicesti .... Antonio Lotti

II.

Recollection .... Franz Joseph Haydn
A Pastoral Song .... Franz Joseph Haydn
Abendempfindung .... Wolfgang Amadeus Mozart
 Some of the most graceful music ever composed was penned by Mozart. In this, he has turned his
 gifts to a song describing an evening mood.

Das Veilchen .... Wolfgang Amadeus Mozart
 A lovely violet yearns for the shepherd maid to pluck him, and ". . . gladly on her bosom would
 I die," but alas the maiden crushed the gentle flower beneath her foot.

Heidenroeslein .... Franz Schubert
 A young boy sees a beautiful hedgerose, and runs to pick it. The rose haughtily threatens to prick
 the boy, who is undeterred.

La Pastorella .... Franz Schubert
 Song of a shepherdess and her lover.

III.

Aria: Caro Nome, from "Rigoletto" .... Giuseppe Verdi
 Gilda loves the handsome stranger . . . the profligate Duke of Mantua: She sings: "Dearest name,
 engraved upon my heart forever . . . life for thee alone is dear . . . Thine shall be my parting
 sigh."

INTERMISSION

IV.

Mondnacht .... Robert Schumann
 "Moonlight"—Inspiration for poetic thoughts.

Der Nussbaum .... Robert Schumann
 Shimmering foliage of the almond tree whispers to a maiden who ponders of love in the moonlight.

Wir wandelten .... Johannes Brahms
 We wandered once, we two together,
 I was so still, thou so quiet,
 Would I might know what were thy thoughts . . .

Immer leiser wird mein Schlummer .... Johannes Brahms
 "Lighter far is now my slumber . . . Oft in my dreams thy voice again calling to me tenderly . . .
 but the door is closed to thee . . ."

Im Fruehling .... Hugo Wolf
 Here I lie upon a hill in the springtime. But you, like the wind, have no home. O spring, what is
 it you want?

Elfinlied .... Hugo Wolf
 A tiny elf, asleep in the wood, is awakened. He thinks a nightingale called him from the valley . . .

V.

ARIAS: from "La Traviata" .... Giuseppe Verdi
 Ah, fors e lui
 Sempre Libera
 These arias conclude the first act of "La Traviata." A lively entertainment is taking place in the
 salon of Violetta, a Parisian courtesan. Alfred Germont is enamored of her. Young Alfred sings to
 her of his passion for her, vowing true love. Afterwards, when alone, she is aroused by the sin-
 cerity of Germont, but finally lapses into despair, thinking an alliance with this nobleman impos-
 sible, and she sings the desperate aria.

This Concert is Sponsored by Punahou Music School
THE STEINWAY IS THE OFFICIAL PIANO OF ARTISTS SERVICE
MANAGEMENT: CONCERT DIVISION
NATIONAL CONCERT AND ARTISTS CORPORATION, NEW YORK CITY

SALZBURGER FESTSPIELE 1953

DON GIOVANNI

DRAMMA GIOCOSO IN ZWEI AKTEN
VON LORENZO DA PONTE

MUSIK VON
WOLFGANG AMADEUS MOZART

DIRIGENT:
WILHELM FURTWÄNGLER

INSZENIERUNG:
HERBERT GRAF

BÜHNENBILD:
CLEMENS HOLZMEISTER

TÄNZE:
GRETE WIESENTHAL

ORCHESTER:
DIE WIENER PHILHARMONIKER

CHOR DER WIENER STAATSOPER

DON GIOVANNI
(in italienischer Sprache)

Dramma giocoso in zwei Akten von Lorenzo da Ponte

MUSIK VON WOLFGANG AMADEUS MOZART

Don Giovanni	Cesare Siepi
Donna Elvira	Elisabeth Schwarzkopf
Il Commendatore	Raffaele Arié
Donna Anna	Elisabeth Grümmer
Don Ottavio	Anton Dermota
Leporello	Otto Edelmann
Zerline	Erna Berger
Masetto	Walter Berry

Nach dem ersten Aufzug eine größere Pause

BERLINER
PHILHARMONISCHES ORCHESTER
TITANIA-PALAST STEGLITZ

MITTWOCH, DEN 27. JANUAR 1954, 20.00 UHR

DIRIGENT **PAUL HINDEMITH**

SOLISTEN **ERNA BERGER · SIEGLINDE WAGNER
ERNST HAEFLIGER · JOSEF GREINDL**

KARL STEINS, OBOE · ALFRED BURKNER, KLARINETTE · OSKAR ROTHENSTEINER, FAGOTT
MARTIN ZILLER, HORN · DER CHOR DER ST.-HEDWIGS-KATHEDRALE, LEITUNG KARL FORSTER

JOHANN SEBASTIAN BACH	MAGNIFIKAT
	ERNA BERGER, SOPRAN; SIEGLINDE WAGNER, ALT; ERNST HAEFLIGER, TENOR; JOSEF GREINDL, BASS · OBOE D'AMORE: HELMUT SCHLOVOGT; BACHTROMPETEN: FRITZ WESENIGK, HERBERT ROTZOLL, KARL PFEIFFER; CHOR DER ST.-HEDWIGS-KATHEDRALE TEXTE SEITE 10
WOLFG. AMADEUS MOZART	SYMPHONIE CONCERTANTE FUR OBOE, KLARINETTE, FAGOTT, HORN UND ORCHESTER, KV. ANH. 9
	KARL STEINS, OBOE; ALFRED BURKNER, KLARINETTE OSKAR ROTHENSTEINER, FAGOTT; MARTIN ZILLER, HORN ALLEGRO ADAGIO ANDANTINO CON VARIAZIONI — ADAGIO — ALLEGRO
PAUL HINDEMITH	VIER LIEDER AUS DEM MARIENLEBEN FUR SOPRAN I GEBURT MARIÄ UND ORCHESTER II ARGWOHN JOSEPHS SOPRAN: ERNA BERGER III GEBURT CHRISTI IV RAST AUF DER FLUCHT NACH AEGYPTEN

PAUL HINDEMITH	KANTATE AN DIE HOFFNUNG FUR ALT-SOLO, CHOR
	   I CHOR (ALLEGRO IMPETUOSO) UND ORCHESTER
	  II CHOR
	 III ORCHESTERSTUCK (ALLEGRO AGITATO)
	 IV LIED (ALTSOLO SIEGLINDE WAGNER)
	  V ORCHESTERSTUCK (ANDANTE)
	 VI CHOR UND PUBLIKUM (ALLEGRO PESANTE) *
	VII CHOR UND PUBLIKUM (SILENTE) *

* Der Komponist bittet das Publikum mitzusingen in VI und VII · Text mit Noten siehe Beilage Seite 4 und FF

4 öffentliche Abend-Konzerte im Hotel Braunwald

Konzertbeginn: Jeweils 20.30 Uhr

I. Dienstag, den 17. Juli: *Werke von Mozart*

    1. Divertimento in D Dur für Streicher, K.V. 136
    2. Klavierkonzert in Es Dur, K.V. 271
    3. Symphonie in A Dur, K.V. 201
    Am Klavier: Hedy Salquin
    Kammerorchester unter Leitung von Hedy Salquin

II. Donnerstag, den 19. Juli: *Kammermusik-Abend*

    1. Brahms: Horntrio für Violine, Horn und Klavier
    2. Mozart: Violinsonate in G Dur, K.V. 301
    3. Mozart: Klavierquintett, K.V. 452 in Es Dur für Klavier und 4 Bläser
        (Oboe, Klarinette, Horn, Fagott und Klavier)

    Mitwirkende: Stephan Romascano (Violine)
                  Werner Speth (Horn)
                  Hansruedi Stalder (Klarinette)
                  Willy Burger (Fagott)
                  Hedy Salquin (Klavier)

III. Samstag, den 21. Juli: *Lieder-Abend von Erna Berger*

    G. Ph. Telemann: Trauermusik eines kunsterfahrenen Canarienvogels
                        Tragikomische Cantate für Sopran

    W. A. Mozart: Ridente la calma, Dans un bois, Abendempfindung.
                  Der Zauberer, Das Veilchen

    F. Schubert: Der Hirt auf dem Felsen (mit obligater Clarinette)

    R. Oboussier: Drei Gesänge der Ferne (Erna Berger gewidmet)

    H. Pfitzner: Acht alte Weisen (Gottfried Keller)
                 Mir glänzen die Augen, Ich fürcht nit Gespenster, Du milchjunger Knabe, Wandl ich in dem Morgentau, Singt mein Schatz wie ein Fink, Röschen biss den Apfel an, Tretet ein hoher Krieger, Wie glänzt der helle Mond.

    C. Debussy: Quatre Melodies:
               Pantomime, Clair de lune, Pierrot, Apparition

    Am Flügel: Ernst-Günther Scherzer
    Mitw.: Hansruedi Stalder (Klarinette)

    Es wird gebeten, die Liedgruppen nicht durch Beifall zu unterbrechen.

Sonntag, den 22. Juli findet abends ein **offizielles Bankett** statt unter Anwesenheit eines offiziellen Vertreters der Regierung des Kantons Glarus.

STAATLICHE HOCHSCHULE FÜR MUSIK
IN HAMBURG

KONZERT

ANLÄSSLICH
DER INTERNATIONALEN MEISTERKURSE 1957

ERNA BERGER
ENRICO MAINARDI MAX ROSTAL

DIENSTAG, 24. SEPTEMBER 1957, 20 UHR

MUSIKHALLE - GROSSER SAAL

PROGRAMM

Luigi BOCCHERINI   Largo

J. S. BACH   Suite in C-dur für Violoncello
Prelude-Allemande-
Courante-Sarabande-Bourrée I u. II-Gigue

Tomaso GIORDANI   Caro mio ben

Giulio CACCINI   Amarilli

Allessandro SCARLATTI   Le Violette

W. A. MOZART   Abendempfindung
Das Veilchen
Der Zauberer

- PAUSE -

Hugo WOLF	An eine Aeolsharfe
	Der Knabe und das Immlein
	Auf einer Wanderung
W. A. MOZART	Adagio in E-dur, K. V. 261
	Rondo in C-dur, K. V. 373
Robert SCHUMANN	Intermezzo
Nicoló PAGANINI	Capriccio Nr. 20
Serge PROKOFIEFF	Wintermärchen
	(Die vorstehenden 5 Werke sind für Konzert von Max ROSTAL bearbeitet)
Max ROSTAL	Quinten-Etüde

AUSFÜHRENDE:

Erna BERGER - Gesang
Enrico MAINARDI - Violoncello
Max ROSTAL - Violine
Am Flügel: Ulla Britt EDBERG und Werner SCHRÖTER
Liedbegleitung: Rolf ALBES

Konzertflügel Steinway & Sons

KONZERTSAAL DER HOCHSCHULE FÜR MUSIK

Mittwoch 27. und Donnerstag 28. April 1960

JOSEPH HAYDN

Die Jahreszeiten

CHOR DER ST. HEDWIGS-KATHEDRALE

BERLINER SYMPHONISCHES ORCHESTER

SOLISTEN

Erna Berger (Sopran)
Peter Witsch (Tenor) Theo Adam (Baß)
Continuo-Cello Günter Sennewald
Cembalo Wolfgang Meyer

LEITUNG

KARL FORSTER

PHILHARMONIE

19. April 1964

ERNA BERGER

Flügel
MARTIN MÄLZER

Klarinette
HERBERT STÄHR

KONZERTDIREKTION HEINICKE, BERLIN-CHARLOTTENBURG

R. SCHUMANN Liederkreis op. 39
(12 Lieder von Eichendorff)

In der Fremde
Intermezzo
Waldesgespräch
Die Stille
Mondnacht
Schöne Fremde
Auf einer Burg
In der Fremde
Wehmut
Zwielicht
Im Walde
Frühlingsnacht

F. SCHUBERT Der Hirt auf dem Felsen op. 129
(mit obligater Klarinette)

J. BRAHMS Wir wandelten
An eine Aeolsharfe
An die Nachtigall
Lerchengesang
Der Tod, das ist die kühle Nacht
Feldeinsamkeit

Es wird höflich gebeten, die einzelnen Liedgruppen nicht durch Beifall zu unterbrechen.

Konzertflügel Steinway & Sons

Abbildungs-Verzeichnis
Photographen

Schutzumschlag (Vorderseite): In *Rigoletto* als Gilda, Städtische Oper Berlin 1952
Schutzumschlag (Rückseite): In *Così fan tutte* als Despina, Staatsoper Berlin 1941 (Photo Rotholz, Berlin)
Schutzumschlag (Rückseite): In *Die Zauberflöte* als Königin der Nacht, Staatsoper Wien 1938
Schutzumschlag (Rückseite): In *Sadko* als Prinzessin Wolchowa, Staatsoper Berlin 1946/47 (Photo Rotholz, Berlin)
Schutzumschlag (Rückseite): In *La Traviata* als Violetta, Staatsoper Berlin 1940 (Photo Rotholz, Berlin)
Frontispiz: In *Don Pasquale* als Norina, Staatsoper Berlin 1939 (Scherenschnitt von Engert)

Die einjährige Erna Berger 16
Erna Berger mit ihrer Mutter, 1905 (Photo Hermann Herzfeld, Dresden) . . . 17
Als Konfirmandin, 1915 32
Mit 17 Jahren 32
Erna Bergers Vater in Afrika 32
Das Palmhaus in Paraguay, 1921 . . 32
Erna Berger mit den Kindern Naville, Montevideo 1922 33
Erna Berger in Dresden 1925 (Photo Ursula Richter, Dresden) 48
In *Hanneles Himmelfahrt* als Hannele, Staatsoper Dresden 1927 (Photo Ursula Richter, Dresden) 48
In *Die Entführung aus dem Serail* als Blondchen, Dresden 1927 (Photo Ursula Richter, Dresden) 48
In *Ein Maskenball* als Oscar, Dresden 1928 (Photo Ursula Richter, Dresden) . . . 48
In *Ein Maskenball* mit Max Lorenz, Dresden (Photo Ursula Richter, Dresden) 48
In *Die ägyptische Helena* als Erste Dienerin mit Elfriede Haberkorn, Dresden 1928 (Photo Ursula Richter, Dresden) . . . 48

In *Tannhäuser* als Hirt, Bayreuth 1930 und 1931 (Photo A. Pieperhoff) 48
Mit Hans Pfitzner anläßlich von *Palestrina* 48
In der Garderobe als *Dama Boba* von Wolf-Ferrari, Staatsoper Berlin 1939 49
In *La Traviata* als Violetta mit Peter Anders, Staatsoper Berlin ca. 1946 49
In *Die Entführung aus dem Serail* als Konstanze, Städtische Oper Berlin 1932 64
Fritz Busch (dpa – Deutsche Presse Agentur GmbH) 64
Richard Strauss (Press Illustration, Twikkenham) 64
Leo Blech (dpa – Deutsche Presse Agentur GmbH) 64
Fritz Reiner 64
Erna Berger 1935 64
Erna Berger mit ihrer Tante Käthe, Potsdam 1947 65
Mit Werner Egk, Staatsoper Berlin 1937 65
Erna Berger in Norwegen 80
In Norwegen, April 1938 80
In Norwegen, 1947 80
In *Der Barbier von Sevilla* als Rosina mit Willy Domgraf-Fassbänder, Staatsoper Berlin 1942 80
In *Der Rosenkavalier* als Sophie, Staatsoper Berlin 1948 (Photo W. Saeger, Berlin) 80
Mit Sergiu Celibidache, Berlin 1946 (Photo Bankhardt, Berlin) 81
Mit Helge Roswaenge, Paris 1937 . . 81
Mit Walther Ludwig, Berlin-Dahlem (Photo Nina von Jaanson, Berlin) . . 81
In *Casanova in Murano* von Mark Lothar mit Erich Witte, Staatsoper Berlin 1944 (Photo Willott, Berlin) 96
Mit Michael Raucheisen, Berlin 1950/51 (Photo Ilse Buhs, Berlin) 96
Mit Manfred Gurlitt, Japan 1952 . . . 96

Mit Günther Weissenborn, Bremen (Photo Jutta Vialon, Bremen) 96
Auf einer Auslandsreise, Hamburg 1949 (Photo Claus Bohls, Hamburg).... 96
In *Der Rosenkavalier* als Sophie, Metropolitan Opera New York 1949/50 (Photo United Press, New York) 97
Auf dem 2. Flug zur «Met», 1951... 112
Mit der Katze Erna Berger, Südafrika 1953 112
Vor der Südamerika-Reise am 54. Geburtstag (Photo Urmich, Hamburg) . 112
In *The Rake's Progress*, Berlin 1952 (dpa-Deutsche Presse Agentur GmbH) .. 112
In *Don Giovanni* als Zerlina, mit Walter Berry, Salzburger Festspiele 1953 und 1954 (Photo Fayer, Wien) 112
Nach einem Liederabend in Prag, 1956 (dpa-Deutsche Presse Agentur) 113

Musikhochschule Hamburg, 1959–1971 128
Mit Karl Böhm, 1970 (Photo Rainer Stern) 128
Mit Viorica Ursuleac, München 1978 (Bildarchiv G. E. Habermann, Gräfelfing) 128
Erna Berger 1968............... 128
Am 80. Geburtstag 129
Mit Max Lorenz, Sommer 1974.... 129
Mit Anton Dermota, Düsseldorf 1980 (Photo Hansfried Sieben, Düsseldorf) 144
Als Ehrenmitglied der Deutschen Staatsoper Berlin, Oktober 1985 (Photo Marion Schöne, Berlin-Ost) 144
Erna Berger im Oktober 1983 (Photo Michael Jung) 145

Opern- und Konzertprogramme

1 *Hannelés Himmelfahrt*, Dresden 1927
2 *Jonny spielt auf*, Dresden 1927
3 *Die ägyptische Helena*, Dresden 1928
4 *Ariadne auf Naxos*, Dresden 1932
5 *Ein Maskenball*, Berlin 1932
6 *Der Freischütz*, Berlin 1934
7 *Die Perlenfischer*, Berlin 1934
8 *Die Zaubergeige*, Berlin 1936
9 *Bohème*, Berlin 1941
10 *La Traviata*, Berlin 1942
11 *Der Freischütz*, Berlin 1943
12 *Rigoletto*, Berlin 1943
13 *Die Entführung aus dem Serail*, Berlin 1943
14 *Figaros Hochzeit*, Berlin 1943
15 Programm Berlin, 26. Dezember 1943
16 Programm New York, 6. Februar 1950
17 *Rigoletto*, Schallplatten-Aufnahme New York 1950
18 Programm Honolulu, 5. April 1950
19 *Don Giovanni*, Salzburg 1953
20 Programm Berlin, 27. Januar 1954
21 Musikwoche Braunwald, 1956
22 Programm Hamburg, 24. September 1957
23 Programm Berlin, 27. und 28. April 1960
24 Programm Berlin, 19. April 1964

1, 2, 3, 4: Archiv der Staatsoper Dresden
5: Archiv der Städtischen Oper Berlin-West
6, 7, 8, 9, 10, 11, 12, 13, 14: Archiv der Deutschen Oper Berlin-Ost
15, 16, 18, 20 und sämtliche Photos: Archiv Frau Prof. Erna Berger, Essen
19: Archiv der Salzburger Festspiele
21, 22, 23, 24: Archiv Frau Cathrin Christen, Herzogenbuchsee (Schweiz)

Ganz herzlich danke ich Frau Regine Fischer und Frau Wilhelma von Albert für ihre Mitarbeit an diesem Buch, Herrn Günther Hamann für die Erstellung des Verzeichnisses der Schallplatten- und Rundfunkaufnahmen und Herrn Hans W. Niggemeyer für seine wertvolle Hilfe.

Erna Berger